D1017063

"Lo contaste como es ... todo mundo es igual, sea negro, blanco o lo que sea ... todos somos iguales y la gente no tiene que meterse a una ganga para probar que está abatida."
—DELIA PÉREZ, estudiante de high school

"Tu libro estuvo estupendo. No temiste decir la verdad. La historia se repite y debemos hacer cambios. ¿Si no ahora, cuándo?"
—JOHNNY MÉNDEZ, estudiante de high school

"Yo estuve metida en las gangas y, como tú, perdí muchos amigos. Perdí a cuatro amigos antes que me retiré de esa vida. Ahora estoy tratando de ayudarle a mi hermanita para se salga.... Tu libro la va a inspirar ..."
—SONIA DE LA CRUZ, estudiante de high school

"Pienso ir a la universidad.... También quiero ayudar a mi gente latina. Creo que voy a lograr lo que me propongo. Tú me ayudaste a darme cuenta de que debo dejar de correrle a todo eso."
—ANTHONY AIRLES, estudiante de high school

"Tu libro me enseñó a sentir orgullo de mis padres y de quien soy.... Gracias por enseñarme de que se trata la vida."
—SERGIO G. ARVISO, estudiante de high school

"Leer este libro es como vivirlo ... lo que aprendí de tu libro es que uno no debe claudicar pase lo que pase ..."
—ARMANDO SOLANA, estudiante de high school

"Nada ha cambiado mucho desde que eras joven; el mismo miedo, el mismo enojo, la misma tristeza y el mismo abatimiento aún existen.... Creo que eres una inspiración para muchos jóvenes que han lidiado batallas similares y que no encuentren salida."
—DANIEL ROBLES, superintendente de un distrito escolar

SIMON &
SCHUSTER
LIBROS EN
ESPAÑOL

Otras obras por Luis J. Rodríguez

My Nature Is Hunger: New & Selected Poems 1989–2004
Music of the Mill
The Republic of East L.A.: Stories
Heart and Hands: Creating Community in Violent Times
It Doesn't Have to Be This Way: A Barrio Story
Trochemoche: New Poems
America Is Her Name
The Concrete River
Poems Across the Pavement

La Vida Loca

EL TESTIMONIO DE UN
PANDILLERO EN LOS ANGELES

Luis J. Rodríguez

Traducido por
Ricardo Aguilar Melantzón

Publicado por Simon & Schuster
Nueva York   Londres   Toronto   Sydney

SIMON & SCHUSTER
LIBROS EN ESPAÑOL
Rockefeller Center
1230 Avenue of the Americas
New York, NY 10020

Algunas partes de esta obra han aparecido como poesía o prosa en *Poems Across the Pavement* (1989, Tía Chucha Press, Chicago), *The Concrete River* (1991, Curbstone Press, Willimantic, Conn.) y en las siguientes publicaciones (a veces en forma distinta a las que se hallan aquí): *Puerto del Sol, Cambio, TriQuarterly, The Chicago Review, 201: Homenaje a la Ciudad de Los Angeles* (una antología del LA Latino Writers Association), *Left Curve, Milestones, Obras, ChismeArte, El Grito* y *When I Was a Child* (una antología publicada por Children's Literature Association). Algunas partes del prefacio y el epílogo han aparecido originalmente en *Los Angeles Times, Centro de Estudios Puertorriqueños Bulletin* y en *The National Catholic Reporter.* El autor quiere agradecer al Illinois Arts Council por su apoyo en forma de una beca—Artists Fellowship Award.

El epigrama que aparece en el capítulo ocho proviene de "Tin Tan Tan," un cuento de *Woman Hollering Creek*, protegido por los derechos © 1991 por Sandra Cisneros. Publicado en los Estados Unidos por Vintage Books, una sección de Random House, Inc. Publicado originalmente en forma de libro encuadernado por Random House, Inc., Nueva York, en 1991. Reimpreso con el permiso de Susan Bergholz Literary Services, Nueva York.

Para información especial relativa a descuentos especiales para
compras de volumen, por favor de pongáse en contacto con
Simon & Schuster Special Sales en 1-800-456-6798
o en business@simonandschuster.com

Diseño por Jaye Zimet

Hecho en los Estados Unidos de América

5   7   9   10   8   6

Datos de catalogación de la Biblioteca del Congreso puede solicitarse información.

ISBN-13: 978-0-7432-8155-3
ISBN-10:   0-7432-8155-1

Esta obra está dedicada a:

Antonio Gutiérrez
Carlos Mancillas
Eddie Lozano
Linda Treviño
John "Spook" Fabela
Marlene "Negra" Domínguez
Don "Sonny" López
Miguel Robles
Elías Avila
Richard "Porky" Sierra
Lenard "Gallo" Ocaña
Fernando "Caballo" Arredondo
Martín Alvarado
Fidel "Puppet" Hernández
Marcelino "Daddió" Cabrera
David "Puppet" Alcón
Freddie Mendoza
David "Loco" Domínguez
Ricky Herrera
René Molinar
Al "Pache" Alvarez
Leonard "Lalo" Villaseñor
Rubén "Sharkie" Martínez
Daniel "Indio" Cabrera
y
Rodolfo "Sonny" Gómez

Mi vida es un poema a sus memorias.
—Luis J. Rodríguez

La Vida Loca

La Vida Loca

A largo plazo:
Nueva introducción a *La Vida Loca*

*"Mi tarea es hacerles escuchar, hacerles sentir,
y, sobre todo, hacerles ver.
Eso es todo, y no hay otra cosa."*
—Joseph Conrad

¿Qué ha pasado en los más de 10 años desde que *La Vida Loca* llegó por primera vez a manos de los lectores? Mi hijo Ramiro, para quien escribí el libro, está sirviendo una sentencia de 28 años por tres cargos de intento de asesinato. La mayoría de mis amigos del barrio de hace 30 años han muerto, entre ellos René Muñoz-Ledo, quien escribió un libro editado por su propia familia, "Perdonado", sobre su experiencia tratando de romper con el mundo de las pandillas y de las drogas, antes de sucumbir al cáncer en 2004. Los jóvenes de Chicago con quienes empecé a trabajar inmediatamente después de la publicación de mi libro a través de *Youth Struggling for Survival (YSS)*[1] continúan

---

[1] Nombre y sigla en inglés de una organización que trabaja por la igualdad, la justicia, la paz y el desarrollo para beneficio de todos los jóvenes a través de la danza, la poesía, la música y el arte.

organizándose y prosperando, a pesar de que algunos han sido asesinados o encarcelados.

Cosas buenas y malas han ocurrido. Pero las buenas—jóvenes que transforman sus vidas, el crecimiento de los esfuerzos organizados para traer la paz a los centros urbanos, la expansión de prácticas espirituales, así como la intensificación del debate sobre cómo tratar el problema de la violencia en este país—han compensado con lo bueno sobre sale lo malo.

Suman centenares las escuelas públicas y privadas a las que he ido a dar charlas. Los estudiantes de Hyde Park, Boston, afroamericanos en su mayoría, han creado un ballet y una canción de rap basados en mi libro. En la Eastern High de East Lansing, donde jóvenes mexicanos y afroamericanos habían estado peleando entre ellos, *La Vida Loca* fue lo único que los hizo unirse (uno de esos jóvenes pintó un mural en la biblioteca de la escuela con escenas del libro). En la Garfield High de East L.A., los estudiantes chicanos establecieron un círculo de estudio fuera de su horario de clases, dedicado a aumentar su cultura general y a participar en actividades políticas inspiradas en lo que han aprendido de mi libro.

Son numerosas las prisiones, los centros correccionales de menores, las casas de antiguos alcohólicos y los centros de rehabilitación que he visitado. He leído mis poemas en el Pabellón de Alta Seguridad de la Prisión de San Quintín, mientras los reclusos hablaban, levantaban pesas, jugaban ajedrez y corrían (ah, y no pocos de ellos se detenían a escuchar). En una prisión de California, me encontré con un muchacho de mi pueblo a quien no había visto en 30 años —todo ese tiempo lo había pasado en prisión—y quien me dijo:

—En todo lo que hagas trata de ayudar a los jóvenes.

He conocido a jueces que hacían de la lectura de mi libro parte de las sentencias que imponían.

He hablado con miles de maestros, representantes de los organismos encargados de hacer cumplir la ley, trabajadores sociales, activistas comunitarios, periodistas, funcionarios del gobierno, graduados universitarios, escritores y otros en incontables conferencias, talleres, cumbres de paz y foros.

Me he presentado en conocidos programas de televisión, tales como "The Oprah Winfrey Show", "Good Morning America", "Talk Live" en CNN, "Jim Lehrer NewsHour", y otros programas de la BBC de Londres, C-SPAN, National Public Radio, Discovery's Health Network, Pacifica Radio, PBS-TV, cadenas de TV y radio en español, y mucho más.

Mi labor me ha llevado a Toronto, Montreal, París, Londres, Roma, Milán, Berlín, Hamburgo, Franckfort, Cologne, Munich, Heidelberg, el sur de Alemania, Amsterdam, Groningen, Salzburgo, Ciudad México, Chihuahua, El Salvador, Guatemala, Honduras, Nicaragua y Puerto Rico.

Durante más de una década, he participado en ceremonias de purificación en *"sweat lodges"* (también llamados *inipis o temescales)*, baños de vapor de los indígenas americanos y mejicanos junto con jóvenes pandilleros o con otros problemas, así como con adultos en proceso de rehabilitación, con mis amigos espirituales de hace tantos años Luis Ruan y Frank Blázquez, con mi esposa Trini y con viejos curanderos como Anthony Lee, de la Reserva Navajo.

Esta es una labor a largo plazo, no sólo para hoy, no para recibir galardones o recaudar fondos dentro del plazo previsto, sino para la protección total y adecuada, la salud y el equilibrio, como dicen los indígenas ancianos, de los jóvenes de las próximas siete generaciones.

A pesar de todo esto, *La Vida Loca* se ha convertido en un chivo expiatorio para ciertos grupos de derecha empeñados en que el libro deje de usarse en las escuelas, debido a sus puntos de vista políticos y a su naturaleza explícita. Según la American Library Association, es uno de los 100 libros más censurados en Estados Unidos.

En Rockford, Illinois, delante de un desbordante público compuesto en su mayoría por partidarios de mi libro, sostuve un debate con un prominente miembro de la junta de la escuela que estaba presionando para que se prohibiera la obra. En San José, California, escribí un artículo de opinión para contrarrestar los esfuerzos que se hacían allí para retirar el libro de listas aprobadas de libros recomendados en la escuela. En Chicago, me dirigí a los líderes de un grupo de 200 estudiantes que habían abandonado temporalmente las aulas para protestar por la retirada del libro de la biblioteca de la escuela.

Un extraño incidente tuvo lugar en Kalamazoo, Michigan, mientras me encontraba dando charlas en varias escuelas y eventos comunitarios. Entraba yo en una escuela con un ejemplar de *La Vida Loca* en la mano, cuando varios funcionarios del centro me detuvieron a la entrada y me dijeron que yo podía pasar, pero no el libro, pues éste había sido prohibido.

Desde mi punto de vista, esta es una batalla en la que se enfrentan una manera superficial, insular e idealizada de ver la vida (visión que les imponen muchas escuelas y la cultura popular a nuestros hijos y el resto de la población) y las condiciones reales de nuestra existencia diaria, con toda su multiplicidad, luchas, sombras y matices. La mayoría de los niños y jóvenes se dan cuenta de lo hipócrita que resulta poner el énfasis en un pasado lineal, puro y desexuado mientras a diario ellos se enfrentan a verdades turbias, inciertas e confusadas.

La sexualidad, por ejemplo, es parte natural del desarrollo humano. No son los libros lo que despierta la sexualidad de los jóvenes, son las hormonas. En vez de proporcionar a los adolescentes una muy necesitada orientación y de brindarles ayuda precisamente en el momento de mayor desarrollo de sus hormonas, se les dice que el "sexo es malo", que no deben preocuparse por él hasta que no maduren (en lugar de prepararlos para que sean maduros) y que hay una sóla manera de analizar el sexo y otros temas difíciles, tales como las relaciones interraciales, las clases sociales y el poder (fundamentalmente mediante la propia negación de estas realidades). La verdad es mucho más compleja.

Existe demasiada censura de la realidad en las aulas. Cualquier cosa que implique malestar social, profundidad emocional o esfuerzo mental es dejada de lado. El lenguaje, el comportamiento, las ideas, los modos de expresión y la imaginación más auténtica—así como muchos libros—han sido censurados. Todo es orientado hacia la "normalidad" y amoldado al sistema de valores capitalista, con su ritmo acelerado y su exaltación de lo material y de la posición. Como resultado, una gran parte de la amplitud y la variedad de la condición humana es denigrada o declarada inválida. Nuestra humanidad es sacrificada, poco a poco.

A pesar de esto, *La Vida Loca* sigue siendo buscada y leída. En innumerables ocasiones, me han dicho que es uno de los pocos libros que les gusta leer a personas que no tienen hábitos de lectura. Y también que es uno de los libros más robados de bibliotecas y salones de clase. No es algo que condone, pero lo cierto es que usualmente estas cosas suceden allí donde no hay librerías o buenas bibliotecas.

Sí, *La Vida Loca* es un libro crudo. En efecto, es un libro explícito. Nunca pretendió ser de otra manera. No es posible contar la verdadera historia de las pandillas sin hacerlo de manera explícita. Muchos de los jóvenes a quienes les gusta el libro han pasado por experiencias similares. Muchos adultos son ingenuos o tienen una visión estrecha de las experiencias de sus hijos.

El caso es que *La Vida Loca* es un libro que se tenía que escribir. Nunca antes, un pandillero de los barrios de chicanos había escrito un libro para contar sus experiencias (a diferencia de los muchos estudios sociológicos escritos por científicos sociales). Tras más de 80 años de guerras entre pandillas en los barrios de LA, miles de muertos, varias generaciones de familias enteras involucradas en la guerra entre pandillas, padres que perdieron a dos o tres hijos, se tenía que contar esa historia.

No es mi intención pretender que *La Vida Loca* sea representativa de la enormemente multifacética vida de las pandillas chicanas. Mi responsabilidad sólo llega hasta las verdades que me sentí compelido a revelar, con los necesarios cambios en la presentación de hechos, circunstancias y nombres a fin de proteger a inocentes *y* culpables.

Como cualquier otra buena historia, ésta contiene profundas lecciones, muchas de las cuales las aprendí "a sangre y fuego." Mi vida en las calles fue hecha de robos, balaceras, apuñalamientos, arrestos, no tener casa donde vivir, consumo de drogas y sobredosis. He golpeado y disparado a otros y yo mismo he sido golpeado y balaceado (en seis diferentes ocasiones, pero nunca herido). Sentía que había ido demasiado lejos por ese camino para que hubiera lugar en mi vida para la redención, para ser de algún bien para nadie o para nada. No tenía planes para el futuro o para una carrera ni sueños que me llevaran a ello.

Sobre todo esto, y más, podrás leer en *La Vida Loca*.

Al mismo tiempo, descubrirás el relato trascendente de un poeta y artista que, gracias a la ayuda de una pequeña y socialmente activa comunidad de líderes y maestros, superó sus propias y profundas patologías a fin de enfrentarse a los desafíos de una realidad opresiva y explotadora y que pudo hallar con palabras su propio destino particular: dedicarse a hacer contribuciones positivas para transformar esa realidad.

Pasé de víctima a perpetrador y de ahí a testigo y revolucionario. Más de 30 años después, sigo enfrascado en la vital labor de ayudar a crear una tierra y una sociedad saludables, dignas de nuestros dones, nuestras necesidades y nuestros sueños (nuestra batalla suprema, la única que realmente vale la pena luchar).

Es mi deber transmitir estas lecciones y experiencias a tantas personas como quieran escuchar, expandir el diálogo sobre las razones que llevan a la gente a incorporarse a las pandillas, a practicar la violencia, a perder su imaginación y sus esperanzas, y sobre lo que podemos hacer en tantas comunidades sensibles y creadoras para verdaderamente ver y enfrentar estos problemas cuya actualidad y urgencia no cesan de crecer.

La censura, la represión y la supresión no los resolverán.

La creatividad sin límites; la expresión poética, el acceso a los recursos que enriquecen la vida; relaciones verdaderamente profundas y respetuosas; una educación y un empleo (más y más empleos) con propósitos claros y enriquecedores; un sistema de salud decente, tratamientos psiquiátricos y contra la drogadicción y prácticas verdaderamente rehabilitadoras e iniciatorias son apenas algunas de las cosas que sí dan resultados.

Pero la voluntad política y recursos económicos cada vez más escasos, así como los valores culturales de nuestra época, no han promovido el crecimiento o asumido la responsabilidad de ayudar a una nación a sanar sus heridas. Las cárceles y la guerra parecen ser la única salida para la mayoría de las comunidades pobres y abandonadas.

Tenemos los recursos tecnológicos, tenemos a la gente, tenemos las ideas—lo que no tenemos es una organización social adecuada.

Nadie soporta a las pandillas. Todo el mundo quiere deshacerse de ellas. Pero no se está haciendo el trabajo sólido y necesario que realmente investigar profundamente en las causas sociales, políticas, psicológicas, económicas y espirituales de las pandillas, la drogadiccón y la violencia doméstica y callejera. Para parafrasear a Henry David Thoreau, son miles los que cortan las ramas del problema, pocos los que atacan sus raíces.

Si bien es cierto que muchas organizaciones, iglesias, sindicatos, consejos de vecinos, círculos de *sweat lodges,* centros comunitarios, programas de arte, círculos de poesía, organizaciones de Hip Hop y grupos de mentores siguen transformando vidas entre los jóvenes pandilleros más recalcitrantes, todavía quedan decenas de miles de jóvenes, muchos de ellos ni siquiera organizados en pandillas, que son abandonados, empujados a un lado, condenados a la cárcel, la adicción a las drogas o una muerte temprana.

Ramiro es una de las estadísticas, aunque él no sea un número para mí, pues es mi hijo. He discutido extensamente en mis escritos, en los medios de comunicación y delante de incontables públicos mi contribución particular a la crisis personal de Ramiro y su final encarcelamiento. En esencia, dejé de ocuparme de Ramiro y de mi hija Andrea después de que su madre y yo nos separamos. Años más tarde, cuando vinieron a vivir conmigo en Chicago, eran adolescentes enojados y resentidos. Como es de imaginar, me fue muy difícil tratar de convertirme para ellos en la figura paternal que tanto necesitaban. Aun así, existen aquellos que han hecho de la terrible experiencia de Ramiro el foco de sus ataques contra mi libro y contra mí.

¿Cómo puedo pretender que mi libro ha cambiado la vida de

otras personas cuando mi propio hijo está preso? ¿No prueba esto que semejantes jóvenes no son dignos de ayuda?

Mi respuesta sería un no enfático. Como padre de Ramiro, no podía sino hacerme cargo de la situación y convertirme en el padre que debí haber sido cuando mis dos hijos eran más jóvenes. Pero yo mismo estaba sanando. Después de muchos intentos fallidos, finalmente participé en un programa de rehabilitación y superé mi adicción tras 7 años consumiendo drogas y 20 consumiendo alcohol. Por los últimos 12 años, desde mediados de 1993, me he mantenido sobrio.

Fue entonces que no tuve más excusas. Podía ocuparme de los terribles problemas de mi hijo. Podía convertirme en un mejor esposo, un mejor amigo, un mejor hijo, un mejor líder. *La Vida Loca* contribuyó muchísimo a mi curación personal. Escribir sobre mi violenta vida de pandillero, la adicción a las drogas, las rabias y los miedos, resultó ser una tarea riesgosa y en extremo difícil, pero profundamente catártica.

Finalmente, Ramiro—que tiene ahora 30 años de edad—y yo nos reconciliamos, aun estando él encarcelado en varios centros de reclusión del Departamento de Centros Penitenciarios de Illinois. No pude sacarlo de los problemas en que se había metido, pero tampoco lo iba a abandonar. Le he prometido apoyarlo y prestarle cuanta ayuda necesite para que extraiga fuerza y sabiduría de su experiencia en la cárcel. Él me prometió que se comportaría bien de modo que pueda salir en 14 años con suficiente tiempo por delante, pues desea ser un padre para sus tres hijos y participar activamente en las comunidades de imaginación y esperanza para las que hemos estado trabajando. Con gran riesgo para su propia vida, Ramiro dejó atrás la vida de las pandillas. También ha sido asistente de maestro y ha ayudado a otros presos.

Recientemente, Ramiro escribió: "Cuando se escribió *La Vida Loca*, el libro me abrió los ojos sobre algunas de las cosas que has vivido y algunos de los cambios que has hecho en tu vida . . . Las cosas habrían sido mucho peores para mí si no hubieras tratado de hacer un esfuerzo para ayudarme a escapar de esta locura . . . Te agradezco que siempre estés ahí apoyándome.

Aun en la época en que no nos llevábamos bien y tú y yo teníamos una relación distante, siempre estuviste presente en mi vida. Juntos logramos muchas cosas, y una de esas cosas es *YSS*... que nos ayudó a permanecer en contacto. Irónicamente ha sido mi entrada en la cárcel lo que nos ha ayudado a acercarnos más. Por fin tenemos una verdadera relación de padre e hijo. Que esto sea un nuevo mensaje de tu libro para los padres: No esperen a que su hijo vaya a la cárcel para finalmente llegar a conocerlo."

He aprendido mucho de Ramiro—no siempre fui yo quien enseñaba.

Largo ha sido el trecho recorrido por mí desde que *La Vida Loca* viera por primera vez la luz. Pero este trayecto no habría podido ser desandado sin la inmensa paciencia, el amor y el apoyo de mi familia: mi esposa Trini; nuestros dos hijos, Rubén, de 17 años, y Luis, de 11; mi hija de 28 años Andrea; y mis nietos—Ricardo, Anastasia, Amanda Mae y Catalina.

Debo extender este reconocimiento también a mi madre, María Estela, a pesar de los años sin hablarnos y la batalla que le ha ganado al cáncer, con quien hoy tengo relaciones muy estrechas (mi padre Alfonso murió en 1992 antes de que se publicara *La Vida Loca*). Y a mis hermanos y hermanas, sobrinos y sobrinas, y a una infinidad de tíos, tías y primos—algunos de los cuales se vieron en problemas cuando se publicó por primera vez mi libro, pero quienes, con el tiempo, se han convertido en mis más grandes admiradores.

Debo expresar mi agradecimiento también a Alexander Taylor, Judith Doyle y la junta y empleados de Curbstone Press, en Willimantic, Connecticut, quienes fueron los primeros en publicar *La Vida Loca* y quienes continúan apoyando mi obra, así como a los editores y redactores de Touchstone Books/Simon & Schuster, quienes mantuvieron en prensa la edición en rústica de *La Vida Loca* (más de 20 impresiones en inglés hasta el momento de redactar estas líneas).

Y quiero darles las gracias a todos los maestros, bibliotecarios, padres, oficiales de la policía, jueces, libreros, escritores, consejeros de rehabilitación y activistas comunitarios que han hecho posible que mis libros permanezcan en los estantes de las librerías y en las manos de los jóvenes y que también me han ayudado a luchar contra las tentativas de censura, permitiendo que las nuevas generaciones disfruten y aprendan de esta historia.

No fui un buen padre ni un buen hijo, pero he aprendido mi lección. Nunca fui un buen poeta, pero no he dejado de escribir. No podía enlazar dos palabras cuando hablaba, pero ahora nadie puede callarme. Me costó mucho lidiar con mis adicciones y mis rabias, pero de alguna manera, de alguna forma, he logrado superarlas.

Lo cierto es que fracasé en todo lo que traté de hacer, pero no dejé de trabajar en ello, a pesar de volver a fracasar, ni me rendí, de manera que finalmente, a los 51 años, comencé a encaminar mi vida, a controlar mis impulsos destructivos y me convertí en alguien de quien mi esposa, mis hijos, mis nietos y mi comunidad pueden aprender y a quien pueden respetar.

Si al final *La Vida Loca* no ayudó a nadie, al menos trajo a mi vida milagros y magia. Al menos me salvó. Y eso es algo bueno. Déjenme decírselo. Eso es algo muy bueno. Porque ahora puedo apreciar la quietud de la mañana en vez de soportar los gritos en mi cabeza, porque ahora no tengo que entregarme a un lento suicidio, las drogas, el alcohol, como lo hice durante 27 años, porque ahora puedo ser humilde y agradecido ante el mundo, ante nuestras colosales tareas como pensadores y activistas revolucionarios, no sólo para el presente, sino a la larga, de aquí a siete generaciones.

Y eso es algo bueno, déjenme decírselo. Eso es algo muy bueno.

Luis J. Rodríguez, Primavera de 2005

*"No hay peligro absoluto más que
para quien se abandona a sí mismo;
no hay muerte completa más que para
quien le toma gusto a la muerte."*
—Jacques Rivière

Prefacio a la edición de 1993

*"Tenemos derecho a mentir pero no
sobre la esencia de la cosas."*
—Antonin Artaud

F inales de invierno en Chicago, principio de 1991: La nieve blanca que cayó en diciembre se había convertido en una nata oscura, mezcla de sal para derretir hielo, aceite de automóvil y podredumbre. La candelilla colgaba de techos y bastidores de ventanas como barbas de viejos.

Durante meses, el viento cala huesos se abalanzó y nos obligó, a toda la familia, a amontonarnos en un pequeño departamento de una recámara y media, en los tres pisos de un edificio de piedra gris del barrio del Humboldt Park.

Adentro, mientras nos apretujábamos alrededor del televisor o de la mesa de la cocina, las tensiones se alzaban como la fiebre. Los papeles apilados, archiveros abiertos y los estantes atiborrados de libros ocupaban todo el espacio (una especie de cámara de tortura para escritores). Todo esto hacía más intolerable la aglomeración. La familia se componía de mi esposa Trini, nuestro hijo Rubén Joaquín, nacido en 1988 y mi hijo Ramiro (mi hija Andrea de trece años, vivía con su madre en el East L.A.).

Casi nunca nos aventurábamos a salir. Casi nada nos entusiasmaba tanto como para soportar las capas de ropa, los abrigos, las botas, los guantes y todo lo necesario para enfrentar las inclemencias del tiempo.

Ramiro estaba castigado pero no por desobediencia ni por una explosión consabida de ansiedad adolescente. Ramiro se había montado en una montaña rusa que lo llevaba a hundirse en el mundo de las gangas o pandillas callejeras de los Estados Unidos, lo cual no se trataba de un comportamiento inesperado en este barrio considerado como uno de los diez más pobres y uno de los más plagados por las gangas.

El Humboldt Park era una comunidad predominantemente puertorriqueña que crecía en número de inmigrantes mexicanos, negros desarraigados y una pizca de polacos y ukranianos resabios de generaciones anteriores. El área junto al West Town se consideraba un barrio que iba cambiando. Aquí y allá aparecían algunas señales de rehabilitación, aburguesamiento y para muchos de nosotros, de desplazamiento inmediato.

Unas semanas antes, a Ramiro lo habían suspendido diez días de la Escuela Preparatoria Roberto Clemente, una High asediada que contaba con un buen número de empleados comprometidos pero que, desgraciadamente, era un epicentro de la actividad ganguera. Lo castigaron después de un pleito entre los Insanes y los Maniacs, dos facciones de los Folks (los Folks eran las gangas aliadas a las Spanish Cobras y a los Gangster Disciples; People eran gangas asociadas a los Latin Kings y los Vice Lords, símbolos de las complicadas estructuras establecidas por las gangas urbanas). Además, Ramiro tenía pendiente un S.O.S, una orden de hacerlo pedazos si lo encontraban. Lo saqué de la Clemente y lo matriculé en otra escuela. No tardaron ni dos semanas en expulsarlo las autoridades. Ya después, también tuve que ir a sacarlo del bote local a causa de varios pleitos y también de un hospital donde observé al médico darle once puntadas por arriba de un ojo.

Después de mí, Ramiro era ganguero de segunda generación. Yo anduve con las gangas al final de los años sesenta y principio de los setenta en Los Angeles, según esto la capital ganguera del país. Mi adolescencia fue años de drogas, balaceras, madrazos y arrestos. Yo estuve presente en el South Central Los Angeles cuando se crearon los Crips y los Bloods. Para cuando cumplí los dieciocho, veinticinco amigos míos ya habían muerto a manos de la policía, de gangas rivales, a causa de las drogas, choques y suicidios.

Aunque yo había logrado sobrevivirlo todo apenas—para convertirme a la larga en periodista, editor, crítico y poeta—no me parecía posible que mi propio hijo la hiciera también. Tenía que cortarle el ligue con la calle antes de que fuera demasiado tarde. Tuve que comenzar la larga e intensa lucha por salvarle la vida de la ola de violencia callejera que azotaba al país. Esto sucedió veinte años después de que me escapé de mi barrio bajo la oscuridad, me escondí en un proyecto en Los Angeles y me saqué del fuego mortal de *La vida loca*.

La vida loca le llamábamos a la experiencia ganguera del barrio. Este estilo de vida se originó con las gangas de pachucos mexicanos de los años treinta y cuarenta y que luego recrearon los Cholos. Después se convirtió en el modelo y la influencia principales de los motociclistas outsiders de los cincuenta y sesenta, y para los punks y roqueros de los ochenta y principio de los novenas. Como comentaba Leon Bing en su libro *Do or Die:* "El *cholo homeboy* fue el que caminó de aquéllas y el que habló sura y fue el pachuco mexicoamericano quien originó los tatuajes emblemáticos, las señas con las manos y la escritura de signos en las paredes."

Una tarde de ese invierno en que Ramiro había llegado tarde, después de varias semanas de problemas en la escuela, le di un ultimátum. Los gritos explotaron de pared a pared de nuestro departamento de Humboldt Park. Confundido y aterrorizado, el pequeño Rubén, de dos años de edad, se abrazó de mi pierna cuando empezó la gritería. Momentos después, Ramiro se salió a la noche helada de Chicago sin chaqueta. A pesar de que ya los treinta y tantos y el exceso de peso me frenaban considerablemente, salí tras él.

Aún así, corrí por la pasarela que llevaba a un callejón lleno de escombros, pedazos de muebles y botes de basura tirados. Divisé el aliento de Ramiro formar nubecitas que se disipaban rápidamente y su figura que se escapaba.

Lo seguí hacia el Boulevard Augusta, la calle principal del barrio. La gente, acostumbrada a ver a un padre o a una madre persiguiendo a un hijo, gritaba desde sus ventanas y sus umbrales: *¿Qué pasa hombre?* Otros indicaban por donde se había ido Ramiro.

Una ciudad como Chicago tiene tantos lugares donde esconderse. Los edificios café y gris parecen chuparse a la gente. Ramiro daba una vuelta y desaparecía para luego reaparecer. Aparecía y se perdía. Voló sobre paredes de ladrillo, se escurría por otro callejón y viraba dentro de un edificio que se lo tragaba y lo escupía del otro lado.

Lo seguí hasta que, sin esperarlo, lo encontré escondido tras unos arbustos. Salió, sin darse cuenta que yo ya estaba a un ladito. —Ramiro ... regresa a casa—le rogué suavemente, sabiendo que si me le echaba encima no había mucha esperanza de que volviera. Salió corriendo otra vez y me gritó:

—¡Déjame en paz!

Al mirarlo escaparse, sentí como si retrocediera hacia un tiempo distante, hacia mi propia juventud cuando corría y corría, cuando saltaba cercas descarapeladas para huir de los vatos locos, de la policía o de mi propia sombra en una histeria de drogadicto. Vi correr a Ramiro y luego vi mi cuerpo entrar por la boca de la oscuridad, mi aliento cortaba la carne helada de la noche; mi voz hendía el cielo invernal.

━━━━━━

Ramiro nació un poco antes de que yo cumpliera veintiún años. Entonces trabajaba en una fundición de acero de Los Angeles. Su madre, Camila, todavía no cumplía diecinueve años, era una mujer que había crecido en uno de los barrios del East L.A.: la Gerahty Loma. Aún así y con la ayuda de su madre, Camila y sus cinco hermanas habían podido evitar algunos jalones para integrarse a la vida callejera, hasta tuvieron que pelearse en su propio porche con las locas que trataron de reclutarlas.

Los medios de comunicación equipararon a Los Angeles con un *Beirut cerca de la playa*. En 1991 la policía citó estas estadísticas: 100,000 gangueros, 800 gangas, cerca de 600 jóvenes muertos. A algunas partes de la ciudad, principalmente los proyectos subsidiados, se les ha denominado "ingobernables." Se han usado dichas cifras para crear una histeria contra la juventud negra y latina. De hecho, la policía de Los Angeles ha instituido la ley marcial en el primer cuadro de la ciudad. En su libro *Quartz City,* Michael Davis dice que en 1990, en varias "operaciones" de la ley para destruir las gangas (usando helicópteros, luces infrarrojas y vehículos blindados modificados—no muy distintos a los que usaron en "Desert Storm" contra Irak), se arrestó a cincuenta mil jóvenes sólo en el barrio South Central.

"La vida loca" de mi juventud, aunque devastadora, fue sólo el comienzo de lo que creo que ahora es un crecido y consistente nivel de destrucción genocida que se basa en el silogismo de que hay una juventud marginada sin trabajo ni futuro y que, por lo tanto, es desechable.

Los hermanos de Camila no se salvaron. Uno de ellos se afilió a la Gerahty Loma y atestiguó un número de asesinatos para luego convertirse en drogadicto y reo. A otro hermano lo atacaron y lo apuñalaron siete veces pero sobrevivió. Y a otro hermanastro más grande lo mataron una noche en que intentaba vengarse de alguien cerca de la frontera mexicana.

Más tarde, los hijos de una hermana mayor también se involucraron en el barrio y a uno de ellos, por nombre Shorty y padre de un bebé, lo mataron afuera de su casa a los diecisiete años.

Cuando Ramiro tenía dos años y su hermana sólo diez meses, Camila y yo nos separamos. Siete años después, me mudé a Chicago. Abandonado, Ramiro comenzó a fallar terriblemente en la escuela aun cuando se le había catalogado como niño superdotado. Se fugó de la casa varias veces. Una vez, cuando tenía como diez años, se trepó a un tren que iba de Los

Angeles a Chicago pero la policía lo sacó de un furgón de carga antes de que saliera de los límites de la ciudad. A los trece años se vino a vivir conmigo. A causa de lo que habíamos vivido Camila y yo, hicimos todo lo que pudimos para alejarlo de *la vida*, aún después de que nos divorciamos y vivimos a más de dos mil millas de distancia. Sin embargo, había demasiado en contra nuestra.

En las escuelas del East L.A. y en las de Chicago como la Clemente, se encontraban los índices más altos de deserción escolar. El desempleo juvenil andaba por 75 por ciento en las áreas más descuidadas. ¿Y qué pasaba con los que hacían todo bien, sacaban buenas calificaciones y obedecían las reglas? Por ejemplo, Camila había sacado cien de promedio en la Garfield High School (donde en 1988 se filmó *Stand and Deliver*) y había participado cumplidamente en las actividades escolares. Pero después que nos casamos, solicitó trabajo y le dijeron que no sabía lo suficiente como para obtener un empleo de 9 a 5 en una oficina. Hasta tuvo que regresar a tomar algunas clases para completar la instrucción que le faltaba ¡aún cuando había sido una de las mejores alumnas de la Garfield! El hecho de que las escuelas en Los Angeles hoy ofrezcan "garantías" prueba la deficiencia.

Como hay tan pocas actividades productivas, la venta de drogas se convierte en un medio lucrativo para sobrevivir. Un niño de diez años puede ganarse de ochenta a cien dólares diarios, como vigilante de distribuidores locales. El tráfico de drogas es un negocio. Es el capitalismo: implacable, motivado por la ganancia y la oportunidad. Además, los valores activan a las gangas, se conectan al control de los mercados de forma parecida a lo que ha creado las fronteras entre las naciones. En comunidades de recursos limitados como Humboldt Park y el East L.A., se desarrollaron estructuras sofisticadas para sobrevivir, como las gangas, que son los huesos y tendones que vomita el ambiente.

Cuando Ramiro se fue de la casa ya no volvió durante dos semanas. Me enojé tanto con él por habernos dejado que compré candados para que no entrara. Mantuve guardia para agarrarlo por si se metía a escondidas a comer pero, de pronto, me acordé lo que me había pasado a mí. Recordé todas las instituciones y a las gentes que le habían fallado, ¡y ahora queríamos que se sobrepusiera a todo! Pronto empecé a pasarme las noches de su ausencia manejando por las calles, platicando con los *compas* en *sus* esquinas, llamando a diario a la policía. En el sótano le puse notas escritas a mano diciéndole que estaba bien volver a casa. Le preparé comida y se la dejé a la mano. De pronto cualquier adolescente latino me parecía Ramiro.

Con la ayuda de algunos amigos suyos por fin lo encontré en un chiquero del barrio y lo convencí de que volviera a casa. Aceptó conseguir quien le ayudara a resolver sus serios problemas emocionales y psicológicos, que en gran parte tenían su origen en una infancia inestable y en el maltrato que había sufrido a manos de sus padrastros, uno alcohólico y el otro asiduo golpeador. Yo tampoco podía zafarme del martillazo de responsabilidad, ya que un factor decisivo había sido mi falta de ingerencia en la vida de Ramiro a medida que me dedicaba más al activismo político y a la escritura.

Aunque la mejor manera de ocuparnos de nuestros hijos es crear las condiciones que aseguren el desarrollo libre y saludable de todos, también es cierto que uno no puede hacer por todos los niños lo que no se puede hacer por los propios.

A mediados de 1991, Ramiro había pasado ya unos meses en un hospital psiquiátrico y había asistido a varias sesiones de terapia familiar que exigieron que su madre viajara desde Los Angeles. Implementamos un plan educativo y de trabajo junto con los funcionarios escolares, maestros, trabajadores sociales (todos los que habían tenido que ver con él debían involucrarse, para tenerlos de nuestro lado, como quien dice). También aprendí que un padre no puede entregar a su hijo a una escuela, a un tribunal o a un hospital sin intervenir de tanto en tanto para asegurar que se respeten sus intereses. Me propuse ayudarle a Ramiro a vivir su adolescencia con un sentido de autoestima y fortaleza, con lo que yo llamo capacidad completa: la habilidad para participar como individuo competente dentro de cualquier nivel social que elija.

Hay una tendencia suicida entre los jóvenes que no tienen muchas opciones. Se paran en las esquinas, ejecutando señas gangueras con las manos, invitando las balas. O los tuercen o los matan: es la senda del guerrero, aún cuando no se juega la supervivencia. Y si matan, las víctimas son muchachos como ellos, los más cercanos a su ser—reflejos en el espejo. Matan y se matan, una y otra vez.

Al mismo tiempo, los esfuerzos individuales deben ligarse a los sociales. Traté de que Ramiro comprendiera la naturaleza sistemática de lo que pasaba en la calle y de cómo, en efecto, aquello había decidido por él aún antes de haber nacido. Lo cierto es que no importa lo que uno haga como individuo en ese ámbito, los peligros acechan tras cada esquina.

Un par de ejemplos ayudaron a que Ramiro viera claro. Hace poco, la policía detuvo a algunos de sus amigos y los trajo paseando en la patrulla. Luego los llevó al barrio de una ganga rival. Allí los obligó a pintar sus insignias, sobre el grafiti de los rivales—mientras éstos los observaban—para luego abandonarlos a su suerte. Es una vieja práctica de la policía.

Un segundo incidente atañó la muerte a balazos de un adolescente puertorriqueño llamado Efraín, conocido de Ramiro. Al poco tiempo, cruzamos en el carro por el territorio de los rivales. Las palabras EFRAÍN SE PUDRE adornaban una pared. Esa noche, Ramiro se sentó solo, muy callado, en el patio de la casa, pensando en aquello largo tiempo.

Las cosas entre nosotros, por ahora, las tratamos día con día. Aunque Ramiro ha alcanzado una perspectiva más viable en cuanto a su lugar en el mundo, tendrá que tomar decisiones "no sólo una vez sino las veces que resulten."

Mientras tanto, me he dedicado a escribir este libro—después de un lapso de diez años. Empecé a escribirlo cuando tenía quince años, pero la urgencia de los sucesos actuales exige que por fin salga a la luz. Este trabajo es una propuesta para la reorganización de la sociedad norteamericana—no donde algunos se beneficien a costa de muchos sino donde todos puedan conseguir un servicio médico decente, ropa, alimento, de acuerdo a su necesidad y no según puedan pagar. Es una acusación en contra del uso de la fuerza mortal, el medio principal del que se vale esa sociedad contra quienes no caben (mientras escribo esto, la golpiza que la policía de Los Angeles le propinó a Rodney King se explaya por todo el país. Y el *Los Angeles Daily News* reportó, a fines de octubre de 1991, que el Departamento del Sheriff del Condado de Los Angeles había balaceado a cincuenta y siete personas desde principios de año—de éstos 80 por ciento era gente de color, algunos incapacitados o enfermos mentales; ninguno iba armado y a todos se les disparó por la espalda).

En este país, la criminalidad es cuestión de clase. A muchos de los almacenados en las prisiones repletas se les debería llamar "criminales de la necesidad," y son aquéllos a quienes se les ha privado de los elementos primarios de la vida y así se les ha forzado a cometer actos, según esto, criminales para sobrevivir. Muchos de ellos simplemente no cuentan con los medios para comprarse su justicia. Pertenecen a una capa social que incluye a las madres que viven de la asistencia pública, los residentes de proyectos, las familias de inmigrantes, los desempleados y los desamparados. Este libro es parte de su historia.

Aunque este trabajo comienza en mi niñez, con el viaje de mi familia desde México pasando por nuestros primeros años en Watts, cubre principalmente mi vida de los doce a los dieciocho años en que inicié mi actividad en el barrio de Las Lomas.

No es un trabajo de ficción, aunque hay personas que no quisiera herir al publicar sus nombres y sus historias. He cambiado los nombres y sintetizado hechos y circunstancias pero conservando la integridad de una obra literaria, dramática como lo haría cualquier artista que busca ese momento único que un crítico definió como el instante en que "algo bello choca contra algo verdadero."

Entre más sabemos, más debemos. Tomo seriamente esta responsabilidad. Escribo con la esperanza de hallar aquí dentro un hilo, un patrón o una ligadura, una semilla de temor que sirva de algo, por somero que sea, que ayude a terminar con la cuenta de los Ramiros caídos de este mundo en que más y más comunidades caen bajo la garra mortal de lo que llamábamos "la vida loca."

—julio de 1992

CAPÍTULO 1

===

*"Llora, criatura, que los que no tienen
lágrimas sufren para siempre."*
—Dicho mexicano

La memoria comienza con la fuga. Un Dodge 1950 manchado de bondo surgía bajo un aguacero, mi padre frente al volante, trataba de esquivar los charcos y las vías de ferrocarril abandonadas y levantadas de la línea Red Line por la calle Alameda. Mi madre iba sentada a su lado. Mi hermano Rano y yo íbamos sentados en un costado del asiento de atrás y mis dos hermanas, Pata y Cuca, en el otro lado. Un espacio nos separaba a los varones de las mujeres.

—Amá, mira a Rano —dijo una voz por décima vez desde el asiento de atrás—. Me está pegando otra vez.

Siempre nos peleábamos. Mi hermano, especialmente, la traía con La Pata; la llamaba "Anastein" pensando en Frankenstein. Su nombre verdadero era Ana, pero respondíamos a los sobrenombres de animales que nos puso mi papá cuando nacimos. Yo soy el *Grillo*. *Rano* es por rana. La *Pata* por pato y *Cuca* por cucaracha.

Los asientos se estaban deshilachando. Me asomé a ver los carros que al pasarnos parecían fantasmas con faros que volaban sobre los chorros de agua que caía sobre el vidrio. Yo tenía nueve años. A medida que la lluvia caía, mi madre maldecía en español mezclado con invocaciones a los santos y a la Santísima Madre de Dios. Discutía con mi padre. El no maldecía ni levantaba la voz. Sólo declaraba lo que fuera.

—Nunca volveré a México —decía él—. Prefiero morirme de hambre aquí. Si quieres quedarte conmigo, tendrá que ser en Los Angeles. De lo contrario vete.

Aquello incitaba a mi madre a hacer mayores berrinches.

Ibamos camino a la Union Station del ferrocarril del centro de Los Angeles. Llevábamos nuestras pocas pertenencias atascadas en la cajuela del carro y bajo los pies. Yo llevaba cogida, suavemente, en la mano un cómix que Mamá nos había comprado para mantenernos entretenidos. Vestía mi ropa dominguera y un chicle derretido en la bolsa del saco. Pudo haber sido Pascua, pero era un noviembre lluvioso. No recuerdo bien por qué nos íbamos. Sólo recuerdo que era un día especial. No sentía temor ni preocupación. Como siempre, nos estábamos cambiando. Miré lo nuevo que estaba el cómix y al tocarlo me sentí estimulado. Mamá nunca nos había comprado cómix. Tenía que ser un día especial.

Durante meses nos habían empujado de una casa a otra. Sólo Mamá y nosotros, los niños. Mamá y Papá se habían separado un poco antes. Nos quedamos en casa de mujeres que mi madre llamaba comadres y que tenían un chorro de niños propios. Dormimos algunas noches en un carro o en las salas de familias que no conocíamos. Entonces no había refugios para familias desamparadas. Mamá trató de establecernos en alguna parte pero todo indicaba que volveríamos a la tierra colorada de su infancia, a su México.

La familia se componía de Alfonso, mi padre; María Estela, mi madre; mi hermano mayor José René y mis hermanas menores Ana Virginia y Gloria Estela. Recuerdo el pelo ondulado de mi padre y su cara bien rasurada, su porte correcto, terco y erguido que contrastaba con el de mi madre gordita, el pelo lacio y tupido, los rasgos indígenas, que a veces reía con muchas ganas, los ojos estirados como dos ranuras y que otras veces lloraba como desde una tumba.

A medida que nos acercábamos a la Union Station, Los Angeles se proyectaba amplio y bajo, una ciudad extrañamente construida, un buen lugar para perderse. Sin embargo, yo aprendería a esconderme en mundos imaginarios—en los libros y los programas de televisión donde aprendí una buena parte del inglés que sé; en los juegos solitarios con soldaditos mutilados y troquitas estropeadas. Era tan introvertido que debí dar miedo.

━━━━━

Esto es lo que sé: cuando tenía dos años, nuestra familia salió de Ciudad Juárez, Chihuahua para Los Angeles. Mi padre era un hombre instruido, algo raro en nuestra frontera, una ciudad de hambre y atiborrada hasta los cerros de las chozas de cartón de los ex-peones, indígenas y niños con cara de ocaso. En aquellos días, un hombre instruido debía de cuidarse de ciertas cosas, como el desafiar a la autoridad. Aunque director de la escuela secundaria del lugar, mi padre no se agachó ante los caudillos locales afiliados al partido que gobernaba México, como diría luego un famoso escritor latinoamericano, con una *dictadura perfecta.*

Cuando Papá asumió su cargo de director, no había dinero por culpa del enorme laberinto burocrático que debería atravesar para conseguirlo. En aquella época vivía con una artista que organizaba exposiciones para ayudar a la escuela. Papá usó su propio dinero para comprar materiales y hasta hizo tirar la cerca de hierro que rodeaba el plantel y la vendió como fierro viejo.

Un año, a Papá le ofrecieron un programa de estudios para maestros, durante seis meses, en Bloomington, Indiana. El programa le gustó tanto que lo tomó tres veces. Para entonces ya lo había dejado la artista y se había casado con mi madre, su secretaria. Tuvieron a su primer niño, José René.

Ya cuando mi padre regresó, sus enemigos habían elaborado

un plan para destituirlo—ser director de la escuela secundaria era un puesto poderoso en un lugar como Ciudad Juárez. Mi padre se enfrentó a una pila de cargos criminales, incluyendo la supuesta malversación de los fondos de la escuela. La policía lo sacó del pequeño cuarto de vecindad en el que vivía con mi madre y lo escoltó a la cárcel.

Mi padre peleó para exculparse varios meses. Mientras estuvo preso comía las sobras que le daban en una lata oxidada. No le permitían recibir visitas—Mamá tenía que trepar una sección del muro de la cárcel y levantar a José René, que ya tenía dos años, para que pudiera ver a su padre. Finalmente, luego de un largo juicio, se le declaró inocente—pero ya no era director de la escuela.

Papá determinó escaparse a los Estados Unidos. En cambio, mi madre nunca quiso salir de México; sólo lo hizo por estar junto a Papá.

Mamá era una de dos hijas de una familia que regía un ferrocarrilero alcohólico, golpeador y músico. Ella fue la única de su familia que terminó la secundaria. Sus hermanos, Kiko y Rodolfo, que cruzaban seguido la frontera en busca de trabajo y regresaban a contar historias de amor y de juerga que sucedían del otro lado.

Su abuela había sido una india tarahumara que un día bajó caminando desde la sierra de Chihuahua donde su gente había vivido agazapada durante siglos. Los españoles nunca los conquistaron. Pero la abuela nunca regresó con su gente. Con el tiempo ella parió a mi abuela Ana Acosta.

El primer marido de Ana fue ferrocarrilero en la Revolución Mexicana que murió cuando explotó un túnel durante un ataque. Trajeron los restos en una caja de zapatos. Ana quedó sola con un hijo y encinta de su hija Lucita. Esta después murió de convulsiones a los cuatro años y Manolo, el hijo, quedó ciego a causa de una epidemia de varicela que azotó el área matando a muchos niños.

Más tarde, Ana se casó con mi abuelo, Mónico Jiménez, que también trabajaba en la vía. Una vez, Mónico dejó el tren para cantar y tocar la trompeta en varias orquestas que tocaban en los cabaretes. Un día apareció en Los Angeles pero con otra mujer. En realidad, Mónico tenía muchas mujeres. Seguido, mi abuela tenía que cruzarse hasta los patios del ferrocarril, atiborrados de prostitutas y donde Mónico se pasaba las noches cantando, para traérselo a casa.

Cuando mis padres se casaron, Mamá tenía veintisiete años y Papá casi cuarenta. Ella no había conocido a otro hombre. El ya tenía cuatro o cinco niños de tres o cuatro mujeres. Ella era una mujer fronteriza de fuerte carga emocional, llena de dolor, llena de fuego y llena de amor que dar. El era un intelectual estóico, frío y huraño que hacía lo que le daba la gana tanto como ella hacía todo para complacerlo. A mi me moldeó esta pareja dicotómica como luna y sol, curandera y biólogo, soñadora y realista, mujer/fuego y hombre/agua; estos extremos crearon en mi pecho un conflicto de por vida.

Ya para cuando Papá tuvo que abandonar Ciudad Juárez, Mamá había dado a luz a tres hijos suyos, todos en El Paso, del lado americano, incluyéndome a mí (Gloria nació después en el Hospital General del East L.A.). Esto se hizo para facilitar la transición entre la calidad de inmigrante extranjero a residente legal. Se relatan muchos cuentos de mujeres que se esperan hasta que tienen nueve meses de embarazo antes de cruzarse la frontera a las carreras para parir, muy seguido de cuclillas en la calle mientras se agarran de algún poste del alumbrado público.

Terminamos en Watts, una comunidad de negros, excepto La Colonia, también llamada "The Quarter"—la sección mexicana y la parte más antigua de Watts.

Exceptuando los proyectos, Watts era un gueto en que se mezclaba el campo con la ciudad. Las casas eran para una sola familia, hechas de madera o de estuco. Las ventanas y las puertas abiertas servían de aire acondicionado, ligero alivio del calorón del desierto en verano. Los gallineros adornaban los patios traseros de las casas junto con las entrañas rotas de los carros. Los gallos cacareaban el parto de la mañana y algún chivo se asomaba por entre un cerco de madera roído por la intemperie, junto con la millonada de perros que parecían colmar el barrio.

Watts alimentaba uno de los complejos industriales más grandes del país, jalaba una infinita marea de mano de obra barata; venían de Texas, Louisiana, Mississippi, Oklahoma, Arkansas ... de Chihuahua, Sonora, Sinaloa y Nayarit. Si te cambiabas a ese lugar era porque las compañías de bienes raíces te habían empujado hacia allí. Durante décadas, Los Angeles se había hecho famoso por los convenios restrictivos en los que se establecía que algunos barrios quedaban prohibidos para la habitación de ciertos *indeseables*.

A pesar de la competencia por los trabajos y la vivienda, encontramos algo en común con el lugar, allí entre los talleres de lámina, de contenedores y las fundiciones. Todo el día escuchábamos el martilleo de las fraguas y los silbatos que marcaban los cambios de turno de las fábricas que estaban prácticamente atrás de las casas.

Nos mudamos a Watts ante la insistencia de mi hermana mayor, más bien mi hermanastra, que estaba casada y tenía dos niños. Su familia se reunió con nosotros dos meses más tarde. Se llamaba Seni, un nombre que inventó mi padre (aunque dicen por ahí que es Inés al revés y que así se llamaba una antigua novia suya). Pero el nombre se ha quedado en la familia. A la hija mayor de Seni le pusieron Ana Seni y, años más tarde, una de las hijas de Ana Seni se llamaría Seni Bea.

Cuando Seni era niña, mi padre la dejaba largo tiempo con mi abuela Catita, a quien la niña llamaba Mamá Piri. Cuenta un mito familiar que un día lluvioso, la Seni de nueve años contestó la puerta. Era un hombre que traía el abrigo y el sombrero empapados. La Seni gritó—:

—¡Mamá Piri, Mamá Piri, está un extraño en la puerta!

—No te preocupes m'ija —le contestó Catita—. Es sólo tu padre.

Seni alquiló varios lugares en Watts hasta que encontró una casa de dos pisos en la calle 111 cerca de un conjunto de fábricas. A final de cuentas nivelaron el sitio para construir la Locke High. Yo viví allí un par de veranos; dormía en un desván lleno de telarañas cuyas paredes exponían sus postes de dos por cuatro pulgadas. Las ratas y las cucarachas merodeaban libremente por la casa. Ratas enormes, enormes cucarachas. Seni colocó una silla al pie de la escalera que subía al ático y me convenció de que eso alejaría a esos bichos. Lo creí hasta que una noche descubrí que la silla ya no estaba. Bajé corriendo a contarle a Seni pero ella me gritó en español:

—Regresa a tu cama ... esa silla no puede alejar nada y sólo un tonto creería lo contrario.

Entonces me sentí devastado.

Seni era hija de mi padre y de una de sus antiguas novias que había muerto pariendo a Seni. Mi padre fue guapo y atlético cuando joven. En una de las escuelas a que asistió fue campeón de salto con garrocha pero ser buen mozo sólo le trajo problemas. Cristóbal, su padre, que entonces era un general del ejército mexicano, lo había desheredado una vez, cuando abandonó sus estudios de medicina por el amor de una mujer. Papá había dejado el estudio para irse con la que después sería la madre de Seni.

Yo tenía, además, dos hermanastros, Alberto y Mario que vivían en México. Lisa, otra hermanastra, murió muy chica por haberse comido, accidentalmente, unos chicharrones que mi padre se vio obligado a vender en las calles empedradas de la Ciudad de México desde el rechazo de su papá. Mi madre conservaba una foto de Lisa muerta, color sepia en blanco y negro, en que parecía muñeca dormida y en paz con su batita de bautismo de encaje blanco, dentro de su ataúd miniatura de madera.

Nuestra primera revelación de los Estados Unidos me sigue como un mal olor. Parecía un mundo raro, muy odioso con nosotros, nos escupía y nos pisoteaba, nos tosía a los inmigrantes como si fuéramos flema pegada a la garganta colectiva de esta nación. Mi padre casi nunca tenía trabajo. Cuando había era casi siempre en la construcción, en fábricas como la de pinturas Sinclair o la de comida para perro Standard Brands, o vendía seguros de puerta en puerta, o biblias u ollas y sartenes. Mi madre encontró trabajo limpiando casas o en la industria de ropa. Sabía que las tienditas de la esquina la esquilmaban pero sólo hablaba a señas y en un inglés mocho.

Una vez, mi madre nos juntó a los niños y caminamos al parque Will Rogers. Había gente dondequiera. Mamá buscó algún lugar donde pudiéramos descansar y encontró un espacio en una de las bancas del parque. Tan pronto se sentó, una americana con tres niños se acercó.

—Oiga, lárguese de aquí—. Ese asiento es nuestro.

Mi madre comprendió pero no supo cómo contestarle en inglés. Intentó en español.

—Mira grasosa, no puedes sentarte allí —le gritó la mujer americana—. ¡No perteneces aquí! ¿Comprendes? ¡Este no es tu país!

Mi mamá recogió silenciosamente nuestras cosas y se fue pero yo sabía que la frustración y el coraje le hervían por dentro por no poder hablar y porque cuando hablaba nadie le hacía caso.

Nunca dejamos de cruzar fronteras. El Río Grande (o Río Bravo, como lo llaman los mexicanos, que le da un poder al nombre que Río Grande nomás no tiene) fue sólo la primera de las incontables barreras que se nos interpusieron.

Seguimos brincando vallas, librándonos de las amarras, sacándole la vuelta a la migra en cada viaje. Aquel río, aquel primer cruce, madre de todos los cruces, fue la metáfora que llenó nuestras vidas. Por ejemplo, el Río Los Angeles se convirtió en una nueva barrera para mantener a los mexicanos dentro de sus barrios durante años, allá, en el enorme East L.A., exceptuando las correrías al centro. Las escuelas disponían otras restricciones: No hables español, no seas mexicano—no perteneces. Las vías del tren nos separaban de las comunidades donde vivía la gente blanca como South Gate y Lynwood que quedaban frente a Watts. Eramos gente invisible en una ciudad que se alimenta de todo lo que brilla, la pantalla grande y sus nombres importantes, pero en todo ese *glamour* no estaba ninguno de nuestros nombres ni nuestras caras.

El eco del refrán "éste no es tu país" se repetía toda una vida.

Aunque nos mudamos dentro de Watts, mis recuerdos, mis miedos y preguntas más precoces los guarda la casa de la calle 105 cerca de la Avenida McKinley. Era del tamaño de una caja de cerillos. En seguida había un garaje que parecía granero por las paredes agujereadas y la falta de pintura. Las inclemencias del tiempo lo golpearon contra un tapanco inclinado. El jardín trasero era una selva. Parecía que las plantas crecían desde el cielo. Había platanares, pericos, césped amarillento y una maleza enorme llamada zacatón esperma (porque apestaba a semen cuando se cortaba). Un árbol de aguacate crecía al centro del jardín y las raíces cubrían cada palmo del terreno, levantando banquetas de cemento, mientras que las ramas raspaban las ventanas de las recámaras. La ropa colgada de los alambres se mecía sobre el pequeño área de zacate detrás de la casa.

Mi hermano y yo seguido jugábamos en nuestra selva, hasta nos imaginábamos Tarzanes (el Rano imitaba a la perfección el grito del Tarzán de las películas). Lo malo era que yo siempre terminaba haciéndola del chango que tiraban de los árboles. Recuerdo a mi hermano como a una de las personas más peligrosas que conocí. Parecía poseído de un alarido que nunca despedía. Tenía la cara ensombrecida por lo que mi madre llamaba maldad. El Rano se regocijaba viéndome retorcerme de dolor, llorar o acurrucarme temeroso de su exaltado sentido de poder. Su sed de crueldad lo hacía resistir los latigazos de Mamá sin soltar una sola queja ni derramar una lágrima. Se quedaba allí sentado, mirando la pared, lo cual forzaba a mi madre a castigarlo más intensamente, pero el Rano no demostraba ninguna emoción.

Pero en la calle, los muchachos del barrio corrían al Rano de sus juegos o se le echaban encima. Muchas veces volvía a casa golpeado, la cara hinchada. Una vez, alguien le tiró una piedra a la cabeza que le cortó la frente y le dejó una cicatriz que hasta la fecha.

Otro día, un muchacho vecino le reventó un balde de metal sobre la cabeza que le laceró el cuero cabelludo y provocó una horrenda escena de sangre. Mi madre, con su inglés mocho, poco podía remediar estas injusticias pero le hacía la lucha. Cuando aquello sucedió, ella corrió a la casa de al lado para confrontarse con la madre del muchacho.

La mujer había estado sentada en su porche y lo había visto todo.

—¿Qué pasó aquí? —preguntó Mamá.

—No sé qué quiere usted —dijo la mujer—. Sólo sé que su hijo levantó el balde y se dio con él contra la cabeza. Eso es todo lo que sé.

En la escuela, pusieron al Rano con los niños retrasados porque no sabía mucho inglés. Hasta lo hicieron que repitiera segundo año.

Para todo, el Rano se desquitaba conmigo. Recuerdo que me le escondía cuando buscaba compañero de juego. Mi madre hasta me sacaba de los roperos con cinturón en mano y me obligaba a jugar con él.

Un día jugábamos en el techo de nuestra casa.

—Grillo, ven acá —me llamó desde el borde—. Guáchate lo que está en el suelo, ése.

Debí haberme dado cuenta de lo que quería, pero me asomé para mirar. El Rano me empujó y caí sobre el suelo de un fuerte espaldarazo que me sacó el aire. Me quedé muerto unos instantes, agonizando sin aliento hasta que poco a poco lo fui recobrando.

Otra vez, me hizo jugar al indio mientras que él era el vaquero; me echó una soga al cuello y me arrastró por todo el patio. Me soltó a un pelo de ahorcarme. Traje las raspaduras de la soga en el cuello una semana.

Sus abusos hasta incitaron a que los muchachos del barrio también le entraran. Uno, que era un poco más grande, se fijaba en cómo el Rano me maltrataba. Un día se asomó por arriba del cerco que separaba su patio de nuestra casa.

—Ese, chavo ... simón, tú ése. Ven pacá un escante. Te voy a enseñar una cosa.

Esta vez me acerqué con cuidado. No me sirvió para nada porque pisé dentro de un lazo tendido en el piso. Jaló la cuerda arrastrándome por toda la maleza y los abrojos para atar la cuerda de su lado de la cerca astillada y dejarme colgado de cabeza. Así, colgado, grité y pataleé lo que me parecieron horas hasta que alguien llegó a cortar la soga.

La casa de la calle 105 siempre estuvo fría. No siempre podíamos pagar las cuentas del gas o de electricidad. Cuando no podíamos, usábamos velas. Nos hablábamos en secreto mientras limpiábamos los platos y la mesa donde habíamos comido sin luz pues así se habla la gente en la oscuridad.

Nos bañábamos con agua fría. Recuerdo las ganas de salir corriendo del baño ante un escalofrío de palabras que murmuraba mi madre para consolarme.

—Así es, así será —me explicaba mientras me zambullía en el baño helado.

Una noche, mis padres nos llevaron a un restaurante pues no teníamos cómo cocinar. Dimos la vuelta un rato. En el Boulevard Avalon encontramos uno de esos lugares que siempre están abiertos y que venden huevos con jamón y café. Al acercarnos me acurruqué en el asiento y grité:

—¡No. No quiero entrar!

—¿Y por qué no? —me preguntó mi madre—. Por el amor de Dios, ¿no tienes hambre?

Con el índice señalé a un cartel en la puerta que decía:

PASE. ADENTRO ESTÁ FRÍO.

Las navidades llegaban casi sin hacer ruido. Una vez, mis padres compraron un arbolito de mentiras, de aluminio. Colocaron varios regalos debajo y nos despertaron temprano para que los abriéramos. Casi todos los envoltorios de papel estaban pegados al troche moche pues el Rano, por andar queriendo ver qué contenían, se había arrastrado a la sala a media noche, los había roto y luego los había querido pegar de nuevo. Los regalos los había mandado un grupo de una iglesia que repartía obsequios a los pobres. Esa fue nuestra primera navidad. Ese día, rompí el submarino de plástico, la pistola de juguete y el carro de metal que recibí. No sé por qué. Tal vez porque pensaba que no estaba bien tener cosas nuevas que funcionaran.

Mi madre trabajaba a ratos, principalmente de costurera o limpiando casas o cuidando niños ajenos. A veces, íbamos con ella a las casas que limpiaba. Eran casas bonitas de americanos blancos. Recuerdo una con alberca, chimenea y algo que se llama tapetes. Mientras Mamá barría, fregaba y pasaba la aspiradora, mis hermanas y yo jugábamos en un rincón con miedo de tocar nada. Esas casas olían diferente, a fragancias dulzonas que daban náuseas. La calle 105 olía a fritangas de manteca, a frijoles, a los escapes de los carros, a humo de fábrica y a las destilerías caseras. Olía a gallinas y a cabras de los patios llenos de partes de motores, alambres y tablas partidas llenas de clavos oxidados. Estos eran los olores familiares: la tierra agujereada y los olores animales y a aceite mecánico que no estaban en las casas que mi madre limpiaba.

Parecía que Mamá siempre estaba enferma. Para empezar, estaba pasadita de peso y sufría de una forma de diabetes. Además, padecía de las tiroides, de los nervios y tenía alta presión. Todavía era joven cuando vivíamos en Watts, andaba por los treinta años pero tenía muchos achaques. Ya se le habían caído los dientes hacía muchos años. Eso la hacía que pareciera más vieja, hasta años después, cuando finalmente se consiguió unos postizos. A pesar de todo, siempre trabajaba, perseguía a mi hermano con un cinto o un garrote y sostenía a la familia mientras que todo lo demás parecía desmoronarse.

Unas venas gruesas y azules le rayan las piernas a mi madre; algunas se le amontonan como témpanos en las pantorrillas. Cada tanto se las sangra para mitigar el dolor. Cuidadosamente corta las venas hinchadas con una navaja y las drena en una tina de porcelana metálica. Yo estoy chico y sólo recuerdo que sueño la sangre, que me ahogo en un mar de sangre, sangre sobre las sábanas, sobre las paredes, a chorros que saltan de la pantorrilla de mi madre y salpican los costados de la tina blanca. Pero no son sueños. Mi madre sangra de día, de noche. Sangra el parto de la memoria: mi madre, mi sangre, a un lado de la cama, yo sobre las cobijas y ella cortándose una vena negra para llenar la tina de una oscura pesadilla prohibida y roja que no para, que nunca deja de vaciarse, este recuerdo de Mamá y la sangre y Watts.

Un día, mi madre nos mandó al Rano y a mí a la tienda de abarrotes. Decidimos cruzar las vías del tren para llegar a South Gate. En aquel entonces South Gate era un barrio de gringos, lleno de las familias de los trabajadores de la planta automotriz y otras industrias cercanas. Este, como Lynwood o Huntington Park, era territorio prohibido para la gente de Watts.

Mi hermano insistió en que fuéramos. No sé ni por qué, ni nunca sabía. Ni siquiera valía la pena discutir con él pues siempre me forzaba a hacer su voluntad. El tenía nueve años y yo seis. Así nomás, comenzamos a cruzar las vías, a treparnos sobre carritos del supermercado abandonados y sofás rotos, a través de la calle Alameda y entrando a South Gate: toda blanca y toda americana.

Nos metimos a la primera tiendita de abarrotes esquinera que encontramos. Primero todo iba de aquéllas. Compramos pan, leche, botes de caldo y dulces. Cada quien salió cargando una bolsa llena de comida. Apenas habíamos dado unos pasos cuando se nos emparejaron cinco chavos montados en bicicletas. Tratamos de ignorarlos y caminamos para nuestro lado de las vías, pero los muchachos se nos pusieron en frente. Dos se quedaron junto a sus bicicletas y tres se apearon de las suyas y caminaron hasta donde estábamos nosotros.

—¿Qué traemos allí? —dijo uno de los muchachos—. ¿Tal vez unos grasosos a la orden con frijoles?

El muchacho me tiró al suelo y el mandado se desparramó por todo el asfalto. Sentí chicle derretido y astillas de botella de cerveza en los labios y en las mejillas. Luego alguien me levantó en peso y me agarró mientras los demás apañaron a mi hermano, le tiraron el mandado y le dieron de chingadazos. Le tundieron por la cara, el estómago y por la cara otra vez provocándole el vómito.

Recuerdo la risa chillona y loca de uno de los chavos que andaba en bici, una risa como graznido de cuervo, el chiflido del viento, una risa que oiría durante innumerables golpizas. Vi cómo los demás se turnaban para golpear a mi hermano, al terrible de mi hermano que se doblaba, la camisa manchada de sangre y basca y lágrimas que le corrían por el rostro. Quería hacer algo, pero me tenían agarrado y sólo miraba mientras que cada golpe que le daban al Rano me desgarraba las entrañas.

Finalmente lo soltaron y se resbaló hacia el suelo como plátano podrido, aplastado de la cáscara. Nos arrojaron a nuestro lado de los rieles. Bajo el atardecer, veía las resplandecientes torres de Watts, el destello de setenta mil pedazos de botellas rotas, conchillas, cerámica y metal, espirales cuyas puntas punzaban el cielo y reflejaban los rayos del ocaso. Mientras veíamos a los chavos que se alejaban, riéndose aún y todavía hablando de aquellos estúpidos grasientos que habían osado cruzarse a South Gate, mi hermano y yo nos levantamos.

La única emoción que mi hermano me había mostrado hasta entonces era el desdén. Nunca me había pedido nada que no fuera una orden, una expectativa, una obligación para que fuera su títere desechable. Pero esta vez me miró con los ojos llenos de lágrimas y la sangre corriéndole por varias heridas— las mejillas y los labios hinchados y me dijo:

—Júrame ... tienes que jurarme ... que no le vas a decir a nadie que lloré.

Supongo que juré. Era su última esperanza. La reputación de

quien podía aguantarse una cintareada, que podía soportar los chingadazos en el barrio y aún así volver a arriesgarse—lo que recuerdo es su patético ruego desde el pavimento. Seguro que le prometí.

Era un tibio día de septiembre cuando mi madre me sacó de la cama, me dio un par de pantalones y una camisa, me dio un pedazo de pan chamuscado y me arrastró del brazo hasta la escuela de la calle 109. Nos acercamos a un enorme y polvoriento edificio de ladrillo. Sobre la entrada, el nombre estaba grabado en letras inglesas antiguas. Mamá me llevó cargado sobre una fila de escalones y a través de dos puertotas.

Primer día de escuela.

Tenía seis años. Nunca había asistido al kinder porque Mamá quería que me esperara hasta que La Pata tuviera edad para ir a la escuela. Mamá llenó unas formas. Un celador nos guió hacia un aula en que Mamá me dejó para reunirse con los padres que se estaban juntando en el salón principal.

Mi primer día de clases sería una buena muestra de mi futura vida escolar. Me llevaron con una maestra que no sabía qué hacer conmigo. Se quejó de que no tenía lugar, de los niños que ni siquiera hablaban inglés, de ¡cómo iba a enseñar nada bajo esas condiciones! Aunque no sabía inglés, entendí buena parte de lo que decía. Sabía que no me querían. Me sentó cerca de la puerta en una vieja silla destartalada. Tan pronto pude, me escapé para encontrar a mi madre.

Encontré la clase del Rano, con los niños retardados, y mejor decidí quedarme allí un rato. Era muy divertido. Todos me trataron como al hermanito menor, pero a final de cuentas, la maestra le pidió a un alumno que me llevara al salón principal.

Después de más papeleo, me llevaron a otra clase. Esta vez, la maestra parecía más simpática, pero distraída. Se enteró de que yo no sabía inglés y me dijo:

—Bueno. ¿Por qué no te sientas allá al fondo de la clase? Juega con estos bloques hasta que se me ocurra como hacerte participar.

Le llevó casi todo el año resolver mi problema. Mientras tanto, yo me quedé al fondo de la clase jugando con los bloques. Todas las mañanas llegaba, ponía mi chaqueta y mi comida en su lugar y me iba a mi rincón donde permanecía todo el día. Eso me hizo encerrarme más en mí mismo y eso llegó al extremo de que no avisaba cuando quería ir al baño. Me hacía en los pantalones y allí me quedaba, oliendo mal, hasta que los otros niños gritaban en coro ¡*Fúchila*! Como resultado me mandaban a la oficina o a la casa.

En aquella época no había manera de integrar a los niños que no hablaban inglés. Hablar otro idioma (que no fuera inglés) se consideraba un crimen. Si se escuchaba una palabra de español en el recreo, se mandaba al culpable a la oficina, donde se le nalgueaba o se le hacía quedarse después de escuela. Los maestros se quejaban de que tal vez los niños hablaran mal de ellos y sólo bastaba una sospecha para que lo castigaran a uno.

Finalmente me atreví a decirle a la maestra que tenía que ir al baño. No se lo dije con todas las palabras, pero ella entendió el mensaje y me dio permiso rápidamente. Esta vez no me hice mientras trataba de explicarle. Corrí a mear pensando lo bien que sentía que el líquido no me corriera por la pierna. Pero de repente sonaron varias campanas. Salí del baño con mucha cautela y vi bandadas de niños abandonar las aulas. No sabía lo que pasaba. Fui a mi salón y estaba vacío. Me asomé a los otros salones y no encontré nada. No había nadie. No sabía qué hacer. Pensé que todo mundo se había ido a su casa. No me molesté en asomarme al patio, donde toda la escuela estaba reunida practicando una evacuación para caso de incendio. Nomás me fui a la casa. Por un tiempo se me convirtió en costumbre llegar a casa temprano hasta que aprendí el teje maneje de la vida escolar.

No saber hablar bien inglés me hacía pasar momentos penosos como ésos. Casi nunca preguntaba. Sencillamente no me gustaba que no me entendieran. Muchos niños hispanohablantes se cuatrapeaban al cantar "Home on the Range." Decían cosas como *where the beer and cantaloupe roam* (donde vagan las cervezas y los melones) en vez de *where the deer and the antelope roam* (donde vaga el venado y el antílope).

Eso me pasaba a mí. Mezclaba todas las palabras. Fastidiaba todas las canciones.

Con el tiempo me hice de amigos. Mi hermano seguido traía a casa a un niño mexicano manco que se llamaba Jaime y a veces nos la pasábamos todos juntos. Jaime había perdido el brazo cuando era bebé. No sabía muy bien cómo pero había metido el brazo entre los rodillos de una de aquellas máquinas viejas de lavar ropa y se lo había arrancado. Sin embargo, después había compensado esa falta con piernas de futbolista y hasta había ganado un par de pleitos con el brazo bueno.

Y luego estaba Earl. No lo conocía hasta que un día, mientras nos formábamos después del recreo, le jaló las trenzas a una niña mexicana de nuestra clase que se llamaba Gabriela. Todos queríamos a Gabriela pero era callada. Earl le jaló de las trenzas. La niña volteó y vio que yo estaba ahí. En ese momento, la maestra salió corriendo del salón y Gabriela me señaló a mí, el que nunca decía nada. Por eso me dejaron una hora después de clases y la aguanté echando humo por las orejas.

Esa tarde, Earl fue a casa de mi hermana en donde estábamos de visita.

—¿Qué quieres? —le preguntó Seni al abrir la puerta.

—¿Puede jugar conmigo el muchacho de arriba?

—No sé. No creo.

—Dígale que traigo unas canicas. Si quiere, me gustaría que jugara conmigo.

—No sé. No creo.

Desde el ático, miré por la ventana y vi al niño alto y delgado vestido con camisa rayada y pantalones de mezclilla. Llevaba una lata de café bajo el brazo. Las canicas hacían ruido en la lata cada vez que Earl se movía.

Pero convencer a Seni no era cosa fácil. Tras ella vio a una mujer grande y redonda que llevaba un vestido estampado:

mi mamá. Ella vio al muchacho y gritó en español por la escalera:

—Sal a jugar Grillo. Siempre estás en el ático. Sé como los otros niños. Sal a jugar. ¡Ya!

Earl esperó pacientemente mientras que los Rodríguez tronaban y estallaban para hacerme bajar y salir al patio. Finalmente bajé. Earl me sonrió de oreja a oreja y me ofreció la lata de las canicas.

—Esto es por haberte echado la culpa hoy.

Lo miré duro, todavía medio enojado y agarré la lata que contenía la mejor colección de canicas que jamás he visto. Hice un amigo.

El viento del desierto barrió las antenas de tele y las cercas descarapeladas, brisas bienvenidas en esos días secos y agobiantes del verano en que la gente salía a sentarse en sus porches o bajo algún árbol en sus terregosos patios traseros mientras que otros arreglaban los carros en la calle.

Pero en esos días también salía el peligro—se veía en las caras de los guerreros callejeros, en los juegos de los niños que, en su inocencia, no se daban cuenta pero que eran los primeros en caer en las peleas familiares o en la guerra entre gangas.

La calle 103 era singularmente cruel. Era la calle principal de Watts donde había muchas tiendas y estaba repleta de gente y de vatos que le quitaban a uno hasta la morralla que llevara en el bolsillo.

En días como ésos, el Rano, el Jaime, el Earl y yo nos aventurábamos a la "tercera," que así se apodaba a la calle 103, o nos largábamos cerca de las fábricas y las vías del ferrocarril a jugar a las guerras de lodo con otros chavos. Otras veces jugábamos en el techo y contábamos cuentos.

—¿Ya se saben el del medio hombre? —preguntó el Earl.

—¿El qué? —contestó el Jaime—. ¿Qué es un medio hombre?

—Sirol, es un vato que lo cortaron a la mitad en las vías del tren, por allá, por Dogtown.

—Orale pues, dale gas.

—Oranda como aparecido por las calles, una mitad acá, la otra allá ... y come niños.

—Qué gacho ése —dijo el Rano—. Pero ai te va una. Es del pie.

—¿Qué chingaos es eso?

—"Pie" quiere decir pie en español ... ¡y eso es todo lo que es! Un pinche piesote que camina.

Las ráfagas de viento se arremolinaban alrededor de las ramas del aguacate, mientras la luz de la luna formaba misteriosas sombras cerca de donde contábamos los cuentos.

—¿Ya saben el de La llorona, verdad? —continuó el Rano.

—Simón, ése ...

—Es una ruca mexicana ...

—¿Quién, la Sra. Alvarez?

Nos curamos.

—Nel, esta ruca apañó a todos sus chavitos y los fileró en cachitos.

—¿Y?

—Y luego se tiró un verde por todo el barrio echando escantes de sus beibis por todos lados.

—¿Y luego?

—Y luego, Dios guachó todo y le hizo mal de ojo de que tirara chancla todo el tiempo, ése, por toda la canica chillando y guachando por sus chavos. Por eso le dicen "La llorona." Y ... ¿sabes qué, ése? Apaña otros chavitos para hacer replace a los que se dejó cai.

Las hojas de los árboles se agitaron haciendo un ruido extraño. Todos saltamos, hasta el Rano. Antes de que alguien dijera buenas noches, nos atropellamos unos a otros tratando de salir de allí. Bajamos del techo y corrimos como locos hacia nuestras casas, entre las sábanas y vestidos que colgaban del tendedero.

Nos cambiamos mucho de casa por causa de los desalojos. Mi padre probó muchas cosas en su afán constante de conseguir mejor trabajo. A pesar de que era maestro, biólogo titulado, y de haber publicado un texto de español en México, en Los Angeles nadie quiso reconocer sus credenciales y no pasó de ser un simple obrero.

Un día ocurrió un milagro. Mi padre consiguió un trabajo de maestro sustituto en el Valle de San Fernando, en la Taft High School de Woodland Hills, enseñándole español a niños blancos de familias acomodadas.

Papá debió pensar que nos habíamos sacado la lotería o algo así. Compró una casa en Reseda. En esa época éramos la única familia mexicana de los alrededores. Era una casa grande de tres recámaras, lo que quería decir que los muchachos tendrían su propia recámara y las muchachas la suya y que mis padres podrían estar solos. Tenía dos baños, un jardín grande con zacate y un garaje estucado, separado de la casa.

Fui a una escuela, que hasta tenía muchos libros, en la Avenida Shirley. Recuerdo que de vuelta a la casa, los niños anglos me perseguían mucho. Pero estábamos muy contentos de vivir en Reseda y de habernos alejado del South Central Los Angeles.

Hasta mi hermano tuvo éxito en su nuevo ambiente. Se convirtió en el mejor peleador de la escuela. Los chicos blancos y grandotes trataron de provocarlo pero él se defendió a puñetazos, golpeándoles las caras al estilo callejero y rápido que había aprendido en Watts. Después nadie quería meterse con él. Hasta los bravucones del barrio me empezaron a respetar a mí cuando se enteraron de que yo era el hermano de José y dejaron de molestarme al volver a casa.

Mi padre se volvió loco en Reseda. Compró un carro nuevo, muebles y un flamante televisor y hasta tuvo la desfachatez de tirar la vieja caja blanco y negro que teníamos en Watts. Se portaba como muerto de hambre en dulcería, abarrotándose de todo y tocando lo que no se iba a comer. Estaba sentado en una montaña de deudas. Pero no le importaba. Ahora éramos americanos. Íbamos camino a conseguir nuestra parte del sueño. Hasta estaba logrando éxito como maestro que era lo que sabía hacer. ¡Qué momentos aquéllos para mi padre!

Yo sabía que mi madre se sentía incómoda con todo aquello.

Les sacaba la vuelta a los vecinos. Las otras madres de por ahí eran guapas, mantenían la línea. Mi madre lucía gordita, prieta, indígena y extranjera sin importar el dinero que tuviera. Aunque si adquirió sus dientes postizos. Parecía que estaba allí para recoger los pedazos cuando se le desmoronara el castillo de arena a mi padre. Ella sabía que habría de suceder.

Todo ocurrió muy rápido y fue decisivo. La escuela Taft sólo había contratado a mi padre para que enseñara español por un tiempo. Aparentemente, los chicos no le entendían por su acento. Mandó cartas al consejo escolar proponiendo nuevos métodos para enseñarle español a los niños americanos y así seguir trabajando pero no resultó y lo despidieron.

No habíamos completado el año escolar en Reseda, cuando llegaron los camiones y se llevaron los sofás nuevos, la máquina de lavar, el refrigerador y hasta el televisor. Pusieron un cartel de SE VENDE frente a la casa y confiscaron el carro nuevo. Salimos de Reseda en un viejo y destartalado Dodge. Los vecinos nos despidieron con las caras tristes. Me imagino que se dieron cuenta de que a pesar de ser mexicanos no éramos tan malos. Regresábamos con una vieja amistad—la pobreza.

Nos cambiamos con Seni, su marido y sus dos hijas. Vivían en un apartamento un poquito fuera del East L.A. Las niñas de Seni, aunque eran nuestras sobrinas, tenían nuestra misma edad más o menos. También tenían sus apodos. A Ana Seni le decían "Pimpos" que no sé qué quiera decir. Pero el Rano la llamaba "La frijola" y se le quedó. A Aidé le decían "La banana" porque tenía el pelo medio güero cuando era bebé. Más tarde tuvieron otra hija que se llamó Beca, también güerita.

Como casi todos los latinos, éramos mestizos. Mi medio hermano Alberto parecía caribeño. Su madre era de Veracruz, del lado caribeño de México que tiene un poquito de Africa. Los demás teníamos un color entre el blanco del español y el café del indígena.

Desarraigados de nuevo, atascamos nuestras cosas en una cochera. Los adultos ocupaban las únicas dos recámaras. Los niños dormían en lo que pasaba por camas en la sala. Mi abuela Catita también se quedó con nosotros. Nos atiborramos once en ese apartamento. Recuerdo los pleitos constantes. A mi padre lo regañaban por no encontrar trabajo. Seni acusaba a su marido de andar con otras mujeres. A Mamá seguido se le encontraba parada afuera, sola, llorando, o se iba al garaje cerca de la pila de nuestros tiliches.

El Rano y yo nos refugiábamos en la calle.

Una noche volvimos tarde a casa aprovisionados de orozuz y chicle balón. Pasamos frente a los carros de la policía y de una ambulancia. Los colores de las luces giraban sobre las caras tensas de los vecinos que estaban parados sobre los parches de zacate y la entrada del carro. Me abrí camino por entre las voces bajas y entré a la casa: una pared del fondo estaba salpicada de sangre.

Hacía unos minutos, Seni había estado cepillándole el pelo a Pimpos cuando, quién sabe por qué, le jaló las mechas largas. Los gritos de la niña atrajeron al esposo de mi hermana. Se inició una averiguata. Palabras hirientes. Se acusaron.

En seguida, Seni agarró una lija para las uñas que estaba en el lavabo del baño y se la blandió en la cara a mi cuñado. Este trató de agarrarle la mano. La lija se le enterró en el brazo. Papá y Mamá se arrojaron sobre mi hermana y la detuvieron contra la pared. La lija brillante chocó el acero sobre el piso de linóleo.

Luego después del incidente, el dueño nos echó a todos. Entonces mi padre y mi madre se separaron; fue cuando hicimos aquel viaje en carro a la estación de tren, rumbo a México, y dejamos Los Angeles tal vez para nunca volver.

━━━━━

Entramos a un estacionamiento de la Union Station. Es como el punto en que ya no se puede regresar. Papá sigue testarudo. Mamá parece que está exhausta. Nosotros seguimos sentados en nuestros asientos, ahora muy quietos, mientras que Papá maniobra para estacionarse en un espacio vacío. Empezamos a salir del carro arreglándonos los sacos y juntando las cajas y las bolsas de papel cerradas con dúrex: nuestro "equipaje." Hasta esa encrucijada es como si hubiéramos vivido una tormenta— tanta inestabilidad, de sueños realizados y luego rotos, de silencio dentro de las paredes de mi cuerpo, de que me traicionaran, me golpearan, me ningunearan, me hicieran a un lado y me dejaran olvidado y sin importancia. No sé qué decir acerca de esto que nos sucede. Si quedarnos en Los Angeles. Irnos. ¿Qué importa? He sido una pelota caliente, colorada, botando de aquí para allá. Cualquiera me puede botar. Mamá. Papá. El Rano. Las escuelas. Las calles. Soy una pelota. O lo que fuera.

Estamos dentro de la enorme caverna que es la estación. La gente sentada llena las bancas de madera labrada en espirales. Sentados atamos las bolsas a nuestras muñecas con mecate para que nadie pueda llevárselas sin que nos jale a nosotros también. Mi padre voltea hacia nosotros, apenas lo oímos que nos despide y se comienza a ir. Sin abrazos. Ni siquiera nos mira.

—Poncho.

Retumba el eco por la sala de espera.

—Poncho.

Voltea. Mira a mi madre. La humedad de las lágrimas le cubre a ella la cara. Entonces Mamá le dice que no puede irse. Se quedará con él. En Los Angeles. No creo que ella esté muy contenta. ¿Pero qué puede hacer una madre soltera con cuatro niños en México? Una mujer que siempre está enferma, que no sabe más que trabajar de obrera en una fábrica, en un país donde no hay más que trabajo de campo. De qué sirve mas que para morirse de hambre.

—Está bien —dice Papá acercándose a Mamá—. La vamos a hacer, mujer. Lo sé. Pero tenemos que armarnos de paciencia. Tenemos que tener fe.

Mamá se voltea con nosotros y nos dice que no nos vamos. Yo no soy más que una pelota. Boto dentro. Boto fuera. O lo que fuera.

CAPÍTULO 2

*"Si no eres de un barrio entonces
no has nacido."*
—un niño de diez años
de South San Gabriel

Una tarde, anocheció temprano en South San Gabriel; el viento y el frío rotaban la tierra. La gente que habían estado sentada en los porches o en sillas de metal junto a las mesas plegadizas cubiertas de barajas y botellas de cerveza recogió sus cosas para meterse. Otros se pusieron sus suéteres o sus chamarras. Una tormenta se amontonaba tras los árboles.

El Tino y yo caminamos frente a las casas de estuco y de madera del barrio de casi puros mexicanos y una que otra familia blanca pobre (casi siempre de Oklahoma, Arkansas y Texas). Las canciones rancheras se peleaban con las canciones vaqueras gabachas mientras seguíamos nuestro camino a la escuela primaria del lugar cargando una mugrienta y aceitosa pelota de básquet bajo el brazo.

Nos detuvimos frente a un cerco de alambre tejido que encerraba la escuela. Tras el cerco, un viejo edificio de ladrillo lanzaba una larga sombra sobre una cancha de básquet de cemento. Las hojas y el papel se arremolinaban en pequeños tornados.

—Vamos a brincarnos —dijo el Tino.

Yo miré por arriba del cerco. Un cartel en alto decía: SE PRO-
HIBE LA ENTRADA DESPUES DE LAS 4 P.M., POR ORDEN DEL DEPARTAMENTO
DEL SHERIFF DEL CONDADO DE LOS ANGELES. El Tino se volteó con-
migo, encogió los hombros como diciendo: *¡Y qué!*

—Echame una mano pa subir, ése y luego pásame la bola.

Hice un estribo con las manos y lo alcé mientras que se
encaramaba sobre el cerco, el Tino lo brincó y cayó muy en pies
en*tenis*ados.

—Orale Luis, déjate cai —me gritó el Tino del otro lado.

Le pasé la bola, me hice patrás y me dejé ir sobre el cerco
pero no pude y me caí. Aunque los dos teníamos diez años yo
era más chaparro.

—Ai te guacho, ése —dijo el Tino—. Yo me tiendo a vacilar
soleco.

—¡Cálmala! —le grité mientras me echaba más patrás. Me
agaché casi hasta el suelo, me aventé, brinqué y puse los tenis
balanceados sobre la red de fierro y la hice con un fregadazo.

Limpiándome el zacate y la tierra de los pantalones, me
acerqué muy orondo, levanté la bola del suelo y pasé por un
lado del Tino hacia la cancha.

—Ese Tino, ¿qué tás esperando?

Los chiflones no nos estorbaron para aventarnos un tiro de
básquet de media cancha aun cuando los nubarrones negros
asfixiaban el cielo.

Las voces de chavalo se mezclaban con los botidos de la bola
en el asfalto. La escuálida figura del Tino parecía flotar sobre la
cancha como si tuviera alas bajo los brazos flacos. En ese
momento, una patrulla blanca y negra pasó por la calle. La luz
de un farol se esparció por el patio de la escuela. El carro frenó
y se detuvo. La luz que iluminó las canchas pescó al Tino en el
vuelo de un rebote.

Las risas y los botidos terminaron.

—Oigan, somos la ley —ordenó una voz. Dos jurados estaban parados junto al cerco, linternas y macanas en mano.

—Vámonos —respondió el Tino.

—¿Que qué? ¿Por qué no nos quedamos aquí? —le contra-
puse.

—¿Tás loco? Tamos trespassing, ése. Cuando nos apañen nos van dar en la madre.

—¿Tás seguro?

—Simón, créeme, yo sé.

—Y ... ¿paónde nos pelamos?

Luego uno de los jurados gritó:

—Oigan chavalos, ¡caminen para acá, para el cerco, pero ya!

Pero el Tino aventó la bola y salió corriendo. Oí que los chotas le gritaron al Tino que se parara. Uno de ellos comenzó a trepar el cerco. Yo decidí pelarme también.

Esta carrera nunca terminó. Eramos presa constante y los cazadores pronto se convirtieron en unos borronsotes: la chota, las gangas, los tecatos, los vatos suras del Garvey Boulevard que nos jambaban el jando, todos borroneados en uno. A veces eran los maestros que se nos echaban encima a los mexicanos como si hubiéramos nacido con una horrible mancha. Siempre teníamos miedo. Siempre corriendo.

El Tino y yo corríamos a las cajas oscuras que llamaban salones. Los cuartos estaban allí, silenciosamente embrujados sin las voces de los niños, sin las órdenes de maestros iracundos ni el aplauso de los libros al cerrarse. Los salones estaban vacíos, lugares prohibidos de noche. Nos escabullimos por los edificios rumbo a un atrio lleno de bancas junto a la cafetería.

El Tino brincó a un banco y cruzó una barda muy alta. Caminó sobre ella uno o dos pies, paró y luego se trepó al techo de la cafetería. Volteé para ver quien venía. Los juras, pistola en mano, no se habían quedado atrás. Me agarré de la barda del lado de la cafetería. Miré para arriba y vi la cara sudada del Tino sobre el borde del techo, me extendía el brazo hacia abajo.

Traté de treparme, los pies colgando pero luego una mano firme me agarró de un pie y jaló.

—¡Me agarraron! —grité.

El Tino miró para abajo. Un chota lo divisó y gritó:

—¡Bájate de ahí ... pinche grasiento!

El Tino se enderezó y desapareció. Escuché un torrente de

pasos sobre el techo—luego algo se estrelló. Pronto nos cubrió una calma espantosa.

—¡Tino! —grité.

Un chota me sometió mientras que el otro se subía al techo. Se detuvo frente a un tragaluz quebrado de un lado. Iluminando con su linterna el interior del edificio, el jurado descubrió el cuerpo deforme del Tino sobre el piso salpicado de vidrio roto.

═══

Después de abortado el viaje a México, una agencia para auxiliar a los pobres ayudó a la familia a encontrar una vivienda rentada a nuestro alcance: una casa cuadrada de cartón piedra de la calle La Presa en un barrio fuera de la ciudad que se llamaba South San Gabriel.

La sala les servía de recámara a Mamá, a mis hermanas y a Papá. Mi hermano y yo compartíamos la única recámara con montones de cajas atiborradas. En las noches calurosas, el Rano y yo dormíamos afuera, bajo el cielo despejado del desierto. Era muy parecido a Watts, pero al menos teníamos nuevamente casa propia.

South San Gabriel estaba rodeado de pueblos incorporados al condado como Monterey Park, Rosemead y Montebello. El área se encontraba dentro del Valle de San Gabriel. Durante años se había visto poblado de industria incipiente, tierras de cultivo y campos de migrantes hasta que Los Angeles extendió, como tentáculos, asentamientos suburbanos hasta los lugares más recónditos del valle.

No lejos de nuestra casa de la calle La Presa había una milpa de elotes. Recuerdo que allí jugaba con mis amigos. Pero una vez, un ranchero se nos echó encima con una escopeta cargada mientras que nosotros nos le escabullimos zigzagueando y sacándole la vuelta por entre las cañas del elote.

A principios de 1970, el área fue destruida y se fincaron edificios de oficinas, hoteles y un par de rascacielos reemplazó las hileras de cañas que antes se mecían libres al viento, que antes incendiaban nuestra imaginación cuando jugábamos a la guerra, al tiro de terrones y a conquistar mundos majestuosos. Para entonces, ya despojada de campos y de mexicanos de la calle Klingerman, la ciudad de Rosemead anexó esta parte de South San Gabriel y dejó de ser territorio indeseable del condado.

El territorio desincorporado al condado casi siempre era donde vivía la gente más pobre, en los barrios viejos que no pertenecían a ninguna ciudad porque nadie los quería.

La mayor parte de Watts y una sección grande del East L.A. eran territorios desincorporados al condado. A veces no tenían pavimento ni drenaje. En ellos se incluían colinas, barrancas y cañadas. El Departamento del Sheriff del Condado de Los Angeles—conocido como la más brutal de las agencias policíacas—patrullaba estas áreas.

A mediados de los años sesenta, South San Gabriel contenía lugares planos y lo que llamábamos "Las Lomas." Las Lomas se componía de casitas parchadas de madera vieja, alambre de gallinero y porches que crujían, se pandeaban y se mecían como barco en alta mar. Restos de carros oxidados llenaban patios amarillentos. Los lotes vacíos estaban llenos de sofás y lámparas rotos y de llantas lisas tiradas por todas partes. Los caminos polvorientos volteaban, doblaban para cualquier lado; eran calles sin banqueta que pudieron haber sido atajos de chivas en otra época. Bajando por uno de los caminos de tierra se encontraban gallinas, perros callejeros y marranos. En algunos patios había tejabanes de alambre y madera para gallos de pelea o los tubos de cobre de alguna fábrica casera de licor.

Las Lomas eran invisibles. Nadie las visitaba. Los carros pasaban volando al norte, sobre la autopista de San Bernardino, hacia Los Angeles, pero la mayoría de los conductores ni se imaginaban que existía un lugar así, como los que se pudieran encontrar en los Ozarks o en los cerros de Tijuana.

—*Bruja, bruja.*

Susurros matutinos, susurros nocturnos, niños sin rostro que atormentan con una palabra, que descienden como torrente de hojas, como una llamarada del alba. Letanía sin fin.

—*Bruja, bruja.*

La conspiración de voces saluda a la vieja que vive en una casa de en seguida, despintada, a punto de derrumbarse; el patio tupido de hierba mala crecida.

Dicen que es una bruja. Los chicos se esconden tras las matas o las cercas y le agarran el chivo cuando sale, tullida, a sacar la basura o a regar el árido jardín.

—*¡Bruja, bruja!*

Le tiran terrones a los pies, la hacen desatinar hasta las lágrimas, la provocan a que tire de golpes contra ese cáncer que es la niñez que convierte en un infierno sus últimos días de soledad en esa choza de cartón prensado y a ese mismo infierno manda las voces.

La vieja agarra la tapa de un bote de basura o una escoba y persigue a los muchachos que se le escabullen burlándose y riéndose de ella ante el crujido de sus huesos.

Un Halloween, la mujer les ofrece galletas a los muchachos del barrio—pero se rumora que las hizo con cianuro. Nadie come las galletas pero pronto todos los gatos del vecindario desaparecen y nadie sabe por qué.

Una mañana, unos hombres uniformados irrumpen en la casa de la vieja. Los chotas la sacan de las entrañas de la casa de pedacería de madera que nunca se limpió, basura regada por dondequiera. Se la llevan para no volver.

Parece que cuidaba a tres niños pequeños desde que, no se sabe por qué, los padres nunca volvieron. A la mujer se le acabó la comida. Un día, los recolectores de basura encontraron a tres niños en un corralito de juego cerca de la basura de la mañana.

Unas voces enojadas se acercan a la casa de la mujer después que se la llevaron. Unos niños tiran piedras a las ventanas; los vidrios caen como gotas que se resbalan por una pared de mármol. Alguien vacía gasolina sobre el porche astillado. Alguien tira un periódico enroscado encendido. En la casa de en seguida, el resplandor baña rostros mientras observamos que la casa crepita y se desploma en una locura de llamas.

═══════

Los mexicanos que llegaron a vivir al Valle de San Gabriel trabajaban en los campos, en el tren o en la industria invasora que pronto llenaría de lunares el valle. Sus barrios llevaban nombres como El Jardín, Monte Flores, Canta Ranas—que así se llamaba por los anfibios que habitaban un pantano local, Bolen (Baldwin Park) o La Puente.

Las Lomas era un viejo barrio cuyos mayores rivales quedaban al oeste, en el East L.A., o al norte en Sangra que era otro barrio.

Sangra, un neologismo de San Gabriel, era una ciudad incorporada construida en torno a una de las misiones españolas fundada por el Padre Junípero Serra en los 1700. Antes, la importante aldea indígena de Yang Na estaba situada allí. Después, cuando el tren conectó muchas misiones, éste trajo a los trabajadores mexicanos que se convirtieron en los primeros residentes del barrio.

No tardó mucho para que los anglos de clase media, quienes huían del centro de Los Angeles a medida que se llenaba de gente de color, se cambiaran a estos barrios o a sus alrededores y crearan los primeros suburbios. Filas de casas nuevas aparecieron en los espacios antes vacíos o desplazaron a los barrios. Años más tarde, muchos de Japón, Corea y Taiwán se instalaron en el área. Algunas secciones del Monterey Park y hasta de San Gabriel tomaron fama de pequeños Japones o Chinas. No era raro encontrarse una calle sin pavimentar con una cuadra atiborrada de agachados y otra adornada de casas bonitas estucadas.

Los barrios desincorporados, incluyendo a Las Lomas, se volvieron guetos prohibidos, semilleros de rebeldía que la prensa local, por lo regular controlada por los blancos de los suburbios, denominaba refugios del crimen.

Durante años, nadie entraba a Las Lomas a menos que tuviera que hacerlo. Los autobuses negaban su servicio a los residentes de allí. Los chotas siempre entraban armados hasta la madre, con hartos refuerzos y casi nunca solos.

Una de las alzas más devastadoras de actividad pandillera se daba en Las Lomas.

━━━━━━

No nos llamábamos ganga a nosotros mismos. Nos decíamos "clubes" o "clicas." Como un año después de que murió el Tino, nos juntamos cinco en el zacate del lote trasero de la primaria local y fundamos un club—*Thee Impersonations*. El *Thee* del inglés antiguo era algo que adoptaban otros clubes para que se oyera más importante, noble, más chingón. Era algo nuestro—algo a qué pertenecer. No éramos escouts ni equipo atlético ni grupos de acampar. Thee Impersonations era nuestra manera de tejer algo con hebras de nada.

—Todos a jurar —dijo Memo Tovar—. Jurar que todos estamos con todos. Que vamos a defender la clica. Thee Impersonations nunca va a dejar que les hagan sura. Nunca dejen que le hagan sura a Thee Impersonations.

Memo tenía once años como todos nosotros. Era carita, el pelo chino negro. También corría de aquéllas, y se aventaba pal básquet y el escuelín—era un líder. El Memo no hacía borlo ni toriqueaba por toriquear, pero agarrábamos onda de que el vato era el más chingón de nosotros. Lo hicimos presidente de nuestro club.

Thee Impersonations nació de la necesidad. Empezó un día en la escuela durante el lonche. Tábamos unos vatos esquinados toriqueándoles a unas morritas—unas morritas que ya guachábamos como güisas. Andaban pintadas y traían miniskirts. Se habían atizado la greña y ya tenían su period. Taban creciendo chichis. Ya no eran Yolanda, Guadalupe o María—eran la Yoli, la Lupe y la Mari.

Algunos de los vatos todavía traían Livais manchados de zacate y con parches en las rodillas y apenas se les empezaba a parar sin querer. Las morritas florecieron durante el verano y algunos de nosotros no creíamos que las íbamos a alcanzar.

Unos vatos más calotes de la High y hasta unos que no iban al escuelín, se dejaban venir y nos guachaban buti gacho mientras les echaban ojo a las chavas.

Ese día, una caravana de carros cholos que raspaban el pavimento se arrastraron despacio frente a la escuela. Una bola de vatos con caras de malos se apearon armados de cadenas, bates de beis, tubos y cuetes de clavo.

—Thee Mystics mandan —gritó uno desde el otro lado del cerco del escuelín.

Thee Mystics era un grupo cabronsote que iba parribera. Chutaron sus veintidós arregladas al escuelín y quebraron unas ventanas a pedradas. Se dejaron ir contra el portón y las entradas de enfrente. Madrearon a algunos vatos pendejones que se les pusieron adelante. Hasta los maestros se escondieron. Los ojos de todos se llenaron de terror.

Yo me quedé parado cuando los chingadazos cabronsotes se vinieron pa mi lado. Pero también estaba medio curioso. Yo quería tener ese poder. Quería poder hacer que se me hincara todo el escuelín y hasta hacer que a los profes se les frunciera. Toda mi vida, me había ido de la fregada en la escuela: me habían dicho qué tenía que ser, qué debía decir y cómo. Era un chavalo quebrado, miedoso y con vergüenza. Quería lo que tenían Thee Mystics, quería poderme chingar a alguien.

La chillona de la jura chisquió la magia. Los vatos se pelaron por todos lados. Pero Thee Mystics ya habían hecho su jale. Dejaron su marca en la escuela—y en mí.

Memo y nosotros empezamos Thee Impersonations porque necesitábamos protección. Otros clubes salían por todos lados y muchos le echaban bronca a los que no estaban con nadie. De volada, cada vato tenía que entrar a una clica.

Entre estos clubes estaban Thee Ravens, The Superiors, Latin Legions, Thee Imitations, Los Santos y Chug-a-lug (una revoltura buti loca de vatos anglos y mexicanos). Estos eran los clubes del lado sur (por South San Gabriel). Los más grandes del sur eran Thee Illusions y sus compas: Thee Mystics.

Allá en San Gabriel se formaron otras clicas como Thee Regents, The Chancellors, Little Gents, The Intruders y los Little Jesters.

La mayoría de los clubes empezaron así nomás. Chance que eran un equipo de compas que jugaban al fut. A veces tiraban sus verdes a la playa o a las montañas. Pero unos se organizaron más. Agarraron chaquetas con sus propios colores y tarjetas de identificación. Después, algunas clicas se hicieron clubes de carros y le metían el escante de jando que tenían en lowriders botadores, carros cortados bien picudos, salpicados de colores, que tiraban verde por las calles más grandes de los barrios locales o por el verde principal que le decíamos *el boulevard:* Whittier Boulevard del East L.A.

Luego unos de los clubes se transformaron en algo más impredecible, más calote, más letal.

En la escuela intermedia se decidió todo.

Después de la primaria, por fin me fui a la intermedia Richard Garvey. Mi jefe había agarrado un jale de técnico de laboratorio en un colegio de la comunidad de Los Angeles. Así que nos movimos a un chante más calote de dos recámaras que estaba en un territorio entre dos barrios chingones: Las Lomas y Sangra. Esto quería decir que yo tenía que ir a la Garvey.

En los sesenta, los estudiantes de la Garvey tenían algunas de las peores notas del estado. No había ni lápices ni pápiro. Los libros eran los que tiraban otras escuelas suburbanas a donde iban los estudiantes ricos. Los chavos que vivían en Las Lomas iban a la Garvey. Y para la mitad de ellos, ahí se acababa la escuela: ya antes de llegar a la High se habían salido más de 50 por ciento de los mexicanos.

Sólo un par de Thee Impersonations llegó a la High. Memo Tovar y los otros se fueron a otra escuela. La Garvey era el territorio de Thee Illusions y Thee Mystics. Yo me quedé solo.

Otra vez, de lo primero que me di cuenta fueron las morritas. Pero las de Las Lomas no eran nomás morras florecientes sino curtidas y sofisticadas. Unas se llamaban a sí mismas cholas. Traían el pelo largo y atizado, a veces se lo pintaban de negro o de colorado. Se ponían bondo buti pesado, faldas que les apretaban el culifláis y estaban peleando todo el tiempo hasta con los vatos. Las cholas se reían mucho y sabían barajearse cualquier onda. Toriqueaban patrás, toriqueaban fuerte, toriqueaban gacho. Y tiraban chancla suave.

Algunas gentes del East L.A. que se movieron a Las Lomas, se trajeron el estilo del este. Habían unos proyectos subsidiados del gobierno federal no lejos de aquí que se llamaban La Maravilla. Se le llamó así en los años veinte cuando los funcionarios de Los Angeles reconstruyeron el centro de la ciudad y corrieron a los mexicanos del mero centro ofreciéndoles tierras a un dólar en las orillas más lejanas del pueblo. Cuando los mexicanos se dieron trompa exclamaron: ¡Qué maravilla!—y el nombre se le quedó.

Mi primer amor a los doce años, fue una chica de La Maravilla que se llamaba la Elena, una chola que iba muy prendida a la Garvey. No sólo sabía besar sino también cómo llevarme la mano por partes de su cuerpo y cómo enseñarle a un chavito algo acerca de su propia sexualidad en ciernes.

En la Garvey, los vatos comenzaron a usar ropa de cholo; los tramos almidonados con tirantes sobre camisetas blancas. Las camisas de franela ceñidas sólo con el botón de arriba, los paliacates y los tandos de ala corta. Era andar alineado. Diferente. Y era lo que les gustaba a las cholas.

Esto es lo que recuerdo de la secun: Las cholas subiendo las escaleras con sus faldas apretadas enseñando todo y mirándonos para abajo sonriendo ante su poder. Kotex sangrientos en el piso del pasillo. El grafiti de las gangas hasta en el último espacio de pared. La lumbre que llameaba en los botes de basura de los baños. Broncas todos los días, hasta después de clase en el callejón cerca de la Avenida Jackson. Vatos tecatos que puchaban, más bien bajón y yesca, pero a veces caballo que algunos güeyes se dejaban cai en el tolido, mientras sus compas echaban ojo.

Pero no todas las chavas mexicanas eran cholas. A muchas sus familias todavía las tenían a rienda corta. Los mexicanos eran casi todos tradicionales y católicos. Los jefes, las jefitas o los carnales mayores llevaban y recogían a las niñas de la escuela, para que no les sucediera ningún daño.

Una de ellas era la Socorro, de México, que era derecha y decente y que trató de que yo no fuera un cholo. Le pedí que fuera mi novia cuando me llegó el run run de que yo le caía y que Elena me había tirado por el Ratón, un vato loco de Las Lomas.

—Son basura —seguido me decía Socorro en español acerca de los cholillos—. Si te sigues juntando con ellos, puedes decirme adiós para siempre.

Ella me gustaba, pero no duramos mucho como pareja. Yo no quería ser derecho y decente. Mi siguiente novia fue Marina, una morrita de Las Lomas que traía uno de los atizados oxigenados más altos en la cabeza, con rayos güeros que le hacían resaltar la cara oscura.

Como la Marina estuvo a chingue y chingue agarré mi primer tatú. Un vato que se llamaba Angel bajaba cinco bolas por una hora de camello bajo las gradas de la escuela. Eran toscos dibujos a mano sin adornos. Angel usaba agujas de coser que esterilizaba poniéndolas sobre la llama de un cerillo. Luego le amarraba a la aguja un apretado ovillo de hilo. Dejaba un escante de la punta afuera como para atravesar la piel. Angel metía la aguja en tinta china y dejaba remojar el hilo. Perforaba la piel con rápidos movimientos para arriba y abajo, llenando los agujeritos con la tinta del hilo.

Agarré el tatú en la parte de arriba del brazo. Era el esquema de una cruz bajo las palabras *Mi Vida Loca*.

En la Garvey volvimos locos a los profes. A algunos los mandaron a sus casas con crisis nerviosas. En mi primer año de esa escuela, por el salón pasaron tres profes y cinco sustitutos.

Uno de mis profes era un refugiado cubano que se llamaba

el Señor Enríquez. Lo hicimos desear no haberse ido de la isla. Apenas mascaba totacha pero cuando toriqueaba en español era seguro que la habíamos cagado.

Todas las mañanas entraba el señor Enríquez a la clase y lo bombardeábamos con bolitas de papel y con frijolitos de dulce. A veces se volteaba para escribir algo en el pizarrón y todos tiraban los libros al piso al mismo tiempo.

Muy seguido se veía al Sr. Enríquez maldiciendo sobre brazos cruzados y la cabeza sobre el escritorio.

Luego estaba la señora Krieger, la maestra de ciencias. Debió tener como ochenta años o más. Le tomaba la mitad de la clase para subir las escaleras y caminar por el pasillo que iba a su salón. Para cuando llegaba, la mitad de la clase ya se había ido. Una vez, mientras se movía crujiendo para escribir algo en el pizarrón, tiramos por las ventanas sus enciclopedias manchadas de lluvia y tan antiguas como ella. Luego tiramos los escritorios y las sillas. En un rato, la mayor parte del salón de la señora Krieger estaba regado sobre el zacate frente a la escuela. Y ella ni se dio cuenta hasta que un funcionario de la escuela subió las escaleras corriendo y jadeando, para ver qué chingados estaba pasando.

Los profes de la escuela eran una bola de inadaptados que por angas o por mangas no alcanzaron el nivel y que rechazaron otras escuelas. El maestro de gimnasia, que parecía un refugiado de los Marines, que gritaba y daba órdenes hasta en las conversaciones normales, siempre traía pantalones cortos y un pito de acero inoxidable colgado de su grueso cuello de toro. El señor Stone era el maestro del talleres y siempre actuaba como si fuera un gran pedazo de granito gris. Siempre alalba, nos trataba muy mal pero un día le rompimos la defensa.

El taller estaba dentro de un viejo búngalo atrás de la escuela. La puerta de enfrente tenía pintadas con espray las palabras LAS LOMAS, seguidas de CON SAFOS, palabras que usaban los cholos para decir que nadie—que apreciara su vida—podía joder ahí. El señor Stone estaba adentro enseñándonos cómo cortar un pedazo de madera con un serrucho circular.

Entonces Elías, uno de los vatitos, hizo un borlo al fondo de la clase. El señor Stone volteó para regañarlo pero olvidó apagar el serrucho que le cortó el pedazo de madera ... y luego un dedo. *¡Qué desmadre, ése!* El señor Stone se puso de un color pálido enfermizo al darse cuenta de lo que había pasado.

—¡Chingada madre! —gritó—, ¡me lleva la chingada!—mientras la cara se le arrugaba con cada latido de dolor.

Vino una ambulancia y corrió llevándose al señor Stone.

Los funcionarios de la escuela echaron a todos los demás a otro salón hasta que pudieran reunirse para determinar a quien echarle la culpa. Pero Elías y yo nos escapamos y regresamos al taller. La puerta aún estaba abierta. Escudriñamos por los montones de aserrín y los pedazos de madera y encontramos el dedo del señor Stone. Estaba morado con sangre seca y astillas de hueso en una punta. Con cuidado, Elías lo puso dentro de una caja de puros vacía.Durante semanas lo guardamos en el casillero de Elías. Lo sacaba para asustar a las chavas o para presumírselo a los alumnos nuevos hasta que se encogió como una tira seca de fruta vieja.

═══════════

No puedes andar en el fuego y no quemarte.

Esto respondió mi jefe cuando supo de las broncas que yo traía en la escuela. Era un filósofo. No se enojó ni me pegó. Eso se lo dejaba a mi jefita. Tenía esos dichos, esos cachos de sabiduría, frases y sílabas que me llegaban y que a veces entendía. Tenía que vérmelas con él a ese nivel, con el cerebro. Tenía que justificar con palabras, con ideas, todas mis acciones—sin importar lo locas que fueran. Casi nunca pude.

Mamá era fuego. Mamá era cintos volteados de cuero y coro de lamentos de Marías-Madre-de-Dios. Era la emoción que te penetraba por sus ojos, la culpa-madre, la que me parió, que sufrió las contracciones y los cambios de pañales y todas mis pequeñas heridas y miedos. Para ella, vérselas con mis problemas en la escuela o que arriesgara mi vida, no era cosa de discusión ni averiguata. Ella había pasado por todo ese infierno y más para tenerme—¡Valía más que hiciera lo que ella decía!

Mamá odiaba a los cholos. Le recordaban a los desmadrosos de la frontera, me imagino que a nuestros parientes que siempre se estaban peleando, que hablaban caló, tomaban mezcal, fumaban marihuana y dejaban a un chorro de mujeres con bebés explotándoles del cuerpo.

Eran sus tíos. Los amigos de su padre. Sus hermanos. Verme que me hacía como ellos la enfermaba, le daba ñáñaras, la hacía gritar y maldecir. Mamá nos recordaba que había visto mucho alcoholismo y mucha motalocura y prohibió todo el alcohol en la casa, hasta la cerveza. Luego supe que la rabia venía del trato que su padre, borracho, le daba a sus hermanos y cómo golpeaba a su madre y la arrastraba de las greñas por toda la casa.

La escuela les informó a mis padres que yo estaba haciendo desmadre junto con otros chavos. Me iban a poner en una clase especial para cabrones. Nos iban a aislar de los demás alumnos y teníamos que recoger basura y limpiar las pintas durante el resto del año.

—Señora Rodríguez, su hijo es demasiado listo para que ande en esto —le dijo el subdirector a mamá—. Creemos que tiene mucho futuro, pero se porta muy mal. No hay excusa. Nos apena informarle nuestra decisión.

También le dijeron que la siguiente vez que me hiciera la zorra o que siquiera pensara en joder me expulsarían. Después de la llamada telefónica, mi mamá se tiró en la cama, sacudiendo la cabeza mientras sollozaba entre explosiones de cómo Dios la estaba castigando por algún pecado, de que yo era el mero demonio, una peste, que la estaba poniendo a prueba en su breve paso por la tierra.

La solución de mi padre fue mantenerme en casa después de la escuela. Castigado. Si, cómo no. Ya tenía trece años. Ya tatuado. Ya con actividad sexual. Ya metido en la droga. A media noche, me pelé por una ventana y me fui para Las Lomas.

A los dieciséis años, el Rano resultó mucho mejor que yo, mucho mejor de lo que cualquiera hubiera podido prever mientras que fuera un vato malencarado de Watts.

Cuando nos cambiamos a South San Gabriel, el Rano le cayó bien a una señora Snelling. Esa maestra lo ayudó a saltarse de años para que se recuperara de las veces en que lo habían regresado a las clases de niños retardados.

La señora Snelling vio que el Rano tenía talento, que había enseñado una chispa para actuar en las actividades teatrales de la escuela. Hasta lo metió de primer actor en una obrita de la clase. Hasta demostró facilidad para la música y era bueno para los deportes.

Agarró el bajo y tocó con varias bandas de garaje. Estaba ganándose trofeos en concursos de pista y campo, en concursos de gimnasia y luego en torneos de karate.

Así que cuando yo estaba en la Garvey, él ya andaba de niño bueno en la High, el mexicano que no era como los otros, el éxito del barrio—mi ejemplo, se suponía. Pronto dejó de ser el Rano y hasta José. Un día se hizo Joe.

Mi hermano y yo nos separábamos. Nuestros gustos, nuestros amigos, nuestros intereses quedaban a millas de distancia. Aún así, recuerdo con cariño algunos incidentes fuera de serie relacionados con mi hermano que, a pesar de que aparentaban una cercanía, no acortaron la distancia que quedaría entre nosotros.

Por ejemplo, cuando yo tenía nueve años, mi hermano era mi protector. Se las vio con todos los vatos calotes, los picapleitos de las esquinas y todos lo que se creían mejores que nosotros. Ser bueno para el descontón lo transformó de la noche a la mañana. Era alguien a quien muchos temían y a quien otros admiraban. Luego se hizo buen corredor y bueno para el salto de altura. Esto lo llevó a la pista de carreras y le fue bien, la competencia no le veía ni el polvo.

Yo no tenía talento. Era malo para el deporte. No cachaba ni bolas de beis ni de fut. Siempre me tropezaba cuando corría o cuando brincaba. Cuando los vatos escogían jugadores para el básquet, a mí siempre me escogían al último. La única vez que pegué jonrón sin darme cuenta en un juego de la escuela, ni siquiera quise hacerlo—me solté llorando mientras cubría las bases corriendo porque no sabía qué hacer ante los vivas y el entusiasmo por algo que yo había hecho. Simplemente no podía ser.

Pero el Rano tenía enemigos también. Dos chavos mexicanos le tenían envidia. Eran de su edad, tenían tres años más que yo. Uno se llamaba el Eddie Gómez y el otro el Ricky Corral. Una vez me esquinaron afuera de la escuela.

—Tú eres el carnal de José —dijo el Eddie.

Yo no dije nada.

—¿Qué pues? ¿Tás mudo?

—Sirol, el vato si toriquea —dijo el Ricky—. Se hace pendejo porque su carnal se las echa de buti suave. Pos es puro pedo. No puede ni correr.

—Simón, el José es puro lambiche culero —respondió el Eddie—. Le pasaron todos esos listones y chingaderas por transa.

—Tás jodido —contesté por fin—. Mi carnal se echa al plato al que quieras, ése.

—¿Oh, sí? ¿Estás diciendo que me gana a mí? —replicó el Eddie—.

—Suena como que eso dijo —agregó el Ricky—.

—Yo nomás digo que cuando el vato gana listones está derecho —dije—.

—Me tá sonando como que tás diciendo que el vato es más chingón que yo, ése —dijo el Eddie—.

—¿Eso tás dijiendo, ése? —demandó el Ricky—. Orale, ¿eso tás dijiendo?

Me voltié y diatiro entredientes, quedito, les dije algo de que no tenía tiempo de toriquear con ellos. La regué buti gacho.

—¿Que qué? —dijo el Eddie—.

—Creo que the vato te dijo baboso —dijo el Ricky excitado—.

—¿Que stoy baboso, ése? —dijo el Eddie y se volteó conmigo. Yo le dije que chale—.

—Yo lo oí, ése. Dijo que tú eres un pinche puto baboso —siguió cabuleando el Ricky—.

El putazo me llegó tan recio que ni siquiera me acuerdo que parecía el Eddie cuando lo tiró. Taba en el suelo. Ya otros del escuelín taban hechos bola alrededor. Cuando unos realizaron que era yo, ya sabían que me iban a masacrar.

Me paré—el cachete se me había hinchando y estaba azul. Le tiré un chingazo al Eddie pero el vato se hizo patrás buti slick y me atizó otra vez. Ricky lo cuchileaba y yo podía oírle la excitación en la voz.

Yo taba bien foquiao tirado en el suelo. Los profes llegaron y corrieron a los vatos pero antes de que se fueran, el Eddie y el Ricky gritaron patrás:

—José no es naiden, ése. Tú no eres naiden.

El coraje me corría por dentro y también la vergüenza. Me dolía tanto que ni siquiera sentí la quijada quebrada. La movida que más delante me iba a enchuecar, a dislocar, a saltar la barba y que se hizo mi marca.

Después le conté al Rano lo que había pasado. Me miró y movió la cabeza.

—No tenías que defenderme de esos vatos —me dijo—.

—Son unos pendejos. No valen madre.

Lo miré y le dije algo que nunca más volvería a decirle.

—Lo hice porque te quiero.

━━━━━━━

Por el lomo de la noche, al otro lado de los arbustos, por los rasposos caminos, pasando los cuchitriles descascarados, más allá de las paredes plenas de escritura estilizada que anunciaba nuestra existencia, pasando la casucha de La India donde los chavos descubrían el secreto de los muslos al son del susurro, pasando el jardín de Berta, sus hierbas y brujerías de medianoche, pasando la licorería del Japo, pasando los lotes baldíos desparramados por el barrio y que llamábamos "los files" desde donde se guachaba la casa de Nina, Nina bonita, que nos llenaba los sueños, allí encontrabas a la clica más nueva y más chingona. Allí hallabas a The Animal Tribe.

Nos calmamos en el polvo: el Clavo, el Wilo, el Chicharrón y yo. Andábamos por esas calles de dos en dos con ritmo lento como de bolero. Yo traía una camiseta de mangas cortadas al hombro y un rótulo en la espalda escrito con betún y en letras inglesas antiguas que decía THE ANIMAL TRIBE. Llevaba unos pantas largos de la prisión del condado que les decían COUNTIES y unos huaraches negros de Tijuana.

El Clavo, el Wilo, el Chicharrón y yo. Levantábamos frajos en la marqueta. Caminábamos como soldados y nos parábamos un recle a guachar para adentro del aparador de la iglesia chicolilla donde los santurrones que toriqueaban español se retorcían y gritaban en sus sillas.

El Clavo, el Wilo, el Chicharrón y yo. Eramos *los cuatro del barrio*, los vatos chavalones de trece y catorce arrastrados por los cambios recios y tumultuosos entre las clicas y los clubes del área. The Animal Tribe estaba ocupando todo. Lo hizo con la guerra, con una reputación y con el liderazgo chingón de dos familias claves: los carnales López y los Domínguez.

Los cinco carnales López se arranaron con las dos carnalas Domínguez y sus cuatro carnalas. La Lydia Domínguez por fin se arranó con el Joaquín López, el presidente de La Tribu y eso siguió jalando a los varios grupos en un clica calota.

Thee Illusions y Thee Mystics se esfumaron. Los otros clubes también felparon cuando también los consolidó La Tribu Animal. Hasta Thee Impersonations se perdieron; Memo Tovar se hizo miembro de La Tribu y después fue uno de sus generales.

Aunque La Tribu estaba establecida en Las Lomas, jaló vatos de todo South San Gabriel, hasta de áreas al este de Las Lomas como de la calle Muscatel, la calle Bartlett y la avenida Earle que se habían bronqueado buti antes con Las Lomas.

Joaquín López era el líder, el mero chingón, como decíamos.

El Clavo, el Wilo, el Chicharrón y yo éramos la plebe, los más chavitos. Los que nos quedábamos mirábamos de afuera, cuando La Tribu se juntaba en los files o en el diamante de beis del parque Garvey, hasta que agarráramos más experiencia y pudiéramos entrarle más de lleno con los otros. A veces, nos daban chance de guachar *la línea*. Era cuando forzaban a los iniciados a correr entre dos filas de miembros de La Tribu, aguantando una tormenta de guamasos y patadas. Cincho que alguien usaba una manopla de bronce y a algún vato le quebraba las costillas.

Un rato tratamos de ser Los Chavos del Sur, mientras estábamos en la Garvey, usando chamarras café y dorado crasheando bailes y fiestas. Pero nos bronqueamos con vatos de Sangra que no les cayó que trajéramos bordadas las palabras Sangra Sur en las chaquetas.

—No más hay una Sangra —nos dijo una noche el Chava, de los Sangra Diablos, en una quinceañera. Traiba un tandito de ala corta y descansaba en un bastón de caoba con punta de porcelana e incrustaciones de plata en el mango. Parecía chink, como Fuji en el mono.

Junto de él estaban el Tutti, el Negro y el Gusano, con cicatrices y tatús en la cara y los brazos y con pantas buti anchos y pechos musculosos. Luego nos corretearon por unas calles y unos callejones. Ahí felparon Los Chavos del Sur.

Memo nos metió a La Tribu. Fue en un borlo en el parque Garvey. Un fin de semana abrieron el gimnasio para los chavos del lugar. Los carros cholos de los lowriders atiborraron el parking de enfrente y las calles de los lados. Las morras de todos los barrios se dejaron venir al gimnasio búngalo. Esa noche me di trompa que no andaban aquí y allá las mismas bolas de raza de los diferentes clubes usando chaquetas y colores propios. Nomás unos cuantos todavía ponían orgullo en las insignias de sus viejos clubes, incluyendo a los pocos de nosotros de Los Chavos del Sur.

—¿Qué hubo, ése? —nos toriqueó el Memo cuando se dejaba venir conmigo. Hacía como dos años que habíamos sido parnas en los Thee Impersonations pero ahora traiba una chaqueta negra con letras doradas en la espalda que decían: THE ANIMAL TRIBE.

Lo presenté al resto de Los Chavos del Sur. Memo se portó buti de aquéllas, polait y nos invitó a entrar al baile gratis. Era una fiesta de La Tribu y nosotros éramos sus invitados.

Adentro, estaba negro de oscuro y olía a humo de mota y de frajo. Aunque no dejaban pistear, podía ver las figuras de unos vatos y sus rucas empinándose botellas de vino chafa que habían metido escondidas.

Una banda local tocaba unas rolas bueneras. Era una de las bandas callejeras que estaban saliendo por todo el valle y el lado este del condado.

—Me di color de lo que les pasó en la quinceañera de Lola —dijo Memo—. Guacha ése, los veteranos de Sangra están haciendo a todas las clicas de allá a decir qué barrio. Ya no hay más Regents ni Chancellors ni Little Gents. O están con Sangra o están muertos.

—¿Tons paqué tan chingando con nosotros? —preguntó el Wilo—. Nosotros no somos de su barrio.

—Ni tás en Lomas tampoco, ése —dijo Memo—. Ai stá el pedo. Ustedes cantonean entre los dos barrios más calotes. Tienen que dijir con cual barrio se van a ir o se los van a dejar cai los dos.

—¿Y tú qué dices que hagamos, Memo? —preguntó el Chicharrón—.

—Ai stá La Tribu, ése. Es la que está agarrando a todas las clicas del lado sur.

—Quién sabe, ése, pos todavía así nosotros no cantoneamos en Las Lomas —contesté—. Todavía nos pueden brincar.

—Pos yo digo que no hay otra —continuó Memo—. Quieres vivir, quieres respirar aigre, pos tienes que estar en La Tribu. De veras, ése.

Esa noche, tiramos nuestras chaquetas de Chavos del Sur y nos juntamos con el Joaquín, sus carnales el Ernie y el Gregorio, y unos vatos y rucas de La Tribu. Estaban en lo más oscuro del parque, mas allá del baile del gimnasio. Unos traían frascos con pinguas que se llamaban "colies" o "blancas" (colies por coloradas, rojas, o calmantes; las blancas eran estimulantes).

El Memo les toriqueó un recle, de uno por uno, al Joaquín y al Ernie de que entráramos. El Gregorio y los demás se quedaron con nosotros. Miré para un lado donde creí oír la voz ensordecida de una chava. Parecía que estaba una figura arriba de alguien que subía y bajaba sobre un cuerpo tirado en el piso y que gemía con cada movimiento.

El Gregorio me echó el ojo fijamente y por fin dijo:

—La están iniciando a La Tribu.

Luego se rió.

CAPITULO 3

*"Ustedes los cholos tienen muy buenos
cuentos acerca de trepar cercos."*
—un entrenador de boxeo del barrio

Las Lomas ardían bajo una bruma de sol y esmog. Madres con mechas de cabello mojado sobre la frente arrojaban la ropa lavada sobre los tendederos gastados de temporal. Hombres empapados de sudor se acostaban sobre la grava de los callejones bajo carros descompuestos levantados sobre bloques de cemento. Las charangas y los corridos se desbordaban por las ventanas abiertas.

De repente, tras una colina, se tendió una troca de la nieve con un chinguero de chavalos por los lados que la seguían corriendo. Una versión acelerada de *Old McDonald had a farm* tocaba por una bocina atornillada al techo de la troca. La troca se paró lo suficiente para que alguien les tirara docenas de conos de nieve, paletas de tuti-fruti y barras de chocolate y crema a los chilpayates que se hacían bola levantando las manillas llenas de lodo que se abrían mientras sus chillidos se mezclaban con la risa.

Luego gruñó la transmisión de la troca mientras seguía subiendo la cuesta, voló alrededor de una esquina y nos pasó a unos vatos que nos habíamos juntado en un fil cerca de Toll

Drive. Miramos para donde venían los ecos del pinche campaneo, del jalón y el trueno del cloch y del raspadero de los cambios cuando la troca de nieve se metía por las calles sin salida y las curvas de Las Lomas.

—Orale, ése, ¿qué está pasando? —preguntó un vato que se llamaba el Little Man mientras le pasaba una botella de vino Tokay al Clavo.

—Son el Toots y el gaba, you know, el Axel —replicó el Clavo—.

—Orita se jambaron una troca de nieve en el Portrero Grande Drive.

—¡Qué cábula! —dijo el Little Man—. Tan buti toquey.

Seguimos toriqueando y pisteando hasta que el día se derritió en la noche.

El Little Man y el Fernie, uno de los carnales López, todos Tribu, estaban ahí en el fil conmigo y mis camaradas el Clavo, el Chicharrón y el Wilo. Los cuatro estábamos tanto juntos que la lista de nuestros nombres se hizo letanía. Pintábamos nuestras placas en las paredes y luego una AT por Tribu Animal o SSG por South San Gabriel.

Todos me decían el Chin por mi quijada salida. Me había tatuado la placa en el tobillo.

Estábamos sentados alrededor de una fogatita que el Chicharrón se había aventado con ramas y pápiros. Alrededor había ruinas, restos de una casa que primero condenaron y luego se consumió en fuego. Nos juntamos adentro de los viejos cimientos con sus secciones regadas de ladrillo y paredes de cemento salpicadas con marcas y carbón que tenían rejas oxidadas de refuerzo y resaltaban de los bloques de piedra.

Amueblamos el lote con sofás todos jodidos y sillones tirados. Alguien había colgado un plástico de lo que quedaba de una pared de bloques de cemento a una rama baja para que los compas del barrio durmieran allí—y se sacaran de casi toda la lluvia—cuando no había a donde más jalar. Deveras era un lote baldío pero nosotros le decíamos "los files."

Orita que toriqueábamos, ai estaba el Noodles, un ruco guaino y tecato, crasheado en el sofá.

—Levántate Noodles, ya es hora del refín —exclamó el Chicharrón mientras ponía unos hot dogs y panes jambados en la lumbre. El Wilo le tiró un terrón al sofá y el Noodles masculló unas palabras incoherentes.

—Orale, deja al vato solo, ése —dijo el Little Man.

Pero el Noodles se levantó, con la saliva que le chorreaba del hocico.

—Ey, el Noodles tá despierto, ése, y ¡tá buti caldeado! —dijo el Wilo—.

—¿Cómo sabes? —preguntó el Chicharrón—.

—Cuando se mueve recio y no puedes entender lo que tá dijiendo tá caldeado —contestó el Wilo—. Cuando se mueve despacio y todavía no puedes entender lo que tá dijiendo, tá okey.

El Noodles se tambaleó para donde estábamos nosotros, estirando los brazos como boxeando, bufando, jadeando y escurriendo mocos por la nariz.

—Sácate de aquí, pinche —dijo el Wilo mientras se paraba y puchaba al guaino pa un lado.

—Tan creyendo que son vatos buti chingones ... nel, ni tan chingones —dijo el Noodles, tirando ganchos izquierdos buti suras y ganchos a la cabeza por el aire.

El Wilo le puso la vaisa en la chompa al Noodles, de un cuerpo que parecía hebra de trapeador sucio. El Wilo también era flaco y resbaloso. Los demás nos curamos buti de los dos flaquillos que se andaban madereando.

—Ya, déjalo solo al vato, compa —sugirió el Clavo—. Vamos a sacar otra botella.

Mientras cocinábamos, compartíamos el vino y nos contábamos cuentos de las jainas y las pequeñas conquistas, de pleitos de honor, los compas y el barrio. Vimos reptar por el camino a un sedán Mercury gris con las luces apagadas. El Wilo era el que estaba más cerca del declive sobre la calle. Miró para el Mercury y frunció las cejas.

—¿Quién conoce la ranfla? —preguntó el Wilo.

—Chale —respondió Chicharrón—. Ta buti rupa pa ser de los gangueros.

—A menos que asina quieran guacharse.

El Wilo subió por el declive desde el fil, seguido del Clavo, del Chicharrón y del Little Man. El Fernie se quedó atrás con el Noodles y yo. El Wilo y el Clavo primero le pegaron a la calle mientras el Mercury esperaba dar la vuelta en una curva.

El Clavo se tendió para un lado del Mercury; los de adentro cubiertos por la oscuridad. Abrió los brazos y gritó:

—Aquí está la Animal Tribe, ¡y qué!

El Mercury paró. Una sombra salió por la puerta abollada de un lado con una escopeta cortada. Otra sombra empujó un rifle automático por la ventana lateral.

—¡Sangra Diablos! ¡Qué rifa! —gritó el vato de la escopeta y luego un tiro craqueó el aire de la noche.

El Wilo y el Chicharrón se cayeron para abajo de la pendiente. Los tiros de armas automáticas los siguieron mientras rodaban por la tierra. Las balas rozaron las ramas de los árboles, voltearon los botes de la basura y rebotaron de las paredes. El Wilo acabó boca abajo; el Chicharrón aterrizó con el culo. El Noodles se hincó tras el sofá, lloriqueando. Los craquidos pararon. El Mercury se peló a madres aventando tierra y piedras al rayar las llantas.

Pude ver que el carro bajaba recio por otra loma. Corrí ladera arriba, resbalándome hacia el camino. En la calle, el Little Man estaba hincado sobre el Clavo que estaba tendido en el suelo temblando. La mitad de la cara del Clavo estaba balaceada de perdigones, llena de muchísimos humeantes agujeros negros y redondos; un ojo le colgaba hasta la tierra.

El Wilo y los otros subieron tendidos hasta donde estaba el Little Man. El Fernie comenzó a brincar soltando gritos, como si le hubiera pegado un rayo. Le seguí mirando la cara al Clavo, pensando alguna pendejada como qué baboso era por andar siempre poniéndose en la línea, haciéndole al vato loco todo el tiempo. Luego me senté en cuclillas sobre la tierra, cerré el párpado y dejé rodar una lágrima por un lado de la cara.

Las ventanas volaron hacia arriba. Las puertas se echaron

para un lado. La gente salió de sus casas como de rayo. Las madres echaron madres en español tras los cercos de madera azotados por el temporal.

Mientras se llevaban al Clavo al hospital, el Fernie hablaba de juntar a toda La Tribu, de hacer un mitin más tarde esa noche, de armas y de guerra y de ya estuvo—simón, ése. Una guerra, gestada por generaciones entre Lomas y Sangra, se encendió otra vez.

Más tarde, mientras bajaba de las lomas caminando para la casa, las sirenas rasgaban el cielo y un helicóptero del sheriff revoloteaba cerca, echando el reflector sobre chozas y malezas y sobre cada agujero y hendidura del barrio.

Me monté en un cerco que se enroscaba alrededor de un terraplén, queriendo escapármele de vista al helicóptero. Miré para el otro lado y allí, volteado al fondo del barranco, para que lo desmantelaran los buitres de refacciones, para convertirse en otro monumento del barrio, estaba tendida la troca de la nieve.

Años después que mi familia se mudó al área de Los Angeles, llegaron otros familiares: primos, tías, tíos, abuelas. Y los familiares de mi madre fueron los que más se quedaron con nosotros durante varios períodos y algunos luego encontraron trabajo y sus propias viviendas. Recuerdo a mis primos Lilo, Rafa, Bune, Miguelito, Alfonso y La Maye—y después Gloria, Ninfa y su esposo gabacho (que después murieron en un accidente automovilístico en una carretera de Arizona). Luego el Tío Kiko, su esposa Agustina y sus cuatro hijos se quedaron y se cambiaron a un apartamento de la calle Muscatel.

Y estaba la Tía Chucha, que todo el mundo decía estaba loca. Claro que un día salió corriendo encuerada para alcanzar al cartero para darle una carta que no era nuestra. Y es que tenía la molesta costumbre de subirse a los camiones de la ciudad y cantar con voz en cuello—un conductor hasta se negó a seguir hasta que se bajara. Pero ¿loca? Para mí ella era un soplo de la libertad del viento, una hacedora de música que seguido escribía letras de canciones, contaba cuentos y chistes pelados. Llegaba de repente—y muchas veces sin que la invitaran—e irrumpía en nuestra casa con una guitarra colgada por la espalda y una bolsa llena de regalos, incluyendo colonias y perfumes hechos en casa que olían al pescado podrido de la enlatadora de atún.

Yo admiraba a la Tía Chucha en secreto, la influencia más creativa de mi niñez, mientras que otros, muy mochos, hablaban de su irreverencia, de sus excentricidades, como si la locura no amenazara con detonar por cualquiera de nosotros en cualquier momento.

Pero al primero de la familia que recuerdo nos viniera a visitar en South San Gabriel fue mi primo Pancho. Yo tenía como diez años, el Rano tenía trece, cuando Pancho entró a nuestras vidas.

Al final de su adolescencia, Pancho era musculoso, moreno y guapo, de finas facciones y con pelo muy chino. Pancho viajaba por todo el país: trabajando en Texas, quedándose en una vivienda de Tucson con otros inmigrantes, visitando a sus novias en Denver o pasando la noche en una cárcel de Oakland. Cada vez que Pancho venía nos contaba otra aventura, con una sonrisa y un hoyito que le ablandaban la apariencia dura si no fuera por eso.

Ferozmente libre y alborotado, nos jaló a mi hermano y a mí a su mundo de James Brown, Jackie Wilson y Sam Cooke, a los bailes de cantina, a la cerveza Old English 800 Malt Liquor y a levantar pesas. Parecía haberlo visto todo antes de cumplir los veinte.

Please, please, please ... baby, please don't go, cantaba con la clásica de James Brown. Con las rolas más rápidas, Pancho imitaba los pasos del James y al Rano y a mí nos hacía soltar los pies y hacerle la lucha. Pancho nos enseñó el *soul* de las calles rotas de Ciudad Juárez y de cualquier gueto urbano al que hubiera recalado. Nos enseñó las últimas rolas bueneras, el último baile y la forma más de aquéllas de toriquear.

Mi madre y mi padre toleraban a Pancho, el hijo de Chila, la única hermana de mi madre, aunque yo creo que no muy bien sabían lo que nos estaba enseñando. Pero al Rano y a mí nos caía a todo vuelo cada vez que el Pancho se mecía caminando al entrar por la puerta. Queríamos absorber la flacura del Pancho, su media sonrisa y sus ojos apretados que lo hacían verse tan sabedor, seguro y cauteloso.

Luego se dio cuenta de lo flaco que estábamos.

—A ustedes los puede machucar un espagueti, ésos —dijo Pancho.

Un día Pancho llegó a la casa con un juego de pesas. A mi carnal y a mí nos hizo que las levantáramos día tras día, que comiéramos piezas de pan para hacer bulto y toneladas de huevos para las proteínas. Me esforcé, jalé y levanté y cargué las pesas con el cuerpo de diez años hasta que un día, en la escuela, sentí un piquete bajo el abdomen. La enfermera me revisó y me mandó a que el doctor me hiciera más pruebas. Resultó que me había salido una hernia. La bolsa que me aguantaba el intestino grueso tenía una ligera rasgadura y amenazaba con verter su contenido junto con mi vida.

Mis padres me llevaron al Hospital White Memorial de Boyle Heights donde estaba puesta la operación para arreglarme la hernia. Y ya de una vez querían que me hicieran la circuncisión.

Por unas de esas cosas raras de la vida, se les había pasado hacerme la circuncisión ritual en la Maternidad San José de El Paso, donde nací. Me imagino que habrá sido por no ser hijo de ciudadano. Echaban a los ilegales para el otro lado de la frontera tan pronto salían los bebés. Creo que Mamá pensó dejarlo para después, pero no hubo mucho tiempo—pues con el cambio a Los Angeles y todo. Me imagino que fue una de esas cosas que se pasan por alto.

Claro, sobreviviría sin la circuncisión, pero como no me limpiaba bien, me salieron algunas llagas. Entonces gritaron el fallo: *fuera pellejo*.

El hospital podría haber sido un castillo medieval repleto de chillidos, cuerpos destazados, olor a enfermedad y medicina y caras crueles, siniestras por todas partes. En la sección de niños, estaban algunos en peores condiciones que yo, con enfermedades horribles, defectos y traumas. El llanto de toda la noche, los médicos y enfermeras apurados, los padres preocupados—se me ocurrió que a lo mejor me había muerto y esto era el infierno.

Una noche después de operado, un dolor se trepó por mi flamante miembro arreglado—lo que primero fue un lento palpitar pronto se volvió intolerable. Grité y llamé a mi madre. Las enfermeras entraban pavoneándose molestas y cansadas. Miraban las heridas. Las puntadas en la carne bajo el abdomen—luego el pene. Parecía que una sombra les cruzaba por la cara. Algo murmuraban. No sabían cómo pero la circuncisión había salido mal.

—¿Qué? —grité—. ¿Qué éste no es un hospital? ¿Qué no había médicos entrenados? ¡Qué tan difícil podía ser una simple circuncisión!

Más tarde unos ayudantes rodaron mi camilla a una sala de operaciones; alguien me inyectó anestesia local, en el pene, que parecía penetrarme la espina dorsal. Llegó un médico y comenzó a quitarme las puntadas, a cortar y a jalar. Yo veía todo. La sangre le chisgueteó el frente del saco blanco. ¡Ahora sí que ya nunca sería hombre!

Días más tarde, volví a casa en silla de ruedas, sin poder moverme, ni siquiera sentarme al baño. Pero a fin de cuentas todo se arreglaría, hasta mi virilidad. Ahí estuvo Pancho cuando el Rano maniobraba la silla hacia arriba por los escalones y a través de la puerta de esprín hasta la sala. Pancho me echó una sonrisa de hoyitos, me llamó "trapo" y me dio la mano.

—Mejórate trapo —dijo Pancho—. Cuando dejes la máquina, nos vamos a tirar chancla.

━━━━━

El Clavo quedó bastante bien después de la balacera, pero perdió un ojo y seguro también la valentía. Los perdigones que no le pudieron sacar le dejaron feas cicatrices en el lado derecho de la cara. El Chicharrón y el Wilo sentían que ya quería chupar faros. Nosotros entendimos su problema pero no queríamos que se nos fuera. Ya no íbamos a poder ser Los Cuatro. No iba a ser lo mismo. Por eso, el primer fin de semana que el Clavo estuvo deveras bien, planeamos un viaje a una playa de *a deveras*.

Esto no ocurría muy seguido. Aunque Los Angeles colindaba con la costa del Pacífico, las playas quedaban a muchas millas como para que la gente del barrio pudiera ir. Entonces habían familias dentro y alrededor de Los Angeles que nunca habían estado en la playa. Casi siempre la gente del barrio de los alrededores del Valle de San Gabriel iba a un lugar cerca del Río Hondo en Whittier Narrows. Lo llamábamos "Marrano Beach."

En el verano, Marrano Beach se atiborraba de gente y de canciones. Los vatos locos se arremangaban los pantalones y vadeaban en el agua. Los niños se desgañitaban de risa mientras brincaban al agua para jugar, rodeados de varejones de bambú y las plantas de pantano. Había puentes de concreto cubiertos de garabatos, bajo los cuales los chavos tomaban, se ponían locos, se peleaban y muy seguido hacían el amor. De noche, podía verse a la gente, en diversos grados de desnudez, chapaleando en la oscuridad. A veces, se encontraba algún cuerpo flotando boca abajo, encajado entre las piedras cerca del pantano. El lugar apestaba y por eso lo llamábamos como lo llamábamos. Pero era de los chicanos y de los mexicanos. Era la playa del barrio. Era nuestra.

Pero esta vez, para celebrar el regreso del Clavo, mejor decidimos ir a lo que entonces conocíamos como playas *gabachas*, o de gente blanca. ¿Por qué no? Era una ocasión importante.

El Chicharrón, el Wilo y yo fuimos al viaje. Invitamos a algunos compas, incluyendo al Perro Negro que se llamaba así por ser muy prieto. No sabíamos si invitarlo porque era conflictivo pero acababa de comprarse una *bomba*, un carro de los cincuentas de corte bajo y elegante, y necesitábamos el aventón.

Y invitamos rucas. Eran las carnalas Acuña, Herminia y

Santita—unas chavas chulas y buenotas que vivían abajito de Las Lomas. Invitamos a la Canica y a La Smiley. Y ellas trajeron a la Elaine Palacios y a la Corina Fuentes. Nos juntamos en el Garvey Park. Dos carros repletos. Apañamos unas cajas de helodias y una grifa. Unas coloradas. Todo estaba listo menos el Clavo.

—¿On tá el vato, ése? —pregunté.

—El Wilo lo jue a trai. Vienen de volada —dijo el Chicharrón. Pero era mentira. El Clavo no estaba listo. De alguna manera, yo sabía que nunca estaría.

En cuanto el Wilo llegó con la Rita, su jaina, sin el Clavo, nos dejamos ir.

Tiramos en caravana al Huntington Beach del Orange County—tierra de bolillos—que era un jalón derecho al sur por la autopista San Gabriel River, por la 605, y luego un recle por la Pacific Coast Highway. El sol nos calentó los verdes; abrimos las ventanas, pisteamos, nos las tronamos y nos reímos. Ya los vatos que iban sin chava estaban tirando ojo a ver con quién ligaban. A mi siempre me iba mal cuando se trataba de esas ondas. Me gustaba la Hermie Acuña pero nunca se la canté. Pero no pude más que mirar su chula cara a escondidas mientras que la Hermie miraba el panorama por la ventana. La Hermie tenía labios de defensa de carro, anchos y abultados, pero formados perfectamente, con dobleces delgados. El mirarlos me provocó una fantasía de labios que me lamían la boca, me susurraban al oído, se convertían en sus labios. Caí en un sueño en que nos abrazábamos, las bocas pegadas. Ella los abrió un poquito y mis labios los imitaron lentamente—pero de repente un tráiler de carga pasó rugiendo y yo me volqué a la realidad del asiento trasero.

Una bola de gente llenaba la playa. El Chicharrón conocía un lugar llamado "las caletas" que estaba un poco más lejos y era más solitario y pintoresco y sugirió que nos fuéramos allí.

Para llegar tuvimos que parquearnos lejos de la playa y bajar por unas rocas y peñascos. El agua llegaba hasta las rocas, un lugar de arena cerca. El Chicharrón enterró varios seises en el agua bajita para mantenerlos fríos. El Perro Negro comenzó a enrollar un toque y a pasarlo. El Wilo y la Rita pusieron una cobija en la arena y se acostaron, cerca la cheve y los duritos. Los demás vacilamos un juego informal de fut de playa.

Las rucas y los vatos se dividieron en equipos. Nos tiramos la bola. A unos nos taclearon. Luego tiramos a las rucas, la mayor parte al agua. Nadie traía traje de baño. Y es que éramos bien chidos. Traíamos pantalones cortados, camisetas, overoles, sandalias y así. Algunos chavos se quitaron las camisetas para vender músculo y algún que otro tatú. El Chicharrón y el Perro Negro pasaban de chava en chava, menos la Rita que se le pegaba al Wilo como piel. Levantaban a las rucas como bolsas de masa harina y las echaban sobre las olas que se quebraban.

A la Hermie la tiraron al último, porque nomás se andaba escapando y escondiéndose detrás de las rocas. Yo sólo miraba. El Chicharrón, el Perro Negro y un vato de México que se llamaba el Félix le llegaron a escondidas por detrás, varias manos de tamaños distintos le alcanzaron los brazos, las piernas—vi que una mano la levantaba de las nalgas. La llevaron al borde espumoso del océano y la echaron para adentro, chillando y pateando. La Hermie se levantó rápido—chorritos de agua escurriéndole del pelo que se había atizado, la cara un diluvio. La blusa pegada al cuerpo de la Hermie revelaba los duros pezones a través del sostén y la blusa empapados. Fingió que estaba enojada, mientras los demás reían. A su hermana la Santita, ya la habían tirado, parecía satisfecha.

Cosa extraña, estábamos solos en esa corta franja de playa. El Perro Negro se puso en onda y sacó un peyote. Félix le llegó un escante y al recle se andaba tripiando y cayéndose en la arena y dándose topes con las rocas y chingaderas así. La Canica y la Smiley también le llegaron un escante. Al rato el Perro Negro encaminó a la Canica para unas cuevas cerca de las caletas y yo sabía lo que estaba haciendo, metiendo mano y así.

El Wilo y la Rita se recostaron en la cobija y gozaron del sol. Los demás se emparejaron para mediodía. El Félix se paró junto a la Santita y yo diría que ella lo tuvo parado mucho. El Chicharrón y la Elaine estaban juntos, agarrándose las manos y dándose besos empalagosos, sobre unas rocas. La Corina y la

Hermie se sentaron aparte, como yo. Pero El Perro Negro dejó las cuevas y se llevó a la Smiley para allá. Ya me imaginaba lo que pasaba allí con toda esa mota, el peyote y la parranda con la Canica y la Smiley.

La Corina se sentó cerca de mí y comenzó a platicar. Era la menos chula de todas las chavas que fueron aquel día, pero era suave toriquear con ella.

Solo o con la Corina, yo seguía mirando a la Hermie quien trataba de mantenerse seca. El café de sus pezones que se le traslucía por la blusa poco antes, se había perdido de vista a medida que se le secaba.

Por la tarde vimos una van de gabas que parecían surferos, parqueada sobre las caletas cerca de nuestras ranflas. Estaban tirando ojo para donde estábamos nosotros, traían ropa de playa soleada y llamaba la atención el pelo güero y las gafas de sol. El Chicharrón se paró para verlos bien.

—¿Qué onda con esos paddies, ése? —me gritó.

—¿Qué sé yo? —le respondí—. A lo mejor tán calmando una ola chingona.

Esa era una pequeña brecha que los anglos habían creado en la cultura playera de California. Había broncas constantes entre la raza del barrio y la gente de la playa, casi siempre blancos o *engabachados*—mexicanos que trataban de pasar por blancos, aún cuando unos eran más negros que la noche. Desde que hay recuerdo eran los surferos contra los frijoleros.

La van no se movió ni tampoco sus ocupantes. Después de algunos minutos oímos que gritaban desde el parqueo.

—¡Chinguen a su madre frijoleros!

—¡Mexicanos mamones!

El Perro Negro salió de la cueva, sin camisa, los músculos mojados ondulándole bajo piel color caoba. Miró a los vatos blancos Y les gritó.

—Putos ... vengan por algo de esto —mientras se agarraba la bragueta. El Félix revivió de repente y con mucho acento gritó—: Hijos de su puta madre.

El Chicharrón también le entró gritando *Animal Tribe* y *¡Que viva South San Gabriel!*

Los vatos blancos nos desafiaron a que fuéramos para allá. Luego nos dejamos ir. El Chicharrón se quitó el cinto, El Perro Negro levantó una botella. Pronto todos los siguieron, hasta las chavas.

—Esto no me gusta —dijo la Corina—. No me gusta nada.

—Híjole, no podemos ir a ningún lado sin que haya pleito —respondió la Hermie enojada.

Había como seis vatos blancos y cuando nos acercamos nos dimos cuenta de que no eran chavos sino hombres grandes.

—Vénganse grasientos —dijo un vato altote—. ¿Quién quiere primero?

—Chinga tu madre —gritó el Perro Negro y se les dejó ir. Pero lo que debió haber sido una buena partida de madre, para contarla después, resultó en algo completamente diferente.

Los vatos blancos sacaron las fuscas. Uno de ellos enseñó la placa.

—Pónganse todos en fila. Este es el Departamento de Policía de Huntington Beach.

—¡Eran chota!

—Puta madre —dijo el Chicharrón, mientras lo rodeaba la ley y lo hacían que pusiera las manos en los lados de la van. Luego a los demás, hasta las chavas, nos forzaron a hincarnos y a ponernos las manos en la cabeza. La Corina empezó a sollozar pero yo me daba cuenta de que trataba de evitarlo. La Hermie se veía asustada igual que la Santita. La Canica y la Smiley se pavoneaban y se hacían las chidas pero yo sabía que el peyote tenía mucho que ver allí.

Separaron a las rucas de los vatos. Después de una inspección rápida dejaron que las chavas se pararan a un lado. Pero a los vatos les dijeron que se sentaran de cuclillas en el asfalto sin moverse. Un chota pasó un informe por el radio. Otro se dedicó a jodernos.

—¿Así que muy chingones, eh? Nos iban a dar en la madre. No me parecen tan chingones ahora.

Quise cambiar la pierna a una posición más cómoda. Pero el chota me gritó, todavía empuñando un revólver .38.

—No te muevas, cabrón —dijo, acercándome la cara, ojo

contra ojo—. ¿Te di permiso para que te movieras? No hagas nada a menos que yo te lo diga. ¡Pinche grasiento culero!

Nos tuvieron allí en cuclillas cinco, diez, luego quince minutos. No podíamos ni pararnos, hincarnos ni sentarnos. Sentí bloqueada la circulación de las piernas. Tenía los músculos acalambrados y adoloridos. Pero no podíamos más que estar de cuclillas. Después de largos minutos más, uno de los jurados nos comenzó a tirar arena en la cara.

—¡Hey! —gritamos todos juntos.

—Les digo que no se muevan —continuó el jurado—. ¿Qué no entienden inglés? No quiero oír nada, no quiero ver que nadie levante ni un dedo.

Querían enojarnos para que hiciéramos alguna pendejada, como pretexto para golpearnos. Uno de los chotas subió al parqueo con el Wilo y la Rita, que se habían quedado abajo tratando de no hacer ruido. Trajeron las latas de cheve.

—Esto es una infracción —dijo un chota.

Luego otro chota volteó sonriendo. Traía la chaqueta del Perro Negro y había encontrado unas cápsulas de peyote y unos frajos de mota.

—Muy bien, ahora tenemos delitos.

Los jurados estaban en éxtasis. Tenían algo bueno para arrestarnos.

Nos arrastraron esposados a la cárcel del lugar, y nos metieron a una pequeña sala de interrogaciones. La Corina ya estaba llorando. El Perro Negro les contestaba, se resistía aún cuando los policías le daban con las macanas por las costillas. Lo separaron de nosotros y se lo llevaron primero.

La policía llamó a nuestros padres. El papá del Chicharrón dijo que él me llevaba a casa. Finalmente nos soltaron después de varias horas. Sólo el Perro Negro no volvió a la casa. Los oficiales lo llevaron a una correccional para menores. Además de la droga que le encontraron, al Perro Negro ya lo habían arrestado varias veces antes. No pintaba bien para el Perro Negro.

Le dije adiós a la Corina, levanté la mandíbula para despedirme de la Hermie y la Santita cuya madre entró refunfuñando de que éramos unos buscapleitos y que nunca más iba a dejar que las hermanas salieran con nosotros a ninguna parte. Por un instante, entre la bronca y el manoteo de su madre, me pareció ver que la Hermie se sonreía conmigo.

━━━━━━━

—Tienes que trabajar para que nos ayudes —dijo Mamá—. Ya eres un hombre crecido. Debe haber algo que puedas hacer.

Acabábamos de cambiarnos a South San Gabriel. Tenía nueve años—buena edad para trabajar, según mi madre; ella había piscado algodón a los nueve años en el sur de Texas. Pero buscar trabajo en la ciudad a los nueve años no es cosa fácil. No éramos piscadores de fruta, que seguido eran niños pequeños hasta de tres años. En la ciudad, un muchacho tiene que encontrar a alguien que le dé trabajo—limpiando, haciendo mandados o cortando el zacate. Hice un poco de todo. Corté zacate con el Rano, levanté cajas y limpié garajes. Hasta hice trabajo de casa con mi madre cuando estábamos más chicos. Pasé la aspiradora, lavé ventanas, fregué los pisos hincado y usé cepillos de dientes para limpiar las orillas. Las casas a las que iba estaban en Alhambra, un área casi toda de blancos con algunas casas que tenían alberca. Aprendí cómo aspirarles el fondo, cómo usar las bombas y los productos químicos para mantenerlas limpias.

Mi hermano también trabajaba, al fin consiguió un trabajo de repartidor de periódicos; tenían que distribuirse de casa en casa en bicicleta. A los doce años yo también comencé a trabajar una ruta de periódico. Encontré una bicicleta destartalada y vieja de diez velocidades y repartía el periódico local, el *Post-Advocate*, por nuestro barrio. Después de la escuela, a diario, nuestro director de personal nos dejaba paquetes de periódicos sin doblar y bolsas de ligas. Cuando llovía usábamos cubiertas de plástico.

Teníamos que doblar los periódicos, amarrarlos con las ligas y atascarlos en bolsas dobles de tela que echábamos sobre los manubrios. Las caras y las manos se nos ponían negras de tinta.

Había una lista de suscriptores y teníamos que asegurarnos de que recibieran sus periódicos en o alrededor de sus porches. Ese era el truco del oficio.

Fíjate, me hice bueno para eso. Fue el primer logro importante que recuerdo como niño. No podía hablar con coherencia alguna, ni hacer deporte, ni era talentoso para nada. Pero, hombre, ¡que si podía distribuir periódicos! Me hice tan bueno que fundé un sistema de rutas que en su apogeo incluía cuatro rutas distintas. Recibí premios. Obtuve un reconocimiento en la revista del periódico Copley (Copley era el dueño del *Post-Advocate* entonces). Las rutas se entreveraban por las manzanas de la ciudad a lo largo de algunas millas y seguido me llevaba hasta la medianoche para completarlas. Pedaleaba por calles, callejones, bulevares y sendas traseras en esa vieja bicicleta de diez velocidades, frente a perros bravos y nidos de vagos, frente a los vatos que me perseguían para quitarme la bici o la morralla. Pero hacía mis entregas siempre a tiempo. En el blanco.

Otro truco era vender los periódicos. Los fines de semana, nuestro director llevaba a su grupo de chavos repartidores a distintos barrios para vender suscripciones, lo que llamábamos "comienzos." Más bien nos hacía recorrer las bien cuidadas calles suburbanas porque creía que allí era más probable que compraran periódicos. N'hombre, yo era pésimo para eso. Teníamos regalos—agarraderas para trastes calientes, charolas para la tele, cosas para colgar de la pared. Pero donde la gente tenía dinero eso no surtía mucho efecto. Por lo regular, ellos recibían los periódicos más grandes como el *Los Angeles Times* o el *Herald Examiner.* Y así era que los distribuidores del *Herald Examiner* nos hacían el fuchi porque les pagaban más y tenían mejor clientela.

Un día, el director de personal, al borde de la desesperación, me bajó en Las Lomas.

—Sube por esta calle —me dijo, sin esperanza de que yo fuera a sacar nada—. Te veo abajo como en una hora.

Subí por una calle desbanquetada y entré al follaje que protegía chozas y casas sobre zancos y carros que estaban arreglando. Subí por una entrada para carros desordenada y terregosa. Los niños jugaban descalzos en un lodazal. La música mexicana se desbordaba por la ventana de la cocina. Los porches eran viejos, despintados, tablones de madera hundidos. Toqué una puerta de esprín totalmente arrancada de las bisagras que tenía rota la tela de alambre. Fizgó desde adentro una mujer redonda. En vez de sofás y mesas, unas rejas de madera amueblaban la sala pelona. Unas cruces de palma estaban clavadas en la pared rajada.

—¿Qué traes tú? —preguntó.

No creía que le iba a vender suscripciones—casi nadie siquiera sabía inglés. Pero tan pronto como les decía de los regalos se anotaban. Así de sencillo. De choza en choza. De puerta desvencijada en puerta desvencijada. Traté de explicarles que tenían que pagar una cuota mensual. Pero allí estaban, mirando telenovelas en televisiones viejas, los que las tenían, mientras sus hijos corrían garrientos y descalzos, y aún así ordenaban el *Post-Advocate* por recibir los regalos. Con el tiempo no pagarían. No formarían parte de la ruta de nadie. Pero obtuve los comienzos. Me convertí en el héroe del día. El director de personal me palmeó la espalda y les anunció a todos el número récord de suscripciones que había obtenido.

La gente de Las Lomas me salvó.

El trabajo tomó otros giros. A los trece años me emplearon en un lavadero de carros junto con mi carnal. Eramos la cuadrilla de limpieza. Llegábamos al trabajo por la noche, cuando los vatos indocumentados ya habían acabado de lavar carros y se habían ido a su casa. El Rano y yo barríamos, trapeábamos, y recogíamos la oficinita, la sala de espera y el parqueo. Juntábamos todos los trapos sucios y los echábamos en las maquinonas de lavar. Luego, casi al final de la noche, conectábamos una manguera monstruosa y lavábamos el lugar. En realidad, el Rano a sus dieciséis años lavaba carros de día y había aprendido a manejar casi todas las marcas y modelos.

—Hubieras guachado el Mustang que saqué hoy —decía entusiasmado.

—Y luego —me palmeaba el brazo—. ¡Estaba un Firebird!

Yo me iba con él por la noche para ayudarlo a que ganara más dinero para la familia. Todo lo que ganábamos era para Mamá—y siempre nos hacía falta más.

Pero luego de haber comenzado a trabajar allí, pesqué un pie de atleta. Con frecuencia trabajaba con tenis y aunque no quisiera siempre me los empapaba con el agua y el jabón que usábamos para lavarlo todo con la manguera. Unas terribles lesiones floridas se me desparramaron por la planta de los pies y entre los dedos. También tenía una uña enterrada que me producía un doloroso enrojecimiento en el dedo izquierdo y me forzaba a ponerme toallas calientes todas las noches para bajar la hinchazón.

Un podólogo me recetó una medicina pero nada me alivió las llagas. Ni pensar en operarme el dedo, ni siquiera podía ir a las clases de gimnasia, las que perdí para el resto de la secun.

Un día las llagas se me empeoraron y me negué a levantarme de la cama. Mi madre me frotó ungüentos que no sirvieron para nada. Entonces apareció el Tío Kiko. Me examinó las llagas observando fijamente los pétalos que parecían crecer de los pies. El Tío Kiko conocía un poco sobre el arte mexicano de curar, el uso de hierbas y encantamientos de viejas tradiciones indias usadas para tratar la mayoría de las enfermedades. Desesperada, Mamá le pidió ayuda a su hermano.

—Esto te va a doler —me dijo el Tío Kiko en español—. Pero ten valor. Te pasará pronto.

Sacó una silla y dirigió la mano de mi madre.

Rebanaron cada una de las ampollas lechosas. La sangre y la pus fluyeron. Grité. Yo no creía en brujerías ni cánticos ni en hierbas. Sentí que me iba a morir. El Tío Kiko hirvió agua y juntó algunas hierbas que trajo de una botánica. Mamá cubrió cada herida abierta con hojas y preparaciones mientras el Tío Kiko rezaba a mis pies.

¿Habría un Dios para los pies? ¿Se hilarían las palabras apropiadas para despertarlo de su sueño? ¿Se filtrarían la magia de las hierbas y los espíritus invocados dentro de las llagas y me regresarían los pies? Estas eran las preguntas.

Pasaron los días. Yo estaba en cama mientras los rituales diarios hacían milagros. Las llagas empezaron a desaparecer. Pronto comencé a renguear en chanclas. Hasta la uña enterrada volvió a su forma más o menos normal. El Tío Kiko, este sacerdote fronterizo, este maestro de serpientes y sirenas, logró lo que no pudieron los médicos anglos. ¿Quién sabe si deveras fuera magia? Había otra clase de magia que me hizo sentirme especial, mirar a mi madre y a mi tío, descendientes de indios, y creer en el poder de las civilizaciones que fueron negadas, disminuidas y pisoteadas. Jesucristo fue un hombre prieto. Un indio mexicano. Un curandero. No una imagen de pelo güero chino y ojos azules. Era como yo, como el Tío Kiko. Vivía sobre la tierra, se emborrachaba, habitaba las hojas y las hierbas, no el consultorio esterilizado de un doctor, no una iglesia gótica de vitrales y tallados barrocos. Vivía en mis pies y con los llamados y seducciones apropiados los sanó. Este es el Cristo en quien yo quería creer.

━━━━━━━━━

A través de los barrotes de una celda, hablé con el agente que estaba sentado detrás de un inmenso escritorio de madera en la delegación Temple Station del Sheriff, la delegación responsable de Las Lomas. Es un chicano como yo, pero sé lo mucho que odia todo lo que soy, como si representara todo el resentimiento, el veneno y el miedo que le inculcaron desde chico.

—Tenemos un plan aquí —dijo el jura—. Vamos a detener a todos los chavos de siete años de tu barrio.

—¿Por qué los van a detener? —pregunté.

—Por cualquier cosa. Por pasarse el toque de queda, por vagos ... por todo lo que podamos —respondió—. Luego apuntamos sus nombres. Los seguimos todos los años. Pronto los vamos a detener por otras cosas—robos, peleas, daños ...

—Y así es como los agarran —continué por él.

—Correcto. ¿hey tú no eres tan tonto, eh?

—No es difícil darse cuenta que para cuando esos chicos hagan algo serio ya van a tener un expediente como una milla de largo y que van a terminar mal—en una correccional o en un campamento.

—Ustedes no saben, muchachos —dijo con una sonrisa falsa—. Ustedes no saben con quien se están metiendo.

En el barrio, la policía es otra ganga. Nosotros hasta les ponemos nombres. Están el Cowboy, el Big Red, el Boffo y el Maddog. A ellos les gustan esos nombres. A veces se nos acercan mientras estamos parados en una esquina y nos dicen que Sangra dijo que somos unas chavalas. Otras veces, se acercan a los vatos de Sangra y les dicen que Lomas es una ganga más fuerte y que Sangra no sirve para nada. Los zafarranchos, los asaltos y las escaramuzas entre las gangas son resultado directo de la actividad policial. Hasta el tráfico de drogas. Yo lo sé. Todo el mundo lo sabe.

████ ████

El Yuk Yuk se hizo uno de Los Cuatro cuando El Clavo desapareció. Nadie sabe exactamente qué le pasó al Clavo. Se rumoraba que sus padres lo habían mandado a México. Otros decían que estaba en un campamento, pero no pudimos saber si era cierto. El Chicharrón, el Wilo y yo fuimos a su casa. No había nadie. Estaban rótulos de SE RENTA por todas partes. Ya había dejado la escuela y no dejó dirección.

El Yuk Yuk vivía en Las Lomas, en una de las quebradas. Había sido miembro de La Tribu unos años, pero pasó casi todo el tiempo en una correccional. Tenía dos lágrimas tatuadas bajo el ojo izquierdo, que significaban los dos años perdidos en la institución. Otras veces las lágrimas eran por los miembros de la familia caídos en las guerras callejeras, otras por el número de personas que había matado. De todas maneras empezó como una tradición chicana pero más tarde otros vatos la adoptaron.

El nombre de a deveras del Yuk Yuk era Claudio Ponce. Pero tenía una risa cómica y por eso lo llamábamos "el Yuk Yuk." Los nombres del barrio se daban por cosas obvias. Lo del Chin salió por mi mandíbula deforme. El Chicharrón porque tenía la piel color de chicharrones mexicanos. El Clavo porque era delgado y duro como los clavos y el Wilo porque era flaco como un poste. Las chavas tenían apodos parecidos. En Las Lomas había rucas llamadas Seria o Chisme. A veces las placas se daban como deformaciones de nombres reales: Chuy por Jesús, Chicho por Narciso, Nacho por Ignacio, Yogi por Olga, Beto por Roberto y Nando por Fernando.

Y había otros nombres que simplemente se inventaban: Fuzzy, Toots y Baba.

Los miembros de La Tribu pintaban cuidadosamente cuantos nombres cupieran en la pared para identificar a los individuos y no sólo al grupo. Entre más, más terminaban las listas ANIMAL TRIBE/LOMAS. La prominencia de Lomas iba aumentando. Había vatos que salían de las correccionales, de los campamentos o de las pintas que insistían en que Lomas, el barrio, estuviera en todas las paredes y en todas las placas.

Luego había vatos que ya no se identificaban con La Tribu sino sólo con Lomas.

El Yuk Yuk nos involucró en el robo organizado. Hasta entonces robábamos por aquí y por allá sin pensarlo ni planearlo mucho. A los siete años de edad, recuerdo que me metía a las tiendas esquineras de Watts, todos los días después de la escuela, y que llenaba mi lonchera Roy Rogers de juguetes y golosinas. Me llevaba el botín a la casa y lo escondía en el closet. Mamá encontró algo y eventualmente me curó la carne con un cinto y me obligó a devolverlo. Recuerdo que lo tiré de un puente que cruzaba un túnel de drenaje.

A los trece años, el dueño de una tienda de discos me cachó robándome unos. Antes, el Rano se había robado algunos discos y se jactaba de ello. Decidí probar también. Volví a la misma tienda, una pendejada, y me metí unos discos de 45 en la chamarra. Pero un guardia de la tienda me paró al salir, me sacó los discos y me metió arrastrando. Mi madre tuvo que ir a buscarme.

Más tarde, varias combinaciones de Los Cuatro robaron

comida, vodka y cerveza de los mercados y gasolina de las gasolineras para poder pasear en la carrucha del Wilo.

Una vez, decidimos jambar a los gabachos que salían del Kentucky Fried Chicken. El Chicharrón, el Wilo y yo esperamos afuera del lugar. Cuando apareció un vato con uno o dos botes, corrimos, se los arrebatamos de las manos y arrancamos como coyotes que jamban yesca mientras las piezas de pollo volaban por todas partes.

Otra vez, después de una noche de mucho chupe y parranda, teníamos hambre. El Wilo esperó en el estacionamiento de una tienda cercana que estaba abierta veinticuatro horas, con el carro andando y con el cambio metido. Los demás nos escurrimos por la tienda y nos llenamos las bolsas, los sacos, las camisas y las chaquetas de papas fritas, salchicha, botes de soda, pan y jamón en lata. Luego llenos de abarrotes, salimos al mismo tiempo. Era más difícil agarrarnos a tres que a uno.

En ese entonces, el Clavo todavía andaba con nosotros. Yo me las vi para llegar hasta el carro del Wilo. Pero uno de los empleados de la tienda corrió detrás de mí e insistió en que volviera con él—me habían visto robando comida. Escondí bien la comida debajo de los asientos del carro y me regresé caminando. Desde luego que no tenían ninguna prueba de la comida robada y tuvieron que dejarme ir. Pero la bulla que hicieron conmigo dejó que el Clavo y el Chicharrón salieran con los abarrotes robados.

Cuando por fin salí de la tienda, vi al Clavo corriendo por el estacionamiento y a los empleados de la tienda que lo correteaban. ¡El pendejo no pudo encontrar el carro del Wilo! El Clavo corrió por la calle, por un callejón, tirando paquetes de carnes frías, sus largas piernas galopando sobre el asfalto con cuatro o cinco empleados de la tienda pegados a los talones. El Wilo pasó, me recogió y se peló a toda velocidad.

Más tarde, anduvimos por las calles buscando al Clavo. Claro que logró pelársele a sus captores en potencia y lo encontramos escondiéndose detrás de unos botes de basura en un callejón—sosteniendo en una mano una lata abierta de atún y con una enorme sonrisa en la cara.

Pero todo esto era bien ligerito.

El Yuk Yuk nos presentó a dos vatos truchas en el negocio del robo. Uno era el Jandro Mares, un empresario en ciernes. Jandro tenía una casona estilo victoriano en Alhambra. Tenía una entrada calota para carros y un garaje enorme. El *comisionaba* a chavos como nosotros para jambarse carros que necesitaba, por pedido, luego los manejábamos a su garaje. Nos enseñó a desmantelarlos en cuestión de minutos. Entre un chingo de vatos, eso era fácil de hacer.

—De volada —como siempre decía el Yuk Yuk—. Hazlo sin pensar; de un impulso.

El otro vato era el Shed Cowager. Era un vendedor de cosas viejas que tenía un enorme edificio en el Garvey Boulevard lleno de metal, antigüedades y objetos de madera. Casi siempre, el Shed se sentaba en la parte de atrás del taller a donde se llegaba atravesando una larga fila de archiveros metálicos, televisores, sillas y escritorios y todas las copas de ranfla conocidas por la humanidad. El no nos decía qué hacer o qué no hacer como el Jandro. El era el vato que compraba biclas, teles, cámaras, armas—todo lo que le pudiéramos traer—y nos pagaba cash al entregar.

El Yuk Yuk nos hacía caminar alrededor de los centros comerciales clachando biclas, de aquéllas, casi todas de diez velocidades. La mayoría de los gabachillos las recostaban sin candado cuando entraban a una tienda. Nosotros caminábamos buti templados, nos subíamos a las biclas y nos pelábamos. El Wilo o el Yuk Yuk nos seguían cerquitas en una ranfla mientras las rodábamos hasta el changarro del Shed. Las biclas valían chance que cientos de bolas. El Shed nos daba entre quince y veinte bolas por piocha.

Pronto el Yuk Yuk nos tenía clachando las casas buenas en Alhambra, algunas de las que yo limpiaba cuando era más chavo. Nos enseñó cómo saber que no había nadie en la casa. También nos hacía descubrir maneras de meternos en ellas. Por ejemplo, muchas de las casas tenían ventanas de persianas de vidrio en las recámaras, cocinas o baños, que eran fácil de sacarse desde afuera.

Nos decían que sólo agarráramos las cosas que pudiéramos cargar al salir, como dinero, joyas o armas de fuego. Para jales más calotes, traíamos un Volkswagen van que el Yuk Yuk había pedido prestado y nos llevábamos cosas más grandes como teles, cámaras y estéreos. Al poco tiempo, el Yuk Yuk comenzó a secuestrar camiones, principalmente de bodegas o tiendas de electrónica para luego vender los equipos electrónicos en estacionamientos y cines al aire libre. Las paradas de camiones que iban para Los Angeles eran las más lucrativas. El Yuk Yuk le apuntaba al conductor con un cuete, lo bajaba del mueble, le quitaba el jando, y si el camión era maniobrable, también las llaves.

A partir de ese momento, a los robos a mano armada se sumaron los nuevos supermercados que brotaban por todas partes y que llamábamos "shop and robs." Si trabajábamos en equipo, uno se quedaba en la ranfla, otro apuntaba con un cuete y un tercero caminaba por los pasillos cargando whiskey y comida.

Al principio, apuntar un cuete a la cabeza de un hombre requería muchos güevos. Nos turnábamos muy seguido porque el Yuk Yuk no quería que unos lambiches fueran con él. Si podías apuntarle a alguien con un cuete, listo para jalar el gatillo en un latido, entonces eras capaz de cualquier cosa, razonaba el Yuk Yuk. *De volada.*

Pero para mí, robar y quitarle la vida a alguien eran dos habilidades distintas. Puedes matar por un montón de razones, o sin razón alguna, pero matar para robar no me convencía. Ese era el problema. Un gran problema. Y el Yuk Yuk me lo dijo.

—Mejor que te acostumbres —decía el Yuk Yuk—, o te vas a encontrar con la otra punta de la pistola y te van a matar muy rápido.

No me acuerdo de quién fue la idea de robar el cine al aire libre. Casi siempre nos escurríamos por varios agujeros que hicimos en la cerca de fierro corrugado que colindaba con el arroyo Alhambra, un claro afluente del Río Hondo que serpenteaba por allí. Construimos una guarida provisional entre las matas y hierbas que delineaban la cerca, el refugio para Los Cuatro. Usamos tablones de madera para el techo. Encontramos una alfombra vieja y chapas de metal para cubrir el piso y los lados. Usamos hojas de plátano para cubrir las entradas. No era fácil de encontrar.

Una noche, mientras nos relajábamos en un viejo sofá y mirábamos la película, se decidió que, después que se fueran los carros, íbamos a robar el taniche del concesionario. Muchas veces entramos violentamente por comida, pero esta vez, era para sacar el chivo esa noche.

—Chin, quiero que tú tengas el cuete —dijo el Yuk Yuk.

—¡Chale, ése! —exclamé—. Ora no tengo ganas. Me siento sura.

—Qué sentir ni qué chingaos —dijo el Yuk Yuk—. No te estoy pidiendo la temperatura.

Y se rió con su risa el Yuk Yuk.

Yo traía un abrigo de trinchera largo y negro. Los otros andaban de cholos. Pelamos una sección del cerco y nos metimos. La marcha hasta el concesionario fue difícil y sufrida. Yo traía agarrado un cuete calibre chicolillo en la vaisa por entre las bolsas longas del abrigo. El sudor manchaba el mango.

El Chicharrón entró primero y luego nos hizo señas para seguirlo. El puesto del concesionario parecía vacío. El Wilo entró hasta la caja registradora y la hizo sonar buscando dinero. Nada. El Yuk Yuk investigó alrededor mientras que yo me paré allí, deseando que terminara la noche, esperando que no hubiera nadie.

Entonces un vato ponchado de pelo blanco entró desde otro cuarto.

—¿Qué chingados pasa aquí? —dijo mientras saqueábamos el puesto.

Saqué de a madre el cuete y grité—: ¡Engarrótateme ai, pinche culero!—Lo hice con tanta convicción que no me reconocí la voz.

La tensión vibraba en el aire. Allí paró, mirándonos. Me

quedé parado, apuntándole el cuete. El Yuk Yuk se le acercó y le pidió el dinero.

—Está en la caja fuerte —dijo el hombre—. No puedo sacarlo.

—¡Chinga tu madre! —exclamó el Yuk Yuk—. Tú puedes abrirla.

—No, no puedo —continuó el hombre—. El único que la puede abrir es el dueño. Y no va a venir esta noche.

Simón, vámonos, pensé. Antes que venga la chota. Antes que venga alguien con un cuete más grande que el mío.

—No te creo —dijo el Yuk Yuk, y yo pensé: *Créele, créele.*

El Yuk Yuk tiró al hombre al piso, y caminó hacia el cuarto de un lado donde supuestamente estaría escondida la caja fuerte.

Continué apuntándole al hombre que estaba tendido sobre la panza como ballena enquillada. Entonces el Yuk Yuk empujó, abrió la puerta y corrió fuera del cuarto. Los tiros abrieron un agujero en la madera mientras las astillas volaban alrededor.

—Sálganse a la chingada —gritó el Yuk Yuk.

Chance hubiera podido chutar mi cuete, pero salí a madres detrás del Chicharrón y del Wilo. Cualquiera que sea el que chutó salió destapado de la concesión, se paró y comenzó a chutar en lo oscuro contra nosotros. Nos tambaleamos y zigzagueamos.

—Tírale —dijo alguien.

—¿Qué? —respondí entre jadeos.

—Tírale —dijeron en coro.

Me di vuelta y vi una sombra iluminada por una lámpara de neón sobre la cabeza. Continuó sosteniendo el arma con las dos manos. Le apunté pero me regresó el tiro y juro que la bala me rozó la ceja, tan cerca la sentí. *Chinga veinte*—corrí.

Desgraciadamente jalamos en dirección contraria a la sección del cerco por donde podíamos salir. El Yuk Yuk parecía estar perdido por un momento, entonces comenzó a trepar. No es fácil escalar una cerca de fierro corrugado. Pero el

Chicharrón y el Wilo hicieron lo mismo. Tiré la pistola en la bolsa del abrigo y trepé también. De repente todo se hizo más lento. No podía hacer nada lo suficientemente rápido. El vato que nos disparaba apareció más cerca y nos chutó de nuevo.

—¡Chingao! —le grité cuando una bala pegó en la cerca y el eco del metal me resonó y repiqueteó cerca de la oreja.

Traté de pasarme al otro lado rápido. No quería soltarme y caer hacia atrás. No hay donde colocar los tenis cuando se trepa en fierro corrugado. Todo era músculo y ajetreo. Llegué a la cima. Oía que el Chicharrón, el Wilo y el Yuk Yuk me echaban porras.

—¡Orale, ése, tú puedes!

Orale Chin, ¡brinca, güey, brinca!

Me jalé para el otro lado y brinqué, mientras el abrigo me aleteaba alrededor como una enorme capa. Una bala rompió el aire que ocupaba hacía unos segundos. Toqué el piso y luego me escapé como conejo del desierto. De volada.

CAPITULO 4

—¡Ese Louie, levántate!

La voz de la Gloria barrió el pequeño cuatro. Por mis ojos soñolientos apenas vi el contorno del cuerpo de mi hermana, enmarcado por un desorden de cajas, ropa y los cajones abiertos de la cómoda. Sin chance de hacerme a un lado, sentí que me rebotaba un zapato en la cabeza. Gloria salió corriendo del cuarto en un ataque de risa. Otra mañana de cruda.

Parecía una mañana especial con apariencia de agradable compasión. Las hojas del árbol contra la ventana centelleaban de lo verde, las venas llenas de sangre de clorofila. Los pájaros en las ramas emitían un gorjeo como risa. La luz del sol chorreaba por las persianas de la ventana.

El cuarto, tamaño de celda, estaba separado del resto del garaje por láminas de cartón piedra sin terminar. En cada sección de pared había murales pintados en acrílico y aerosol, de colores ardientes e imágenes de vatos locos, cruces tridimensionales y serpientes retorciéndose a través de jeringas chorreantes. Unos garabatos cubrían la puerta y las tapas de las mesas.

Me levanté de una cama de viejas mantas echadas por el

91

suelo, me golpeé un dedo del pie en la pata de la cómoda, y por mero piso dentro de una bacinica con orines. De alguna manera logré salir al saludo del aire húmedo del alba.

Rengueando hacia el porche trasero, el olor de los huevos estrellados (dos tamaño doble A, te miran) se me aclararon los restos de la maraña de pensamientos del sueño tumultuoso de la noche. Logré cruzar el patio trasero hasta la casa de mi madre y entré por una puerta enrejada.

—Perdón por el zapato, carnal —dijo Gloria mirando con una sonrisa desde la mesa del comedor—. No pude aguantarme.

—Yo tampoco me voy a poder aguantar cuando te tire un cuetazo a la cabeza, pinche—le contesté.

—¿Así es como le hablas a tu hermana favorita?

—No, así le hablo a mi dolor de culifláis, llamado hermana.

Mamá estaba inclinada sobre la estufa preparando las tortillas para comer con los huevos.

—Hablen en español —decía—. Ya saben que no entiendo inglés.

Mamá volvía a decírnoslo y nosotros seguíamos hablando en inglés.

La noche anterior estuve luchando conmigo mismo, contra mi lado oscuro que se inclinaba hacia la destrucción y contra la muerte que me golpeaba el hombro. Traté de suicidarme. Llegué a casa aletargado de pastillas, licor y de inhalar pintura aerosol. Me deslicé como culebra hasta el baño. Todos dormían. Apoyándome contra el lavabo, me miré en el espejo y vi una cara llena de fastidio, de ¿a quién le importa?, de ojos inyectados, pelos como púas que brotaban de la mandíbula, un bigote descuidado bajo una nariz llena de granos, una cara que por mucho que la lavara no podía desaparecer.

Salí tambaleándome de la casa y crucé un jardín trasero, limones y aguacates podridos tirados por el suelo, y una enramada tapizada de enredaderas colgantes. Entré a mi cuarto del garaje, agarré el balde que usaba para mear y lo llené con agua de una llave que estaba en un tubo oxidado afuera. Planeé meter el brazo en el balde después de cortarme la arteria. (No quería sangre en el piso—aún en ese momento temía que mi madre maldijera el desorden.)

Apreté el cuerpo, atestado de cicatrices callejeras y tatuajes, contra la pared y apoyé una hoja de afeitar contra la muñeca. Cerré los ojos. Tarareé una canción—no recuerdo cual. Pero no pude hacerlo.

Antes de esto estuve exilado en el garaje durante meses. Mi madre me había corrido de la casa, y después el garaje se convirtió en el punto medio entre la calle y mi regreso. Ella estaba demasiado cansada: de sacarme de las cárceles, de recibir reportes de la escuela acerca de los pleitos, esperando una llamada de un hospital o de la mortuoria.

Una vez me gané cien dólares trabajando un fin de semana en un turno de toda la noche en uno de los andenes de la zona de bodegas. Los llevé a casa y los coloqué sobre la mesa del comedor frente a mi madre. Pero Mamá se levantó, tomó los cien dólares y me los tiró en la cara. Los billetes de uno, de cinco y de veinte revolotearon alrededor de mi como pájaros verdes y negros.

—¡Hipócrita! No puedes comprar mi amor —gritó en español—. No me demuestras respeto con ese dinero. No lo quiero. ¡No quiero nada de ti!

Esa noche dormí en *los files*. La noche siguiente el Yuk Yuk me recibió pero después de tres días su madre exigió que me fuera. Tomé un autobús para el centro de Los Angeles y caminé por las calles del Spanish Broadway—lo que los mexicanos llamaban El Centro—deslumbrado por las luces de las marquesinas de los cines, los bares chafas y las licorerías. Gasté como setenta y cinco centavos en un cine que estaba abierto toda la noche y que pasaba tres o cuatro películas al hilo. Allí dormí con los *winos* y los desposeídos y me desperté cuando los encargados nos echaron con la luz del día.

La luz del sol me dio en los ojos y me hizo hacer bizcos. Las chavas que trabajaban en las oficinas pasaron camino a su trabajo, sus fragancias me despertaron los sentidos y luego los riñones. Las persianas de metal de las tiendas se abrieron, tiendas de metal y de ladrillo que comenzaron a vender ropa recién hecha en las fábricas de ropa cercanas, también de aparatos electrónicos y de abarrotes. El tráfico se me metía por la nariz.

Esta parte de Broadway, desde First Street hasta el Olympic Boulevard, era donde los latinos compraban, vagaban y exploraban. Las norteñas y las salsas emanaban estridentes de las tiendas de estéreos y los puestos de fruta al aire libre bullían de regateos a muerte y movimientos de manos que acompañan a la lengua española. Durante los fines de semana, en la franja de Broadway, había como un millón de personas.

Otras noches, me quedaba con chavas de por allí que sabían que necesitaba donde dormir, me metía por las ventanas que me dejaban ligeramente abiertas. También en carros abandonados. En las vías del tren. Finalmente, volví a casa y me las arreglé con Mamá.

Ella puso las reglas: no podía poner pie en la casa sin su permiso. Y podía quedarme en el garaje con unas cobijas gastadas, algunos cajones y una mesa plegadiza. No tenía baño, ni ropero, ni calefacción. Por la noche, cuando las temperaturas del desierto helaban, podía usar un calentón eléctrico que me prevenía convertirme en un bloque de hielo.

Acepté.

━━━━━

Empecé la High como un loco, usaba una camisa Pendelton gruesa, pantalones de caqui sueltos y planchados impecablemente y zapatos boleados y brillantes como del campo de entrenamiento militar.

La Mark Keppel High era un edificio de la Depresión con una fachada de ladrillos *art deco* y pequeñas barracas atrás. La tensión colmaba los pasillos. Los estudiantes anglos y asiáticos de clase alta de Monterey Park y de Alhambra asistían a la escuela. Los ponían en las clases "A's"; estaban en los clubes de la escuela; eran miembros del equipo de primera fuerza, los que lucían una letra. Eran porristas y grupos que gritaban y apoyaban a los jugadores con mucho brillo.

Pero la escuela también recibía a la gente de Las Lomas y de las comunidades de alrededor que de alguna forma se las habían arreglado para entrar a la High. Casi todos eran mexicanos los que estaban en las clases "C" (que llamaban clases "idiotas") y que llenaban las listas de los talleres de carpintería, imprenta y automecánica. Muy pocos alumnos de estos participaban en el gobierno estudiantil, en deportes o en los varios clubes.

En la escuela había dos lenguas principales. Dos tonos de piel y dos culturas. Todo giraba alrededor de las diferencias de clase. Los chavos blancos y los asiáticos (menos los blancos del barrio y un puñado de hawaianos, filipinos y samoenses que terminaban con los mexicanos) venían de hogares de profesionistas de doble cochera, jardines regados, de árboles bien cuidados. La clase trabajadora, los hijos de quienes prestaban servicios, los porteros y la mano de obra de las fábricas, vivían por Las Lomas (o en una sección de Monterey Park que llamaban "El lado pobre").

La escuela separaba a estos dos grupos por niveles de educación: a los chavos de la clase profesional se les daban clases para prepararlos para la universidad; a los estudiantes de la clase trabajadora se les empujaba hacia los niveles industriales.

Los mexicanos se reunían bajo el gran árbol nudoso del jardín de enfrente cerca del gimnasio y del taller. Los chavos ricos generalmente tenían carros y se juntaban en el estacionamiento o en la cafetería. Aquéllos que estaban en medio o que eran indiferentes siempre se veían atrapados entre las patas de los caballos.

Cuando fui a la Keppel, me había vuelto ensimismado y callado. Quería hacerme intocable: nadie podía llegarme.

Caminaba por los pasillos mirando derecho, con paso tranquilo, viendo muy poquito y de reojo para los lados.

La Keppel tenía mala reputación entre las escuelas del Valle de San Gabriel. Siempre había pleitos. Pienso que era por el sistema arraigado de dividir a los alumnos en carriles. Los maestros y los administradores eran blancos en mayoría abrumadora y no sé si se darían cuenta o no pero favorecían a los estudiantes blancos.

Si tú venías de Las Lomas, te fichaban desde el comienzo. Cuando entraba a la oficina del consejero, me saludaban miradas desdeñosas—como para un criminal, un extranjero o para quien se teme. Ya era un rufián. Era más difícil desafiar esta expectativa que aceptarla y caer en la trampa. Era como una chaqueta que yo trataba de quitarme y que ellos volvían a ponerme. La primera señal de problemas y prejuicios fue cierta. Entonces, ¿por qué no sentirse orgulloso? ¿Por qué no ser un maloso? ¿Por qué no conquistarla?

Seguido me acostaba en mi cuarto del garaje, a oír los discos rayados de Willie Bobo, Thee Midniters, War, y Miles Davis. A veces más viejos; las colecciones de regrabaciones de los "Eastside Sound", el viejo Stax y el rhythm & blues del Atlantic: Wilson Pickett, Rufus Thomas, Salomon Burke y los Drifters. Y por supuesto, Motown.

La gran mayoría de los mexicanos de Los Angeles y alrededores estaban económica y socialmente cerca de los negros. Tan pronto como entendíamos inglés, por lo general era el inglés negro que primero queríamos dominar. Luego, en los campamentos y en las prisiones, negros y mexicanos usaban caló mexicano y el estilo cholo; los mexicanos imitaban el contoneo y el estilo del lado sur—aunque eso tampoco significaba que no nos íbamos a hacer la guerra, así era la situación de los de abajo. Para los chicanos esta influencia se marcaba mucho en la música: los ritmos mexicanos sincopaban con los blues y el compás de los guetos.

Mi hermano Joe tocó una vez el bajo en una banda llamada "Taboo's Children" cuyos músicos eran casi todos negros. Aunque no tenía más que diecisiete años, Joe tocaba con la banda en bares y clubes nocturnos en el South Central de Los

Angeles. Tenían una canción original, un éxito en un club local que se llamaba "Young Lovers." El otro chicano de la banda era el Chepe Palmas quien tenía unos dedos mágicos que podían tocar cualquier cosa desde Wes Montgomery hasta Jeff Beck y desde Delta Blues hasta norteñas chillonas.

Yo escogí un saxofón, un tenor de bronce usado. Ahorré durante años, dólar a dólar, con lo que Mamá me dejaba quedarme de los trabajos que tuve. Pude tomar un par de lecciones en una tienda de música local para aprender la posición de los dedos, las escalas y algunos acordes básicos. Pero traté de aprender a tocar el saxofón escuchando discos.

Algunas veces fui con el Joe y el Palmas a ver tocar a los Taboo's Children en un bar o en un salón de baile, poniéndole atención únicamente al saxofonista. Una vez me puse como araña fumigada y vomité en el carro al compás de una parte para guitarra de seis tracks de Hendrix, y recuerdo haber vagado por el Hollywood Boulevard y haber parado a mear a media calle deteniendo el tráfico de los dos lados.

Más tarde, Mamá acusó al Joe de haberme convertido en un alcohólico.

Cuando por fin pude dominar dos o tres melodías para saxofón como "Sad Girl" que popularizaron los Thee Midniters, una banda de East L.A., comencé a dejarme cai con un par de bandas de garaje locales.

La Tribu Animal también tenía una banda que pasó por buti atolles según las ondas de la acción musical. Al principio se llamaba Thee Occasions imitando lo que hacían los Thee Midniters como a mitad de los sesenta. Entonces, cuando la música agarró onda de los blues, se hizo la Coyote Blues Hemp Boogi Band y el Joaquín López aprendió a tocar una música de boca buti de aquéllas, tan de aquéllas como cualquier vato original del blues. Más tarde la banda se hizo la Agua Caliente cuando los conjuntos de rock latino como Santana, El Chicano y Malo inundaron los programas de radio a comienzos de los setenta.

El saxofón significaba todo para mí. Cuando necesitaba tiempo me encerraba en el cuarto y lo tocaba. Deveras no sé cómo pero me imaginaba aventándome rolas que chillaban de callejones, de banquetas mojadas y de los trampas noctámbulos de la Spanish Broadway. Sentí que tenía una garganta de bronce que gemía como Billy Holiday, rechinaba como James Brown. Los colores se me arremolinaron alrededor. Caras. Notas. Una rapsodia se abrió camino desde la caldera caliente de mi interior— una cacofonía de gritos amputados.

Un día, el Joe golpeó la puerta. Dejé de mugir el saxofón, lo puse en el piso y me asomé por la ventana. El vato estaba enojado. Por muchos años esa mirada me provocó que la sangre se me embotara en el fondo del estómago. Quería decir que me iba a acusar, a castigar, a empujar y a obligarme a reparar algún supuesto daño.

Pero yo ya tenía catorce años. Estaba más fuerte. Había estado en varios pleitos. Abrí la puerta.

—¿Qué quieres, Joe?

—Te llevaste unos de mis discos y los quiero patrás.

—No te agüites, ya te los iba a dar.

—Guáchate ése, no apañes nada mío sin decirme, ¿Ok?

—Nel, cálmala, tú vienes y apañas mis triques todo el tiempo. Tú siempre andas clachando mis ondas y las apañas. Quieres que te pida, pos ¡mejor pídemelas a mí también!

—Pos chinga tu madre.

—Nel, ¡chinga la tuya, ese!

Yo nunca le había dicho así al Joe. Parecía que le salía lumbre de los agujeros de la nariz y la cara se le puso colorada. Entró encabronado al cuarto y me miró derecho a los ojos y yo lo miré sin pestañear. Por un segundo no supe qué iba a hacer. No podía cachetearme como cuando éramos chavitos. Pero no podía aguantar un reto así tampoco. Tenía que hacer algo.

El Joe volteó para el saxofón que estaba sobre un montón de cobijas y, en dos instantes, lo pisó violentamente—mientras sus botas aplastaban el bronce por secciones.

—¡Párale! —grité—. Párale , o te ...

El Joe paró.

—¿Tú qué?

Miré el saxofón golpeado, doblado. Entonces una furia me vibró en cada vena, me ardió a través de la piel. Todo se me hizo un chisporroteo. Le brinqué al Joe, balanceándome me eché para atrás, me lo desconté y le dejé la cara hecha garras. Años de rabia me explotaron desde adentro. El Joe volvió a tirarme pero yo no me dejé, me aventé como pantera. Me estaba ganando pero no me dejé, seguía atizándole a la cabeza y al cuerpo.

Ana, mi hermana, escuchó golpear los cuerpos contra la pared, los ruidos sordos de los puños que pegaban en la cara y corrió a buscar a Papá y a Mamá.

Cuando entraron nuestros padres, el Joe estaba arriba de mí pero tratando de protegerse. Mi padre agarró al Joe del pecho y lo jaló. Yo me levanté con los puños apretados, listos para seguir tirando chingadazos. El Joe se veía exhausto y avergonzado. Yo estoy seguro que nunca esperó eso de mí—o tal vez esperaba con temor el día en que yo lo enfrentara.

Papá aflojó su garra. El Joe lo hizo a un lado, casi lo tiró y corrió para afuera. No volvió a casa por tres días.

Yo no pensaba más que en el saxofón; no podía ni arreglarlo ni comprar otro. No pensaba más que en las rolas perdidas.

━━━━━━

La Misión de San Gabriel celebró sus días de fiesta en honor a la herencia hispano—mexicana de la zona. Hubo desfiles, discursos, jueguitos mecánicos, carrozas de carnaval, dirigidos casi todos a los anglos que celebraban un pasado que nunca les perteneció, como si los mexicanos hubieran muerto y estuvieran hechos momias hacía mucho tiempo, cuando ahora ellos preferían mejor escupirle a un mexicano que darle la hora.

Durante el día los gabachos se ponían sombreros de a mentiras, montaban caballos adornados de pedrería y aplaudían una y otra vez el Jarabe Tapatío. Pero a los primeros indicios del anochecer, se escurrieron de repente para adentro de sus haciendas amuralladas de San Marino o Pasadena, a sus mansiones estilo español y a la melancolía de sus jardines impecables.

Por la noche, la fiesta era de los mexicanos.

El barrio de Sangra rodeaba la Misión. Pero los vatos de Lomas siempre aparecían, listos para lo que fuera. Las familias también llegaban a montones.

Un verano, durante los días de fiesta, el Chicharrón y yo tiramos un verde hasta la orilla del barrio de Sangra. En vez de cruzarlo dimos vueltas por las vías del tren y anduvimos por los durmientes hasta la Misión. Nos deslizamos, pasando a unos Diablos de Sangra que andaban por la entrada al carnaval, corriendo a madres por el cementerio pegado a la iglesia de la Misión y trepándose a la vieja pared de piedra.

Ya adentro, caminamos entre las madres con cochecitos, entre los novios agarrados de la mano y los niños que corrían disparados como dardos, mientras las luces de colores de la rueda de la fortuna, el martillo y la montaña rusa miniatura se reflejaban oscilantes en nuestros rostros.

Entonces conocí a la Viviana.

Estaba haciendo cola para subirse a la rueda de la fortuna, parecía una pieza delicada de alfarería sancochada en miel. Un interminable y sedoso cabello le enmarcaba el rostro, el pelo tan negro como esos cuadros de terciopelo que la gente vendía en los tianguis. Las pestañas que parecían pinceles le rodeaban los inmensos ojos cafés. Quise meterme dentro de ellos.

—Trucha vato, ¿cómo les dices? —comentó el Chicharrón al ver a la Viviana y a otra ruca que estaba cerca de ella.

—Parece que el cielo mistió un par de ángeles —declaré, repitiendo una canción popular de los Tavares Brothers.

Abrimos paso a codazos entre la línea de gente y les llegamos a las chavas. Ya atrás de ellas, el Chicharrón desplegó su encanto y comenzó una tórica.

—Hey babes, ¿qué acción?

Bueno, no era mucho, pero la chava cerca de la Viviana agarró vuelo y le tiró línea. La Viviana parecía distante y reprimida. Me dieron ganas de descontarme. No merecía respirar el mismo aire que ella. Me mataba pensar que podría mirarme y decir ¡Fúchila!, con cara de asco.

—¿Cómo te llamas, ésa? —preguntó el Chicharrón.

—Soy Eva y ésta es la Viviana.

La Viviana empujó a la Eva despacito mientras hablaba. La Eva sonrió.

Mientras hacíamos cola, el Chicharrón y la Eva no pararon de toriquear. Oía que la Eva divagaba:

—Ese vato y yo, eh, salíamos, eh, pero no era nada, tú sabes. El quiere arranarse y todo eso, pero yo no quiero nada de ese pedo, eh, no quiero amarrarme, tú sabes...

El Chicharrón se agüitó de volada. Yo me aventé a toriquearle a la Viviana en cachitos hasta que nos tocó treparnos a la rueda de la fortuna. Y allí estábamos, la Viviana y yo, subiéndonos en uno de los carritos y sentándonos juntos. No sabía qué decir. El carrito subió. Nos quedamos a mero arriba un rato y la Viviana se me acercó. Sentí que la coraza se me salía por la boca. La rueda de la fortuna dio vuelta y la Viviana puso el brazo alrededor del mío y se acurrucó, cerrando los ojos y sonriendo. Yo no quería respirar por miedo a que me soltara.

Híjole ... creo que tiré las tripas —dije por fin.

Ella se rió.

—Allá van las asaduras —continué y ella chilló sin tapujos.

Ni era chistoso pero ella me hizo sentir que cualquier cosa que dijera, ella pensaría que había dicho algo brillante e inteligente. Los ruidos del carnaval, las tiendas de colores y los haces de luz, las caras de la gente de abajo, primero claras y reconocibles, luego distantes y borrosas, todo eso nos surgía al encuentro. Me dieron ganas de dar vueltas allí para siempre, riéndome agarrado de la Viviana. No quería que la vuelta terminara, porque ya abajo, no sabía si ella seguiría siendo tan generosa.

Pero terminó. Nos bajamos del carrito y me sentí otra vez apendejado junto a ella. Ya para entonces el güiri güiri de la Eva había desaparecido, pero me había dejado una fila de "ehs" como eco en la cabeza. No pude encontrar al Chicharrón así que la Viviana y yo caminamos hasta la mitad del camino donde los vendedores ambulantes incitaban a los que pasaban por ahí a probar suerte tirando monedas, apuntando con escopetas y tirando dardos.

—¿Quieres un monito de peluche, ésa? —pregunté.

—Orale, lo que sea —dijo sin emoción, de una forma que daba a entender claramente que sabía lo que estaba haciendo.

Nos dimos un volteón por algunos juegos y botamos buti jando hasta que gané en un tiro de básquet. La Viviana escogió un osito panda y yo me quedé pensando si no mejor hubiera podido comprarle uno de a devis con el jando que tiré.

Anduvimos un poco más sin decir mucho, pero me di trompa que la Viviana se sentía segura conmigo. Creo que quería seguirla. Me metí las manos a las bolsas, luego las dejé que colgaran sin ninguna gracia, como vigas de acero que pesaban dos toneladas. La Viviana de volada me cercó los brazos con los suyos—chance que le daba pena mi situación—y ya estuve más a gusto.

Para medianoche, los vientos de verano soplaron suaves por el carnaval. El olor a los tacos, al dulce de algodón y a los churros saturaba el aire, así como la tensión.

Los soldados de Lomas y de Sangra empezaban a congregarse en diferentes partes de la sección cercada. Los vatos de Sangra en particular, se movían en montón desde la entrada hasta el otro lado del panteón. Un grupo de vatos de Lomas se pucharon entre la gente desde el otro lado, cada grupo iba para un combate enmedio. Para entonces los papás ya habían juntado a sus chavitos y las mamás les gritaron a sus chavos más grandes que se fueran a la casa. La ley, unos de uniforme y otros de civiles, caminaba derecho en parejas con walkie talkies atrás de las filas de taniches. Los que le sacaron se fueron para sus ranflas.

—¿Sabes de dónde soy? —le pregunté a la Viviana.

—Simón —dijo—. Lo sabía todo el tiempo. Yo conozco a todos los vatos de Sangra—mis carnales son Diablos. A ti y al otro vato no los había guachado. Y también los vatos de Lomas se guachan distintos.

—¿Cómo que distintos?

—Bueno, pos los vatos de Sangra se guachan como en los buenos tiempos de antes, tú sabes, tandos chicolillos, sacos largos, tramos abolsados. Pero ustedes los de Lomas, se guachan como el verano—T-shirts blancas, Levis almidonados con valencianas anchas y paliacates. A mí me cai suave eso.

—A mi me cai sura esta bronca entre Sangra y Lomas —continuó—. ¿Para qué hacen bronca? ¿Qué no somos los mismos? Me cai sura el ¿Qué barrio? Mis carnales si andan en esa onda, son puro gangster de a devis. A mi nomás me importa qué clase de gente eres.

Mientras toriqueábamos se nos pusieron enfrente cinco chavas pintadas de ardiente pelo colorado. Eran cholas de Sangra. El color de la greña era su placa. Estas chavas eran famosas por comenzar la mayoría de las broncas, entre los chavos de su barrio, que tenían que acabar mal a güevo. Las líderes eran la Cokie y la Dina.

Parecía que estaban agitadas, hablaban fuerte—como si ya probaran la bronca que venía, olían la sangre en el aire.

—Hey, Viviana —dijo una de ellas—; ¿Qué hubo?

Las otras se callaron mientras pasábamos, me miraban duro. Sabían que yo no era del barrio, pero no estaban seguras de dónde venía.

—Vámonos —dije, agarrándole la mano a la Viviana y llevándola hasta los carritos para chavitos. El lugar ya estaba hinchado de actividad, hasta los vendedores del carnaval juntaron sus monitos de peluche y cerraron sus taniches.

—¿Adónde vamos? —preguntó la Viviana.

—No sé —dije clachando alrededor—. ¿Te cai ai arribera?

Apunté para el techo del edificio de la escuela de la Misión. También sentí el jalón de que debía estar con los vatos de mi barrio, de que debía andar con ellos esta noche. Pero quería estar con la Viviana, lejos de los gritos de la bronca, de la sangre derramada, lejos de la adrenalina que aceleraba nuestra forma de toriquear y de andar.

—No chingues, no puedo subirme allá arriba.

—Simón que puedes.

Moví algunos botes de basura y unas cajas de madera que estaban bajo una salida para incendio. Subí unas traves de metal y le agarré la mano a la Viviana mientras ella agarraba su osito de peluche con la otra. Juntos trepamos los tres pisos hasta el techo. Brinqué el borde del techo, me agaché y la jalé para arriba. El cabello largo y ondulado le cruzó la cara. Algo caliente me corrió por dentro mientras tocaba con mis dedos las mechas desgreñadas.

—No mires pabajo —le dije.

—¿Por qué no? —respondió la Viviana—. No tengo miedo. Yo trabajé con mi jefe y mis carnales arreglando casas. Ya stoy acostumbrada.

Le puse mi mano en la cintura y la dirigí para el borde del techo.

—Bueno, ya venimos muy lejos, ahora ¿qué vas a hacer conmigo? —preguntó la Viviana.

—¿Antes o después de que te chupe la sangre?

Otra vez se rió. Y yo ¡era aquél que no sabía contar chistes!

—Guáchate toda la raza —dije—. Me cai suave mirarlos así. Te das trompa de ondas de la raza que no clacharas si estuvieras con ellos. Como un Dios.

—Tás loco, güey —dijo la Viviana.

—Si, cierto.

Pronto clachamos una ráfaga de actividad en el extremo más alejado del patio de la iglesia. Algunos güeyes tenían rodeado a un vato que reconocí como al Enano de Las Lomas. El Chava, con un tando de ala angosta y apoyándose en un bastón, dirigía al grupo. Uno de ellos balanceaba en la mano un cinto tachonado de fierro. Era el Turtleman de Sangra.

—Hey, tengo que ir —le dije a la Viviana.

—No vayas, Louie —me dijo apretándome contra ella—. No vayas, estate aquí conmigo.

Sentí que los músculos se me endurecían y que se me formaban gotas de sudor en la frente, como siempre me ponía antes de las broncas. La Viviana dejó caer el osito panda y me acarició la cabeza y la espalda, aflojándome la tensión y moviendo sus manos para arriba de mi pecho.

—No bajes. No es tu bronca. Siempre la andan buscando. No te metas esta noche. Yo soy de Sangra. Tú eres de Lomas. ¿Y qué? ¿Me quieres?

Guaché que los vatos de Sangra se acercaban al Enano, las chavas de pelo colorado se reían cerquitas.

—No puedo dejar que mi compa se madrée solo, sin mí —dije—. No puedo dejarlo solo, ésa.

Me alejé de la Viviana. Pero del otro lado del carnaval, vi como a quince vatos de Lomas— armados con palos, cadenas y llaves "L"—corriendo a ayudar al Enano. El Chicharrón iba con ellos y traía la camisa adornada de sangre. Seguro que ya había tirado guante contra Sangra.

—Ya empezó —grité.

La gente corría para todos lados. Los alaridos perforaban la noche. Bramaban gritos de "Lomas rifa" y "Sangra controla" mientras los vatos se la partían con furia sin sentido.

—No vayas prieto —repitió la Viviana mientras me volteaba la cabeza hacia ella—. Quédate conmigo.

Me sentí desgarrado. Ahí estaba yo, un vato de Lomas, mirando a los ojos a una chava de Sangra. Eso me convertía en traidor. Pero al mismo tiempo, no pensaba más que en tocarla, en su perfume—esos ojos.

La Viviana me tocó la cara con la punta de su dedo. *Las voces crecían abajo. Las pisadas resonaban sobre cemento.* Froté mi rostro contra el de la Viviana; sus labios se abrieron y sus ojos se cerraron. *Se estrellaron botellas. Se voltearon los botes de basura.* La Viviana me dejó su aliento en la boca y le lamí los labios un escante con mi lengua. *Tronar de tiros. Gritos forzados.* Ella me puso la mano en la nuca mientras nos besábamos y entró muy dentro de mi boca mientras me recorría el cuerpo una dulce llamarada. *Las sirenas ululaban en la distancia. Un niño lloraba.*

El Chepe Palmas rasguea las seis cuerdas mientras dedos ágiles recorren su cuello como viento caliente por nuestras cejas. Cada nota transpira. El Palmas practica seguido en su porche, bamboleándose cerca de un árbol viejo y carcomido; a veces, su hermano el Bobby lo acompaña con una conga y el Joe con un bajo. Sustituye en conjuntos locales que lo llaman por su nombre desde el escenario. Blues, jazz o huapango—puede tocar casi todo. Una navidad, el Palmas, el Bobby y, el Joe y yo nos amontonamos en mi cuarto, botellas de whiskey a un lado, y grabamos en una grabadora de mano. La llamamos "Navidad latina '69."

Los hermanos Palmas son los mejores amigos del Joe; aunque le sigue yendo bien en la High como gimnasta karateka, entrega sus tareas y aporrea un bajo los fines de semana.

Pero de vez en cuando el Palmas no quiere salirse de su porche destartalado. No da conciertos. A veces se sienta solo en su cuarto, guitarra a un lado de su cama destendida.

Lo último que supe fue que sólo toca cuando la heroína de su cuerpo le da jale.

En la Mark Keppel High había una costumbre anual: la bronca entre los mexicanos y los anglos. La llamábamos "La tradición." Casi siempre comenzaba luego después de entrar a clases. Durante mi segundo año, la chispa que la encendió ocurrió durante un partido de fútbol entre los Aztecas de la Mark Keppel y una escuela predominantemente blanca llamada Edgewood. Autobuses cargados de blancos de Edgewood fueron a la cancha de los Aztecas para ver jugar a sus vatos. Algunos de Lomas decidimos chingarles el juego.

Esa noche, cuando llegamos a la Keppel, la cancha estaba aluzada; las gradas al aire libre estaban cubiertas de gente de los dos lados. Casi todos eran blancos, hasta los que estaban del lado de la Keppel. Los compas de mi barrio andaban por el parqueo. Allí andaban el Enano, el Santos, el Midnight (el único negro de la ganga: una noche los muchachos lo encontraron desertado del ejército, sin casa y durmiendo en los files. Al día siguiente lo iniciaron en la hermandad y desde entonces se quedó), el Carlitos, el Baba, el Lencho; algunas de las rucas del barrio eran la Payasa, la Trudy y la Chata. Nos echamos una botella de vino T-Bird.

Buti a la línea, los estudiantes fastidiosos de la Edgewood pasaron caminando. Les gritamos.

—Hey, ¿traes feria lambe? —preguntó Santos.

—¿Cómo te llamas baby? —le preguntó el Lencho a una de las chavas.

—¡Chúpame! —agregó el Baba.

Se veían asustados, nos sacaron la vuelta. Uno de los chavos se agüitó y dijo:

—Hey, ¿qué no se dan cuenta que vinimos a ver el partido? Seguro que tienen otra cosa qué hacer.

—Nel ése —dijo Santos—, no tenemos nada mejor que hacer, así que ven y pásanos tu jando—pinche puto, chiple, culero.

Comenzaron a correr pero los rodeamos y los hicimos que nos pasaran una feria. Cuando corrían para escaparse, el Lencho le pateó el culo a uno.

No íbamos a sacar nada de eso. Estábamos agüitados. Muy pronto todos los demás estaban mirando el juego, los gritos y las porras—nosotros no cabíamos en eso.

—Vamos escuinteando pa Las Lomas —sugirió el Santos.

Nos dimos la vuelta y caminamos por la Hellman Avenue. De repente, un carro de la jura de Monterey Park que pasaba se paró. Dos chotas uniformados salieron de voladín.

—Párense allí —ordenó uno de ellos.

Esto ya se nos había convertido en rutina. Cuando la gente de Las Lomas bajaba al Monterey Park, a San Gabriel o a Alhambra, la jura de esas comunidades se hizo la costumbre de echarnos fuera.

Pusimos los brazos en una cerca de alambre y separamos las piernas. Un jurado nos revisó mientras que el otro hablaba por radio. Pidieron identificación. ¿De dónde veníamos? ¿A dónde íbamos? Lo de siempre.

El Carlitos preguntó por qué nos detenían y nos revisaban.

—No hicimos nada. Nomás andábamos caminando, ése

Un jurado le dijo que se callara. Pero el Carlitos siguió.

—¿Por qué nos están hostigando?

La ley no quería saber nada. Al rato, un jura le atizó un chingazo en la rodilla al Carlitos con una macana. Se dobló y cayó. Nosotros volteamos pero el jurado sacó su cuete y nos lo apuntó. Llegaron dos chotas más. Uno lo agarró y comenzó a ahorcarlo mientras que el otro le tundía las piernas. La Payasa gritó:

—¡Déjenlo!: No está haciendo nada, ése!

El Carlitos parecía sofocado. La cara se le puso azul mientras el jurado le apretaba el cuello.

—¡No puede respirar! —gritó la Trudy—. ¡Lo están matando!

Madrearon y tiraron al Carlitos al suelo mientras le agarraban la cabeza. Se veía gacho— babeando por la boca, las pupilas se le dieron vuelta. Llegaron más jurados. El Carlitos estaba noqueado. Llegaron los paramédicos pero los jurados no los dejaron hacer nada. Dejaron al Carlitos tirado en la calle. Para entonces ya había llegado más gente de Lomas, incluyendo algunos mayores que habían venido a mirar el juego. La ira brotó entre el gentío a medida que se regaba el rumor de lo que había pasado. Una botella le pegó a uno de los carros. Luego otras. Y otras.

La cosa pronto explotó. Llegaron más jurados pero a ellos también los bombardearon. Eruptó una batalla campal casi encima de donde las dos Highs jugaban, sin darse cuenta de lo que pasaba. La ley pronto se echó para atrás. Una ambulancia se llevó al Carlitos a madres, pero antes recibió un bombardeo de rocas, botellas y escombros. Dimos por hecho que llegarían más policías con más armas. La única salida era a través de la cancha de fútbol.

El Santos abrió camino. Nos pasó un carro con un residente local. Santos levantó un bote de basura y se lo tiró frente a la parrilla—rodó por debajo del carro forzándolo a caminar más despacio. La gente le tiró piedras, le quebró las ventanas. El que manejaba el carro le dio gas y se peló arrastrando el bote atascado bajo el carro sacando chispas que volaron por todas partes.

Abrimos camino por la entrada, algunos rompieron y tiraron

el cerco que rodeaba la cancha. Jalamos a gabachos de los palcos. Algunos trataron de tirar chingazos. Hasta unos rucos, chance veteranos de guerra o albañiles se metieron pero les partimos la madre también.

El juego siguió unos cuantos downs hasta que se dieron cuenta de que había una violenta y loca batalla en los palcos. Corrimos para el palco principal pegándole a la gente de alrededor. La rabia de ver que ahorcaban al Carlitos y que la jura abusaba de nosotros había crecido durante años. Los mirones trataron de pelarse, a algunos carros los hicieron garras. La raza que nos apoyaba creció. Se metieron más vatos del barrio, listos para el pleito.

Me quité el cinto y caminé por la calle con el Santos, el Lencho y el Midnight. Este último sabía de la violencia racial entre negros, blancos y latinos desde la época del campo de entrenamiento del ejército. Comenzaron las escaramuzas en las calles, en los callejones y en los jardines de enfrente de las casas. Los blancos se juntaron y atacaron también. Encontraron grupos aislados de mexicanos y se les echaron encima.

Al principio no les brincamos a los asiáticos, aunque estuvieran con los anglos, aunque llevaran chaquetas con letras y fueran miembros de los equipos. Tal vez los blancos tampoco los querían a ellos, pero al menos tenían su jando, su estatus y sus calificaciones. Pero un vato asiático se nos puso enfrente. No era que pensara que era blanco. Más bien defendía lo *correcto*. No estaba bien brincarle a gente inocente ni tampoco enfocar el color de la piel. Estaba mal tirarle piedras a los carros, a la policía y a las casas.

—No pueden hacer esto —clamó el asiático—. ¡Nosotros no les hicimos nada!

Cinco vatos se le echaron encima.

Un grupo de gabachos de Edgewood se vino contra nosotros. Les dimos la cara en la calle frente a la escuela. Todo mundo comenzó a tirar chingazos. Agarré a un vato fuerte de la camisa y comencé a tirarle chingadazos a la cara. Trató de patear, tirar chingazos y bloquearme las manos pero seguí agarrándolo y lo tiré al piso mientras seguía tundiéndole.

109

Otros vatos me saltaron encima pero yo no le solté la camisa y seguí viendo como mis puños le golpeaban la cara, haciéndole cortadas gachas y chichones. Trataron de quitarme de encima y hasta sentí unos chingazos pero yo no lo soltaba.

Llegó ayuda de varios departamentos de la jura. Bloquearon las calles para que los disturbios no se desparramaran a la sección comercial de la Garvey Avenue. Un gabacho se encontró rodeado de un grupo calote de nosotros. Me extrañó sentirle lástima. Caminé hacia él.

—¡Vete a la chingada ya!

—Chinga tu madre frijolero —me respondió tirándome un chingazo directo a la mandíbula. Caí hacia atrás sobre el asfalto. Miré para arriba y vi un montón de vatos sobre él.

—¡Déjenlo! —grité.

Corrí para allá y le pegué al güey. Cayó también pero se levantó y corrió entre la raza.

Los mexicanos se movieron para el Garvey Park, armas en la mano, mientras nosotros salíamos del plano hacia Las Lomas. Me encontré caminando con la Payasa, la Trudy y la Chata, acompañándolas a su cantón. Mientras dábamos vuelta por una calle sola, se acercó un carro. Hice volar el cinto listo para tirar chingazos. Resultaron mexicanos.

—¿Qué pues, compa? —saludó uno de ellos.

—Pendejos, ya mero me los iba a descontar.

No los reconocí, pero se ofrecieron a llevar a las chavas a la casa. En ese momento el gabacho que acababa de madrear apareció en una ranfla y sacó un cuete.

—Hey, pinche spic—dijo—. ¡Ven por algo de esto!

Miré por el cañón del cuete. Su dedo tenso rodeaba el gatillo. El resplandor de sus ojos azules y sus dientes apretados.

—Andale, puto —dije—. Pero estate seguro de que me mates, porque si no te voy a buscar.

El gabacho me miró y luego a los demás que estaban parados alrededor sin saber qué esperar. La tensión duró un minuto muy largo. Pero su amenaza era puro pedo; bajó la pistola y se peló.

A pesar que yo deveras no la conocía, la Chata me dio un

beso húmedo desesperado, como si fuera el último momento sobre la tierra. Teníamos que irnos en dirección opuesta. Yo vivía pasando el túnel y ellos tenían que subir a Las Lomas. Me deseó suerte y se fue con los vatos en la ranfla. Me encontré solo en territorio hostil. La noche se iluminaba de los incendios de carros y de las luces giratorias de la jura y de los bomberos. El departamento del sheriff bloqueaba todas las entradas a Las Lomas y paraba a la gente y a los carros antes de dejarlos salir o entrar.

Seguí rumbo a mi casa para el otro lado del San Bernardino Freeway, donde estaría a salvo.

De repente, se acercó un jeep chillando por la carretera, sus faros me cegaron al acercarse. Me pasó y luego paró. Vi como a diez vatos amontonados dentro. Gabachos. Con bats de béisbol. ¡Qué desmadre! ¡Me iban a fregar!

El jeep se dio la vuelta y se acercó. Yo me pelé. Oí gruñidos y gritos como de vaqueros en la tele mientras el jeep se acercaba. Impulsé las piernas unas yardas, brinqué sobre cercos y me escondí cerca de unos botes de basura en un callejón. Oí el chillido y rayar las llantas del jeep que daba vueltas tratando de encontrarme. Me metí en el callejón y corrí otra vez. No sé cómo llegué hasta el túnel subterráneo que iba hasta mi barrio. Varias marcas de colores señalaban la entrada. El jeep llegó hasta la boca del túnel. Pude ver los faroles que brillaban en lo oscuro. Instantes después, dio la vuelta y salió volando. Esos vaqueros no agarrarían este cuero cabelludo.

El lunes siguiente continuaron las broncas de la escuela. Había comenzado La tradición ese año. Los mexicanos vagaban por los pasillos pegándole a todos los gabas que veían. Las chavas se metieron también, rasgándoles las blusas a las remilgosas y correctas muchachas de "sociedad" y creando caos en el área del gimnasio. Los padres vinieron a sacar a sus hijos de la escuela.

Algunos gabachos se reunieron en el parqueo de atrás de la escuela y comenzaron una ofensiva. La bronca duraría unas dos o tres semanas, disminuyendo gradualmente durante el resto del año con sólo unos incidentes aislados. Pero durante el calor de La tradición se cancelaban las clases. Se traía a la jura. Y se llamaba a las ambulancias.

Los blancos de la escuela trajeron vatos de fuera. Eran altos, fornidos, de pelo güero largo. Dos carros llenos pasaban despacio por donde se reunían los mexicanos al lado del árbol retorcido. El Santos, el Chicharrón y el Tiburón estaban allí para enfrentarlos. Los vatos blancos bajaron de los carros armados con bats. Pero los vatos de Lomas no les sacaron. Los vi atacar a los vatos mientras miraba por la ventana de mi clase, bajé de volada junto con otros, aunque la clase todavía estaba en sesión.

Cuando un gabacho balanceaba un bat para atizarle al Santos, el Chicharrón le cayó por detroit y le atizó en la chompeta con una llave "L." El Lencho y el Wilo también se dejaron ir y empezaron a tirar guante con los otros. Yo le brinqué a un gaba. La jura llegó de voladín. Como siempre, se fueron tras los mexicanos. Los gabas se metieron en sus carros y pelaron gallo sin problema. Pero al resto nos tiraron al piso y nos hicieron poner las manos tras la espalda. Mientras los cuetes nos apuntaban a las cabezas.

Las autoridades de la escuela hicieron que la jura nos llevara a la oficina. La jura se descontó cuando regresó el orden. Al Santos y al Tiburón que se habían dropeado del escuelín los llevaron a la estación de la jura. A los que todavía estábamos en la escuela nos corrieron. Conmigo no hubo pedo. La escuela me caía buti sura. Y me encantaba la bronca.

━━━━━━━

Trabajé como gato en un restaurante mexicano de San Gabriel cuando tenía quince años. Mis horas eran desde la tarde hasta el cierre, y ahí estaba hasta las dos de la mañana casi todas las noches. El jefito de un chavo que antes vivía del lado sur manejaba el restaurante, así fue como conseguí el jale. Era un camello duro y pesado. A veces andaba zombie mientras caminaba por el comedor—pero teníamos que seguir moviéndonos. Cargábamos bandejas de plástico grueso llenas de platos sucios, limpiábamos mesas, les echábamos agua a los vasos, traíamos más café—y aguantábamos el abuso de la gente de jando que iba allí.

—Oye muchacho, limpia esta cochinada.

—Hey muchacho, más agua.

—Hey muchacho, este bistec está demasiado cocido.

Hey, muchacho, se convirtió en mi nuevo nombre.

La clientela llegaba vestida de trajes y vestidos de noche. Pedían margaritas, que se consideraban las mejores de "aallll Caliiforniaaa." Pedían y pedían. Para antes de que les llegara la cena, ya estaban recostados en las sillas, las corbatas sueltas y apendejados.

Antes de terminada la noche, mujeres de pelo blanco trataban de bailar danzas españolas con abanico en el piso del comedor mientras que los hombres de empresa llamaban "Pancho" a todo mundo, poniéndonos billetes de dólar contra las narices y pidiendo más servicio.

Teníamos nuestra manera de vengarnos. Lo de siempre: les echábamos mocos y orina en la comida antes de llevársela a las mesas o "accidentalmente" les echábamos agua helada en las ingles o en la espalda.

—Ay, perdóneme señor. Que tonto soy. Mil perdones.

Pero había beneficios al margen. A esta gente le gustaba ordenar los mejores bistecs, langostas, y especialidades mexicanas y dejaban casi todo cuando se iban. Llenábamos bolsas de comida y luego nos hartábamos. De vez en cuando llevaba a casa langostas cocidas y costillas de primera ¡de dos pulgadas de ancho!

Mis mejores amigos eran los meseros y las meseras. Uno de los meseros, un joto de México, nos protegía a los más jóvenes de los cocineros que nos mangoneaban por todos lados. Yo siempre pensé que lo hacía para coger conmigo pero, a pesar de todo, nunca abordó el tema. Una vez, nos prestó sus películas pornográficas de 16mm. Después del trabajo los gatos nos juntamos para un maratón de sus películas, mientras nos aventábamos pinguas puchadas con tequila.

Las meseras eran buti suaves y comprensivas, aunque tenían que aguantar más abusos por ser mujeres—vestidas de blusas campesinas escotadas que enseñaban los hombros y faldas poblanas cortas de olanes. Siempre tenía cuidado de que no me hicieran maje con las propinas, algo que les gustaba mucho hacer a los meseros.

Pero lo más interesante del trabajo eran las redadas de la migra. Casi todos lo que trabajaban en el restaurante eran mojados. De vez en cuando las autoridades asaltaban el lugar. Cerraban las puertas y enseñaban las placas.

—¡Esta es la Patrulla Fronteriza de los Estados Unidos!... —gritaban—. Nadie se mueve.

Los cocineros salían volando por las ventanas de la cocina.

Trataron de meterme a las camionetas para los detenidos pero yo traía en la bolsa una copia de mi acta de nacimiento manchada de comida y un poco rota. Me salvaba de que me deportaran, aunque algunas veces pensé que no les importaría y tendría que llamar a casa desde Tijuana.

A la semana más o menos, los que habían echado al otro lado de la frontera estaban de vuelta en sus trabajos.

——————

No asistir a la escuela significaba que tenía un montón de tiempo libre. Aspirar droga se convirtió en mi pasatiempo favorito. Robaba botes de cualquier cosa que me pusiera loco: limpiador de motores, plástico transparente, pintura o gasolina. A veces hacía una mezcla y la vaciaba en un trapo o en una bolsa de papel para inhalarla.

Detrás de la escuela, en los files, dentro del túnel, en Marrano Beach y por las orillas de cemento del Río San Gabriel: yo inhalaba. Una vez, hasta me trepé a una pala mecánica en una construcción, le quité el tapón al tanque de gasolina e inhalé hasta que alguien fue a ver quien hacía ruido y me corrió.

El espray era peligroso; te comía el cerebro de a devis. Pero también era un gran escape. El mundo se hacía como de gelatina, como de barro para moldearse y formarse. Los sonidos se hacían más fuertes, más claros—vibrantes. Los cuerpos se salían de sus cuerpos y flotaban con el sol. Lo buscaba desesperado. No quería ser esta cosa de piel y hueso. Con el aerosol me hacía de agua.

Una vez, inhalé con el Chicharrón y el Yuk Yuk detrás del "Boys" Market de San Gabriel. No recuerdo el trance pero me dijeron que de repente me levanté y empecé a golpearme la cabeza contra una pared. Pedazos de pelo y piel quedaron raspados en el ladrillo. El Chicharrón me acompañó a casa y no me quiso dar más espray.

Bajo la influencia del gas grité, reí, me agarré del ocaso. Me sentí como huevo quebrado. Pero no paré.

Otra vez, el Baba, el Wilo y yo nos juntamos en el escondite temporal que teníamos por el arroyo Alhambra, cerca del autocine. Nos sentamos en la tierra, teníamos cerca algunas cobijas y trapos para acostarnos. Tapamos la entrada con hojas de plátano y tablones de madera. Alrededor estaban varios botes de plástico transparente. Cada quien tenía bolsas de papel ya rociadas—y yo ya me había dejado cai unas pinguas y un litro de Wild Turkey. Entonces me puse la bolsa sobre la boca y la nariz, la sellé fuerte con las manos y respiré varias veces.

Un radio cercano tocaba algo de Led Zeppelin o de Cream o algún otro rasguido de guitarra. Pronto los sonidos se alzaron al extremo. Sentía el tun tun del bajo como latido en el cielo, seguido del eco de tonos como chirridos metálicos. Me volví carne en un sueño. Las paredes infectadas del arroyo se volvieron barro; el goteo del agua se volvió un vasto río. Los vatos del barrio y yo parecíamos salidos de Huckleberry Finn o de Tom Sawyer. Con cañas de pescar. El resplandor del agua a un lado de nosotros. Los peces se movían inquietos bajo el brillo.

El rocío cayó de las ramas inferiores como leche materna. Los pájaros volaron de los árboles tropicales que estaban frente a nosotros. Tal vez este trance era las páginas de un libro que había leído de chico o que había visto en la televisión. Como sea, me sentí transportado lejos de lo que deveras estaba allí—y sentía que me calmaba. No como las manchas de aceite en que estábamos sentados. No como el aire de las fábricas que nos rodeaban. No esta muerte plástica enlatada.

No quería que terminara. Mientras disminuía el efecto, agarré el aerosol y una bolsa y reinicié el ritual. El Baba y el Wilo no se habían quedado muy atrás.

Entonces todo se disipó—el rocío, el agua, los pájaros. Me transformé en caricatura, girando dentro de un túnel que parecía matriz, saturado de líneas, sonidos y oscuridad. Me encontré flotando hacia un fulgor de luces. Mi familia me llamaba: Seni, Mamá, Papá, Tía Chucha, Tío Kiko, Pancho—todos. Quería estar allí, conocer este sueño perpetuo, este clamor de gritos exquisitos—tener ese consuelo maternal que surgía de mí.

El mundo cayó en montones de polvo alrededor. Las imágenes del pasado se tiraban de lado: mi hermano aventándome de los techos, la risa profunda de mi madre, el rostro delgado y cansado de mi padre, las sonrisas cicatrizadas de los vatos del barrio y las mujeres de ojos exóticos y coños como iglesias en que oré. Todo se hacía añicos. Todo latía. Sólo sabía que tenía que alcanzar la luz, ese maravilloso faro relleno de promesas dulces; de paz. Sin molestias. El final del miedo. *No cierres la puerta, Mami. Tengo miedo. Está bien, m'ijo. No hay monstruos. Estaremos aquí. No tengas miedo.*

No más monstruos. Ven a la luz. Sentí que estaría a salvo allí—por fin. Hacia la luz. La luz.

De repente, todo explotó a mi alrededor. Una oscuridad intensa me envolvió. Una profunda quietud. Nada. Absoluta. No pensar. No sentir. Un pozo.

Entonces un zumbido eléctrico me clavó los dientes en el cerebro. Unas manos me rodearon, me jalaron de vuelta al polvo de nuestro escondite temporal.

Una cara apareció arriba de mí. Se inclinó y respiró sobre mí. Imágenes de hojas, cajones, cobijas manchadas se me presentaron a la vista. El Wilo se hizo para atrás y me miró a los ojos.

Una neblina lo cubría todo. Me sentí mareado. Y enojado.

—Pásate la bolsa, ése.

—Ni madres —dijo el Baba—. Vas a felpar Chin—ya no vas a respirar y te vas a pelar.

Traté de levantarme pero me caí al piso. Una como pena me agüitó. Ya no era el sueño. Era yo otra vez. Quería haberme muerto.

—No capean —les grité a los compas—. Tengo que volver.

Me arrastré hacia una bolsa de papel pero el Baba la pateó fuera de mi alcance. Más tarde me encontré bajando por una calle. El Baba y el Wilo me dijeron por donde estaba mi casa y yo seguí caminando. Odiaba estar allí. No sabía que hacer ... Dios, quería aquella luz, que me cegara ese puto sol, que me incitara a arder—a ser mármol esculpido en manos de un artesano.

———

Yo le gustaba a la Payasa, la hermana del Wilo, y él se lo dijo. Ella estaba bien, creo, una loca de a devis del barrio. Traía el pelo peinado parriba, la falda corta y apretada, pintada estilo mapache, una presencia desmadrosa. Terminé andando con ella. Más que nada por el Wilo, al principio.

Después de que me corrieron de la escuela, la Payasa y yo pasamos tiempo juntos durante el día pues ella no quiso asistir a las clases. Caminábamos al Garvey Park. Ella me pasaba unas colies que ai mero me dejaba cai y comenzaba a tambalearme, a decir pendejadas y a actuar como baboso.

—Ay, ya se te pasará —decía la Payasa—. Eventualmente.

Ella siempre decía eso.

Después de un tiempo, cuando chocaba un carro, una pareja discutía o alguien tropezaba y se caía, nos mirábamos y decíamos en coro:

—Ay, ya se te pasará ... eventualmente.

Cuando el Wilo y yo inhalábamos aerosol, a veces la Payasa se iba con nosotros.

—¿Cómo dejas que tu hermana haga esto? —le preguntaba.

—Es ella —el Wilo se encogía de hombros—. No puedo pararla.

La Payasa siempre andaba arriba. Entre más loca se ponía, más atrevida. Un día estábamos inhalando en el túnel bajo el freeway. Yo comencé a viajar: las víboras reptaban por los lados, también las caras derretidas, rayos de luz y una lluvia de formas. Se me restregó y se quitó la blusa. Me enfrenté a unos pezones erectos en tetas firmes. Los besé. Ella se rió y me apartó.

—Ay, ya se te pasará —dijo—. Eventualmente.

Ya estaba demasiado jodido como para que me importara.

Un día en el parque, ella dijo que se quería quitar los pantalones y la ropa interior.

—¿Aquí? ¿Ya? ... ¿enfrente de todo mundo?

—Si, ¿por qué no? —me respondió—. ¿No me crees?

—Nel, no te creo.

Lo hizo.

Inhalar le quitaba lo mejor. A veces, yo caminaba por el túnel y allí estaba, sola, con una bolsa de aerosol, toda raspada, los ojos vidriosos.

La Payasa se hizo loca por sus carnales mayores. Eran veteranos de Lomas, gángsters chingonotes. Como el Wilo y la Payasa eran menores, les agarraban mucho el chivo; les pegaban para hacerlos más fuertes.

La Payasa siempre se peleaba en la escuela. Cuando perdía, sus carnales mayores le rebanaban la lengua con una navaja. No podía perder. Eso la hizo más mala, más loca—impredecible.

Como novia, la Payasa era divertida pero no podía ponerse íntima si no andaba con reds, aerosol o pisto.

Tuve que romper con ella. Me gustaba el aerosol y la chingada pero la Payasa empezó a parecer la muerte que camina. Entonces le dije que ya no la quería ver. Ella no dijo nada, se volteó y se fue. Me dije a mí mismo, *Ay, ya se te pasará ... eventualmente.*

Más tarde la encontraron aturdida, con muchas cortadas profundas en los brazos, hasta los codos. Nadie me dejó verla después de que la llevaron a un hospital de rehabilitación para adictos adolescentes. El Wilo me sugirió que lo olvidara.

—Así es la Payasa, ése —dijo el Wilo encogiéndose de hombros.

━━━━━━━━━

Me hundí contra la pared, la espalda desnuda salpicada de tierra. Un filero me brillaba en la mano. Tenía un balde de agua cerca. El cuarto estaba hasta la madre de mierdas que había acumulado, incluyendo estéreos robados y radios de carros que el Yuk Yuk escondía allí para que estuvieran seguros.

La hoja tocaba la piel y una rola me tocaba cada vez más fuerte en la cabeza, una rola que no paraba, resonaba a través de mí y el vacío se comprimía en sí mismo. Pronto me llené de un sentido de ser, de valer, claramente supe que pertenecía aquí a esta tierra, en esta época. De alguna manera, en algún lado, todo tenía sentido. Yo tenía sentido. Allí en el garaje. Solo pero vivo. Apenas pude. Casi llegué a la luz. Y no sé cómo supe que la luz no era esa sensación tan maravillosa de esperanza y deseo que alguna vez pensé. Tropecé con la oscuridad; me había atrevido a cruzar a la luz, a entrar al otro lado, más allá de la barrera, dentro de la sombra. Pero me jalaron justo a tiempo. El Wilo y el Baba, no sé por qué, pudieron reaccionar de volada cuando yo estaba tendido inconsciente, sin respirar, allí en el arroyo.

Dejé la navaja, oriné dentro del agua y me dormí.

En la cocina de mi madre, traté de recordar la rola de la noche anterior, la que no me dejó que me chingara, que me decía que todo estaba bien, pero no pude. Caminé hacia Mamá. Ella no quiso voltearse y darme la cara aunque sabía que yo allí estaba.

—¿Puedo quedarme a almorzar aquí esta mañana? —le pregunté en español.

Volteó. Los ojos duros rodeados de piel arrugada. Luego una sonrisa le llenó el rostro y volvió a ser una mujer joven.

—Claro, m'ijo —dijo volteándose para la estufa para darle vuelta a una tortilla—. Cuando estés listo para visitar con respeto nuestra casa, puedes venir a comer.

Le besé el cuello.

Fui a la mesa del comedor donde Gloria estaba sentada llenándose la boca de comida. Jalé una silla y miré un plato que estaba como descansando sobre el mantel.

—Hey, ¿estos dos huevos tienen algo que ver conmigo?

CAPITULO 5

*"Es la poesía violenta de la
época, escrita con la sangre
de la juventud."*
—Linda Mendoza, poeta chicana de
South San Gabriel

La Tribu Animal casi felpó con la muerte de uno de sus últimos presidentes: el Bob Avila.

El Bob, de diecisiete años, sucumbió bajo una ráfaga de escopeta en la sala de su casa. A cerca de veinte miembros de un club de ranflas los levantó la ley para que después los exhoneraran del homicidio. La novia del Bob luego dio luz a una hija.

Ya entonces el Joaquín López estaba en la pinta acusado de traer heroína. Muchos de los miembros más antiguos de La Tribu o los tecatos más cabronsotes estaban presos. Mientras bajaba la influencia de La Tribu, Lomas iniciaba a sus miembros en distintos sets de acuerdo con la edad: los Pequeños, los Chicos, los Dukes y los Locos. Lomas se reorganizaba y reclutaba. Ya no se podía decir que uno era de Lomas nomás por vivir allí. El Chicharrón me invitó a entrar.

—Te atizan unos tres minutos, es todo —urgió el Chicharrón—. Vas a traer un labio partido. ¿Y qué? Vale la pena.

Más tarde decidí ir a una fiesta en Las Lomas, sabiendo muy bien que me haría parte de una de las clicas de Lomas. Como todas las fiestas del barrio, empezó muy suave. Vatos y rucas llenaban todos los rincones del chantecito. El cantón era de Nina, una chava bien chula que todos respetaban. La madre de Nina batallaba en la cocina preparando tacos de carne y frijoles que tenía a fuego lento en grandes ollas.

Los vatos eran corteses, dignos. Señora esto y Señora lotro. No te hubieras imaginado el peligro que se escondía detrás de todo eso.

Mientras se hacía más noche, la atmósfera del lugar se transformaba. El aire se llenó de espectativa. La tórica se hacía más fuerte. Las caras se endurecieron. La música tocaba "oldies" que nos sabíamos de memoria, los gritos puntuaban los versos más importantes. Los puños atizaban las paredes. La comida empezaba a hervir y el cuarto también echaba burbujas y se agitaba. Hierba, pinguas y pisto fuerte pasaban de mano en mano. Afuera, detrás de la casa, una fila de vatos se inyectaba heroína. Bajo el destello de la luz del porche de atrás, susurraban un mar de oraciones truncas.

Llegó una tripulación de vatos mayores mirando gacho y los más chavos se amontonaron detrás de ellos. La madre empezó a preocuparse y jaló a Nina para la cocina; vi que le hablaba severamente a su hija.

Yo no conocía a esos vatos. Eran veteranos y los chavos del barrio los admiraban. Acababan de salir de la pinta—más que nada de Tracy, de Chino o de la Youth Training School conocida como YTS, una prisión para delincuentes juveniles. El Chicharrón acercó el rostro a mi oído y me dijo sus nombres: el Ragman, el Peaches, el Natividad, el Topo ... y el chaparro musculoso con un bigote que le bajaba por los lados de la boca al que le decían el Puppet.

Entonces recordé algunas de sus reputaciones: al Natividad, por ejemplo, lo balacearon cinco veces y lo apuñalearon cuarenta—y ¡todavía estaba vivo! El Peaches una vez les tiró a unos vatos con una ametralladora en un tiroteo. Y al Puppet lo habían sentenciado por homicidio a los dieciséis.

—¿Quién quiere entrar? —anunció luego el Puppet a una fila de caras oscuras de varones adolescentes que estaban enfrente de él. El Chicharrón le ronroneó algo al Puppet en el oído. El Puppet me miró así nomás. Me escogieron para brincarme primero.

El Topo caminó hacia mí. Estaba ponchado, prieto y traía buti tatús. Me echó el brazo encima y caminamos para la entrada de los carros. El Chicharrón alcanzó a gritar:

—¡Aguzado con la chompeta!

Yo creía que cuando llegáramos a la entrada, unos cuantos vatos me iban a rodear y me iban a decir cuando iba a comenzar la iniciación. Pero no; sin decir agua va, el Topo me tiró un chingadazo seco a la cara. Luego, un ataque furioso de tacones y zapatos de punta de metal me llovió por el cuerpo. Pensé que iba a poder abrirme y atizarle cuando menos a uno o a dos— pero ¡ni madres! Entonces me acordé de lo que me había dicho el Chicharrón. Me cubrí la chompeta con los brazos lo mejor que pude mientras las patadas parecían meterme abajo de un carro parqueado.

Por fin se acabó la tunda. Pero no supe ni cuando. Sentí que unas manos me jalaban para arriba. Miré para atrás a todos los que estaban parados alrededor de la entrada de los carros. El ojo derecho lo tenía casi cerrado. Parecía que el labio me salía como una milla. Tenía los lados adoloridos. Pero me había portado bien.

Me dieron la mano para felicitarme. Me palmearon la espalda. El Chicharrón me dio un abrazo que me hizo respingar. Ya era un loco de Lomas. Luego una chava del barrio fue y me plantó un besote en el labio inflamado; tuve ganas de poder saborearlo. Luego otras chavas le siguieron. Esta iniciación no me parecía tan mala. Más tarde me invitaron a atizarles a otros vatos que iniciaban pero pasé.

Mientras pasaba la noche, el Puppet, el Ragman y el Nat amontonaron a los iniciados en una troca. Yo ya estaba rete motorolo pero me mantenía todavía parado, no sé cómo. El Puppet manejó la troca para Sangra. La alegría nos raspaba la garganta.

—Chingue a su madre Sangra —repicó una voz y otras la siguieron.

Nos cruzamos con un impecable DeSoto 1952, de rayas pintadas y un exterior color metálico. El Puppet le acercó la troca por un lado. Adentro iban cuatro vatos pisteando y oyendo casettes. No sabíamos si eran Sangra o qué. Seguimos al Ragman que se acercaba a los vatos. Uno de ellos se asomó por el lado del pasajero. Era un vato buti de aquéllas.

—Hey, no queremos broncas —dijo.

Yo sabía que no eran de Sangra. Se veían como ésos que se la pasaban jalando en su lowrider, andaban tirando un verde. Pero el Ragman no se la tragó. Bajó al vato de un chingadazo. Dos compas se apearon de la ranfla y ellos también trataron de calmarla.

—Guacha, ése ¿órale, una birria? —ofreció uno de ellos.

El Nat lo agarró por la nuca, lo aventó al suelo y luego le atizó. El Ragman miró a los otros vatos que estaban culeados de cincho.

—¿No le gustó a alguien? —preguntó—. ¿No te gustó ... a ti?

El Ragman se descontó a otro. Para entonces ya los vatos de la troca se habían bajado y se metieron a la ranfla, chisquiaron ventanas y atizaron el metal con llaves "L" y dos garrotes de madera que estaban amontonados en la cama de la troca. Un vato trató de pelarse pero alguien lo persiguió y le dio con una botella de vino en la cabeza. El vato cayó y vi que la botella siguió pegándole, aunque ya debía haberse quebrado, pero no.

El que arreaba el DeSoto quiso esfumarse pero alguien le tiró un ladrillo a la cabeza. Guaché la bronca mucho tiempo, como si estuviera fuera de todo, como si fuera una mariposa de alas de color flotando sobre la banqueta humeante. Luego sentí que una mano me jalaba el brazo y me volteé pesado hacia ella. El Puppet miraba derecho a mi único ojo abierto. Traía un desarmador oxidado en la otra mano.

—Orale, ése —dijo nomás.

Agarré el desarmador y caminé hacia el conductor golpeado que estaba en el asiento con la cabeza sangrando. El vato me miró a través de unos ojos vidriosos, horrorizado por mi presencia y por lo que yo traía en la mano, por esta cara deformada e hinchada que se le acercaba desde la oscuridad. *¡Házlo!*

fueron las últimas palabras que escuché antes de hundir el desarmador en la carne y el hueso, y el cielo gritó.

Ese año, el negocio de los titulares locales floreció:

VIOLENCIA GANGUERA: LA GUERRA ENTRE ADOLESCENTES MATA A DOS

FLORECEN LAS GANGAS DE ADOLESCENTES EN EL VALLE

TRES HERIDOS POR INTRUSOS EN LA ESCUELA

JOVEN DE 17 AÑOS ASESINADO: LA VICTIMA FUE BALEADA EN EL PECHO

CINCO HERIDOS, DOS ARRESTOS EN UN ASALTO A UNA FIESTA EN ROSEMEAD

TRES AUN DETENIDOS EN RELACION CON MUERTES DENTRO DE LAS GANGAS

JOVEN DE SAN GABRIEL BALACEADO EN LA CARA

JOVEN DE ROSEMEAD BALACEADO: EL ASESINATO PARECE TENER RELACION CON LAS GANGAS

VICTIMA DE UN TIROTEO EN CONDICION CRITICA

TIROTEO DESDE UN CARRO: CUATRO HERIDOS POR LAS BALAS

MUERE MUCHACHO DE 17 AÑOS DE ROSEMEAD, BALEADO POR UN OFICIAL

OFICIAL ESCAPA FRANCOTIRADOR

SOSPECHOSO DE HOMICIDIO ENTREGADO A LA CORTE SUPREMA

EL SHERIFF ATACA A LAS GANGAS

Comités, grupos de trabajo, centros comunitarios, iglesias con fachada de tienda de los aleluyas y consejeros de comportamiento proliferaron como respuesta. El sur de Rosemead, el South San Gabriel y el barrio de San Gabriel se convirtieron en blanco de programas, dinero y estudios. Los reporteros locales viajaron con los juras por Lomas y Sangra para "sentir" esta comunidad desintegrada, desaliñada, incomprendida. Entrevistaron a los miembros de las gangas y los fotógrafos de los noticieros recorrieron Las Lomas para presentar la pobreza gráficamente—casi siempre niños jugando en el lodo junto a carros oxidados, botes de basura y madres embarazadas asomándose de tugurios de cartón.

El Centro Comunitario La Casa ayudaba con las necesidades

de Sangra; el Centro Comunitario Bienvenidos y su Centro Juvenil Bob Avila cubrían Lomas; y el Centro Zapopan proveía al sur de Rosemead. Los centros ofrecían programas para los que abandonaban la escuela, asistencia y bienestar social, conseguían trabajos federales, centros diurnos de atención para hijos de madres adolescentes y lugares de reunión para los jóvenes.

La gente trabajaba en los centros ochenta horas, cubría los funerales de la semana y tenía que entrarle por delante a las broncas familiares armados sólo con una plegaria. Algunos eran ex-gangueros que volvían y se atrevían a ayudar. O eran de la primera ola de estudiantes minoritarios que habían entrado a las instituciones de enseñanza superior con becas especiales y donaciones.

En La Casa, Bienvenidos y Zapopan, los empleados eran activistas comunitarios. El triunvirato de centros comunitarios comenzó a desempeñar un papel importante en las luchas que se iniciaban aquí en los barrios mexicanos. Además de las matanzas entre gangas, la drogadicción había cundido mucho. Las matanzas y golpizas de la jura se notaban. Y en las escuelas, los pleitos por obtener una educación decente se intensificaron. Como los tres centros trataban crisis similares, el personal se reunía seguido para planear la estrategia a seguir.

Para 1970 yo me sentía desmembrado, desequilibrado, cansado nada más de actuar y de reaccionar. Quería coquetear con la profundidad de mi mente, aprender más acerca de mi mundo. Mi sociedad. Quería saber qué hacer. Me sentí atraído por la gente que venía a trabajar a los centros comunitarios; eran educados. Estaban llenos de ideas y conceptos; me di cuenta que eran similares a mi padre, aquel antiguo maestro y biólogo, quien una vez le puso etiquetas con sus nombres a todos los árboles y plantas de la yarda de atrás para que supiéramos cómo se llamaba cada uno.

En medio del verano más caluroso de San Gabriel, el Centro Comunitario Bienvenidos contrató a Chente Ramírez. Su currículum incluía toda una vida en el barrio White Fence de East L.A.—conocido por ser la ganga callejera más antigua del país.

Pero el Chente se las había arreglado para no involucrarse en la ganga, para asistir a la escuela, para trabajar en la industria y para ayudar a su padre con su negocio de camiones y hacerse cargo total de su madre, seis hermanas y un hermano mientras que su papá andaba de trailero por todo el país.

Al final de sus veinte años, Chente ya había asistido a una universidad, había sido miembro fundador de la Unión de Estudiantes Mexicoamericanos (UMAS), ayudó a organizar las manifestaciones escolares de East L.A. en 1968, participó en el Movimiento Estudiantil Chicano de Aztlán (MEChA) y en los Brown Berets. Después también organizó varios grupos de teoría revolucionaria entre los estudiantes comprometidos de East L.A. También se hizo experto en artes marciales.

Como muchos de nosotros, en esa época yo quería hacer varias cosas, adquirir autoridad sobre nuestras vidas, autoridad frente a la jura, frente al desempleo y la falta de poder. Las Lomas era nuestro camino para lograrlo pero se sentía frustrado porque creía que la violencia nos estaba comiendo vivos.

El Chente me impresionó como alguien de quien yo podría aprender. Era calmado pero arrastraba bastante calle como para andar entre todos los vatos locos y saber cómo llevársela. No tenía que portarse mal para operar. Podía ser fuerte, inteligente y mantener el control. Era el tipo de vato que iba a sacar lo mejor del sistema—educación, karate, entrenamiento—sin ser soplón y sin venderse. Yo quería poder hacer eso también.

Estaba a la mitad de mi adolescencia y el Chente era doce años mayor. Yo lo admiraba pero no como hermano mayor. El podía influenciarme sin hacer juicios morales ni decirme lo que tenía que hacer. El nomás estaba allí. Escuchaba, y cuando sabía que la estabas regando, antes de decir nada, te hacía pensar.

———

El taco hizo rodar una bola por el paño de felpa andrajosa; le pegó a la bola once rayada impar como cohete y la fuerza la mandó girando al hoyo de la esquina. El humo se enroscó por el fulgor de la luz de neón que colgaba de unos cables por arriba de la mesa de billar. El Puppet observó un momento las bolas restantes que estaban desparramadas sobre el *green* mientras maquinaba el siguiente tiro. Enfrente estaba el Toots, atento a cada gesto del Puppet; agarró una tiza bien gastada y giró el taco adentro unos segundos, siempre calculando la trayectoria de la blanca en su próximo tiro. Cerca de él, de chamarra de cuero y jeans bien apretados, estaba la Pila, la güisa del Puppet.

Los brazos del Puppet eran como una tela barroca de tatús entretejidos y delicadamente aplicados que le bailaban en la piel con imágenes de cholos, calaveras, serpientes y rostros de mujer. En el cuello traía un rótulo estilizado con las palabras Las Lomas. A los veinte años ya era un veterano recién salido del YTS.

Junto a un puñado de pintos—como el Ragman, el Peaches, el Natividad y el Topo—el Puppet gobernaba a la ganga con el miedo. Los veteranos se apoderaron de volada del Centro Comunitario Bob Avila y de sus mesas de pool y de ping-pong.

El Puppet se agachó, cerró un ojo y con el otro siguió todo el taco, que descansaba entre pulgar e índice, y todo el camino hasta la bola.

—La bola ocho en la bolsa del rincón —anunció como si trajera aserrín en la garganta.

Esperó respirando suavemente, luego empujó el taco, la bola se deslizó hacia un lado de la mesa, luego en ángulo hacia atrás y pegó contra la bola ocho echándola en la bolsa del rincón. El juego era del Puppet.

La Pila abrazó de los hombros al Puppet. El Toots sacó un jando de la bolsa mientras su jaina, la Lourdes que era de México, miraba fijamente a la Pila.

—¿Qué chingaos ves, puta tijuanera? —le dijo la Pila.

La Lourdes se hizo para enfrente, se abrió de brazos y replicó:

—Chingas a tu madre; quieres algo conmigo, pues aquí estoy.

El Toots se apuró a separarlas y empujó a la Lourdes de nuevo para la oscuridad. El sabía lo que significaba un lío con

128

la Pila—una cuchillada por la cara o la panza. Pero también sabía que podía enojar al Puppet y quería evitarlo más que nada.

El Fuzzy pidió más jugadores y más apuestas.

El Puppet miró intensamente a todos, especialmente al Toots que estaba en el rincón con la Lourdes. El vato no regañaba ni entusiasmaba a la Pila. Ella sabía vérselas sola. De cualquier forma, al Puppet no le caía la gente de México. Tampoco le caían los mayates, los gabachos ni los de otros barrios. En fin, al Puppet no le caía nadie.

━━━━━━

El Centro Comunitario La Casa ocupaba una bodega vieja de dos pisos que afuera tenía motivos mexicanos, un gimnasio y un área de recreación con una sola mesa de pool. Tomé lecciones de Karate una semana hasta que mejor me fui antes de que alguien descubriera que era de Las Lomas. Los vatos de Sangra entraban, salían y se paseaban por el centro todas las noches, planeaban broncas, jales de droga o nomás se las tronaban. La Cokie y la Dina casi vivían allí, junto con otras chavas de pelo colorado encendido. El Sal Basurto era el organizador comunitario, el jale que el Chente había tenido en el Centro Bienvenidos/Bob Avila. Caminaba por entre los vatos ponchadotes y en camisetas de Sangra, que traían la greña muy corta peinada para atrás o andaban pelones.

—¿Qué hubo? —saludaba el Sal.

Algunos le daban la mano al estilo chicano mientras otros respondían con gestos de mano que decían Sangra. El Boy, el Hapo, el Night Owl, el Tutti y el Negro estaban allí, como sin hacer caso de nada y apenas reconociendo al entusiasta del Sal.

—Hey, compa, ¿traes un frajo? —preguntó el Hapo.

—El cáncer pulmonar mata —dijo el Sal y le pasó un cigarro.

—No te agüites —sonrió el Hapo—. Yo no inhalo.

El Sal entró a donde estaba la mesa de pool, un cuarto chico que había tenido libros, mesas y un tocadiscos, pero que se habían esfumado en un asalto por unos desconocidos que también habían vandalizado el lugar, arrancando las repisas de los soportes y pedazos del cartón piedra de las paredes.

El Blas jugaba un solitario de pool. Tenía un defecto de nacimiento. No tenía brazo derecho y unos como dedos apenas le asomaban del hombro. Pero se entrenó a jugar pool con un brazo y se hizo un jugador de aquéllas, ganándoles a los que tenían dos brazos buenos.

El Sal se guachaba cansado. Una vez me dijo que siempre trataba de mostrar interés con la cara. Sentía que mucho dependía de su ánimo. Había días en que no sabía qué hacer con estos chavos. Para ellos no había jale. Las escuelas de alrededor del barrio sólo se preocupaban por los gabachos ricachones que vivían por Sangra, así que todos los vatos abandonaban la escuela. Y Sangra y la jura siempre chocaban.

Así pues, como parte de la iniciación de nuevos miembros de Sangra se requería brincarle a un jura. Se volvió costumbre emboscar a los carros de chota en algún callejón angosto. La ciudad de San Gabriel tenía su propia ley y su propio tambo, que se encontraba en el barrio. Todos los chavos del barrio conocían las paredes de adentro de la celda. Eran como su chante.

El Sal volvía seguido al desorden de su oficina que estaba dentro del edificio principal de La Casa. Se hundía en una vieja silla de metal y miraba por la ventana para las pequeñas y bien cuidadas casas que estaban frente al centro. Sal se sentía muy mal por Sangra. Era un barrio chico. La clica principal, Los Diablos, no tenía más de cien miembros. Por otro lado, Lomas tenía varios cientos. Sangra vivía siempre bajo fuego: Monte Flores, la calle 18 y El Sereno eran barrios que siempre les hacían la guerra—y cada uno era igual de grande que Lomas. El primer año que el Sal trabajó en La Casa, asistió a nueve funerales de guerreros de Sangra.

Pero esto hizo que de muchas formas, Sangra se volviera más malosa y más feroz. Como eran pocos, consiguieron la fuerza con los puros güevos, con intensidad y con una locura de fierro.

La Cokie y la Dina se encargaban de que las chavas de Sangra intimidaran y que les tuvieran miedo. El líder de Los Diablos, el Chava, hizo lo mismo con su ropa estilera y su inseparable tando chicolillo de fieltro y su bastón. También su estilo de grafiti, buti extravagante y enigmático—su habilidad para perderse en Las Lomas, sin que nadie se diera color, para tachar las placas de Lomas—los hizo blanco de mucho coraje.

El Sal sabía que un día iban a pagar un precio muy alto.

━━━━━━

Muchas noches, en el garaje, durante la angustia del sueño, escuché tocar la puerta y voces. Parecía que se tejían con los sueños. Pero me despertaba y me daba cuenta de que no era un sueño sino el Chicharrón o algún chavo o chava vecinos que andaban buscando un lugar a donde llegar sin que los invitaran, para parrandeársela o nomás para quedarse.

Esa noche me despertaron golpes secos en la ventana. Brinqué de las cobijas y abrí la puerta. El Santos, el Daddió y el Pokie, tres locos de Lomas estaban parados allí.

—¿Qué hubo, carnales? —los saludé.

—Chin, vamos a dejarnos cai ora en la noche —respondió el Santos—. Vas con nosotros, ése.

Ya me había dado trompa del rollo. Querían que me aventara un jale, una bronca contra Sangra. La noche antes, el Tutti de Los Diablos, le había tirado tórica gacha a la Cokie, su güisa de buti atolle. Caldeado, el Tutti manejó hasta Las Lomas y balaceó al Little Man, matándolo ai mero. La jura ya se había jalado al Tutti pero Lomas necesitaba vengarse. Yo conocía todo el rollo. Lo que no sabía era que el Puppet, el Ragman y otros vatos picudos habían decidido que yo tenía que ayudar a "arreglar el pedo."

—Orale, dejen alistarme.

Me puse ropa oscura y mi abrigo de trinchera. Ya se me había hecho costumbre llevar el trinchera cuando me dejaba cai jales como éste.

Nos trepamos por los cercos detrás del garaje y aparecimos en la Ramona Avenue. Allí estaba una ranfla. Me subí y me senté entre el Pokie y el Beto, carnal del Little Man, que estaba sentado derecho y callado en la ranfla. El Santos y el Daddió se sentaron adelante.

—¿Qué vamos a hacer? —pregunté.

—Guacha abajo de los asientos —sugirió el Daddió así nomás.

Miré abajo sin moverme y guaché los lados de unas botellas y unos trapos. *En la madre,* pensé, *quieren tirarle una coctel molotov a una casa.* Significaba que podíamos herir o matar a la madre, a la hermanita o al hermano de alguien. Pero así estaban las cosas entonces. Todo se valía en las broncas del barrio; las familias siempre eran las que apechugaban los chingadazos.

Nos fuimos para Sangra. El Santos sabía que la jura iba a estar sobres la noche después del zafarrancho. Pero si no nos movíamos de volada iba a parecer que cualquiera nos podía atacar, cuando quisiera.

—¿Paónde la llevamos? —pregunté.

—Vamos pal cantón del Chava.

Eso estaba pesado. Andábamos sobres del vato más picudo de Sangra. Quién sabe cómo agarraron la onda de dónde cantoneaba su familia, porque el Chava se había movido con la Dina a otra parte. Pero la idea era cobrar caro, llegándole al cantón de su jefita y si fuera necesario llegarle al que por mala suerte estuviera allí.

Me puse nervioso, tenía los músculos tensos, mi pierna pegaba rítmicamente contra la parte de atrás del asiento. No quería hacerlo. Pero cuando te dicen que atices un chingazo no te puedes echar patrás, no puedes ni preguntar nada ni siquiera dar una excusa. Como yo siempre estaba en el garaje, era buen candidato para estas operaciones.

Entramos a una vía calmada que parecía calle suburbana. Como yo, la familia del Chava vivía fuera del barrio, en una de las mejores partes de San Gabriel. Nos parqueamos poco lejos y escalamos el terraplén de atrás de una hilera de chantes.

El Pokie traía una bolsa llena de botellas y trapos. El Daddió traía botes de gasofa. Nos pusimos de cuclillas sobre la hierba mala detrás de la barda de ladrillos de un cantón con un jardín lleno de flores y plantas exóticas, como muchos chantes mexicanos. En el porche de atrás había sillas de jardín y llantas llenas de tierra pintadas de colores alegres de las que salían pétalos morados, rojos y amarillos.

Se parecía al jardín de mi madre.

El Santos llenó las botellas de gasofa y las tapó con los trapos, dejando un pedazo colgando afuera. Cada uno traía una botella. Teníamos que aventarlas y correr como locos a la ranfla donde el Beto tenía prendido el motor.

Yo no quería, pero no podía cuitear. Estaba atrapado. Sabía que no podía más que hacerlo y salirme de allí lo más rápido posible. Sentí excitación. Y un ramalazo de agüite.

Las noticias reportaron que cinco personas se habían escapado de una casa de San Gabriel, después de que les aventaron cuatro cocteles molotov a su porche trasero. Todos se habían salvado pero la parte de atrás de la casa se había incendiado y lo demás había sufrido daños irreparables por el agua de las mangueras.

La muerte del Little Man y los cocteles molotov eran parte de la violencia que se remontaba a varias generaciones entre Lomas y Sangra. Hasta padres y abuelos de los vatos estaban metidos en la bronca.

Claro que se corrió la voz de quién se había aventado lo de la casa del Chava. No sé cómo pero pronto el pedo se metió con mi familia.

En ese entonces, la Gloria, mi carnalita de trece años, alumna de la Garvey, me admiraba. Para ella yo era independiente, con pantalones de caqui almidonados, tatús y arete en una oreja antes que todo mundo lo llevara; siempre lleno de cuentos y vaciladas. Su mente inocente absorbió todo eso.

La Gloria se afilió a un grupo de chavas de Lomas que se llamaba United Sisters o US y se puso la Shorty. A veces yo me juntaba con ellas, por puro placer. No me daba trompa que la Shorty se estaba transformando en una chava loca de Lomas. Sólo veía que era algo que se le pasaría cuando madurara.

Una noche se fue a un borlo en la Misión de San Gabriel patrocinado por las Thee Prophettes, otro club de chavas. Yo no fui y la Shorty se la pasó suave con sus compas la Ceci y la Huera de US.

Cincho que la Cokie y la Dina fueron al borlo con otras chavas de Sangra. Una de ellas era la Spyder que me conocía de la Garvey antes que se moviera para Sangra y se hiciera una de las locas. Cuando la Spyder vio a la Shorty pensó que la conocía.

Las chavas de Sangra miraban mal a todos. US y Thee Prophettes se calmaron porque no querían que se chisqueara el borlo de beneficencia. Más tarde esa noche, la Spyder se dio trompa que la Shorty era mi carnala. Yo estaba "marcado," eso quería decir que los miembros de Sangra tenían que balacear al Chin de Lomas. Pero hacérselo a una carnala servía también, pensó la Spyder.

La Spyder le dijo a la Cokie y a la Dina. Ellas traían unos cuetes chicolillos. Planearon cómo azorrillar a la Shorty y dejársela cai, chance que en el baño de las chavas.

Al rato, mi carnal el Joe contestó el teléfono.

—Ven por nosotros, Joe —susurró asustada la Shorty—. Está pasando algo aquí, y tengo miedo.

La Shorty le dijo al Joe que le diera vuelta al salón de baile por la puerta de atrás. La Shorty, la Ceci y la Huera planearon llegar allí y meterse en la ranfla. La sincronía era todo.

El Joe no sabía cuál era el problema. Se subió en la ranfla e hizo todo lo que le había dicho la Shorty.

Se acercó con la ranfla hasta el lado del salón de baile donde estaba una puerta de entrada pero la Shorty y sus compas no estaban. La calmó. De repente se abrieron las puertas a madres. La Shorty, la Ceci y la Huera salieron corriendo, casi tropezando y con los tacones en la mano.

—Joe, dale a la ranfla. ¡Orale!

—Qué ching ...

Pero el Joe no pudo terminar la frase. Se le vino encima una descarga de balas. Mi carnala y sus compas brincaron para adentro de la ranfla, amontonadas una sobre la otra. El Joe le pisó al clavo, rayando llanta en el asfalto. La Shorty no se metió toda pero se agarró de la ranfla que se pelaba a madres; la Cokie y la Dina estaban paradas en la entrada y chutaban del hombro balas .22 a la ranfla mientras ésta se esfumaba en la distancia nebulosa.

———————

Los helicópteros del sheriff fregaban en la noche. Podría haber sido Vietnam, nomás que ahora nosotros éramos el enemigo. Revoloteaban sobre las laderas y las cañadas, cubriendo el terreno con círculos de luz. La jura pasaba seguido en sus carros, empujando vatos contra las paredes, deteniéndolos y dispersando a grupos de dos o más personas. Los vatos del barrio le tiraron a los pocos faroles para mantener el lugar a oscuras. Nos escondíamos en las matas, en subterráneos y en edificios abandonados. Nos hicieron clandestinos. Los códigos, las reglas y el honor perdieron su sentido.

Las violaciones se convirtieron en cosa común en Las Lomas. Comenzaron como incidentes aislados, luego se hicieron un modo de vida. Algunos pensaban que este ritual había empezado con gente de afuera, no de Las Lomas. Otros decían que había comenzado con un vato que estaba loco, pero los demás siguieron el ejemplo porque los ataques les daban un chueco sentido de poder. Se hablaba de un vato que había violado a diecisiete chavas en un verano.

Una vez, el Enano se acercó en un Chevy verde de cuatro puertas cuando el Chicharrón y yo nos andábamos madereando por la Teresa Avenue. Se bajó de la ranfla, abrió la puerta de atrás y nos invitó a entrarle. Una chava desnuda, desmayada, estaba tirada en el asiento de atrás. Un parche negro de vello púbico contrastaba con una sección de piel tan blanca que parecía bañada de harina.

—Chale, compa —respondí—. No, yo no le entro.

El Chicharrón expresó lo mismo moviendo la cabeza.

135

Como si nada, el Enano cerró la puerta, se sentó en el asiento delantero y se fue, tal vez buscando a otro a quien acercarse.

La lluvia nos saludó una noche al Yuk Yuk, al Fuzzy, al Ernie López y a mí cuando salimos de un borlo de quinceañera en las Avenidas, un barrio al noreste del centro de Los Angeles. Brincamos al lowrider van. El Paco y dos chavas estaban adentro. El Ernie puso música que nos golpeteaba las células del cerebro por las bocinas de enfrente y del fondo del van. El Fuzzy y el Yuk Yuk toriqueaban con las chavas y yo pisteaba tragos del vino Silver Satin e inhalaba heroína. Ablandados y balbuceando, viajamos por las calles mojadas rumbo a Las Lomas.

Las chicas iban pedotas; incoherentes y soñolientas. El maquillaje les embadurnaba los rostros. El Paco metía mano por la blusa de una chava mientras que ella trataba débilmente de empujarlo. El Fuzzy agarraba a la otra y nos sonreía al Yuk Yuk y a mí. Yo cabeceaba y me despertaba, cabeceaba y me despertaba. Pronto vi que el Paco se le había montado a la chava que estaba manoseando. Las piernas abiertas y una pantaleta desgarrada se le enroscaba alrededor de un tobillo. El Paco traía los pantalones abajo de las rodillas y yo lo veía bajar y subir las nalgas mientras se cogía a la chava y ella se quejaba débilmente, más por el peso del cuerpo que por otra cosa.

El Ernie paró en el Toll Drive. El Yuk Yuk y el Fuzzy sacaron a la otra chava y se la llevaron para la ladera que daba al fil. El Paco siguió con la chava del van. Yo me salí, el aire húmedo y el frío me sacudieron y me levanté. El Ernie me pasó la botella de Silver Satin tambaleándose hacia abajo donde el Yuk Yuk y el Fuzzy ya estaban instalados. Miré para atrás. Podía oír el orgasmo del Paco, mientras unos ásperos sonidos le emanaban de la garganta. La chava de entre doce y catorce años, tenía los brazos extendidos por sobre la cabeza, los ojos cerrados, la boca abierta—inconsciente, pero como gritando en silencio.

Me acerqué al fil y vi al Yuk Yuk besando a la otra chava, arriba de un pedazo de pared de bloque de cemento mientras el Fuzzy le abría las piernas con la mano para sentirla mejor. El Ernie me miró y me indicó con un gesto que me acercara. Yo no quería nada con eso. La garganta se me llenó de algo y vomité alrededor de mis zapatos. Ya para entonces el Yuk Yuk había tirado a la chava al suelo. Sabía lo que iban a hacer y mejor me fui.

Subí por la ladera, vi al Paco subirse los pantalones por las puertas entreabiertas de la van. Me encontré caminando por una calle de tierra como antes.

———————

El Wilo y la Payasa se movieron a El Monte a vivir con una tía, en parte para alejarse de la violencia que rodeaba el barrio. Sus carnales mayores se quedaron y continuaron con la bronca. Contento de que mis compas ya no estarían en la línea de fuego, fui a despedirme el día que se iban.

Vivían en la calle Berne, una parte de Lomas que le decían Tijuanita, y consistía de un camino donde corría el lodo los días de lluvia y hacía difícil salir y entrar. Las viviendas temporales de estuco, de ladrillo y los tugurios de cartón se agarraban de las lomas a ambos lados del camino.

Después de pasar unos meses en hospitales y casas de rehabilitación, la Payasa se veía diferente. Al pelo le había vuelto su brillo normal, corto y peinado hacia abajo en lugar de atizado. No traía pintura y me parecía una extraña, a pesar de que habíamos sido compas cercanos en un tiempo, habíamos dormido juntos en las bancas de las plazas, inhalando y pisteando en el túnel o en mi cuarto del garaje. Ya no conocía a la persona que estaba frente a mí.

La Payasa no sonrió. Pero me saludó con dulzura.

—Oh mi Chin, ¿me vas a echar de menos? —preguntó más declaración que pregunta.

—Depende —contesté—. No te pierdas.

—Siempre me voy a acordar de ti, compa —dijo poniéndome la mano en la cara; cicatrices viboreándole los brazos—. Hemos visto cosas que casi nadie ve jamás. Vimos la muerte. Y aquí estamos, todavía pudiéndonos decir adiós. No sé si nos lo merecemos.

—Orale, simón que lo merecemos. Nunca lo olvides.

—Es que no hemos hecho nada de veras decente —dijo y pausó.

—Sabes —continuó—. Se me había olvidado lo que es llorar. No sé por qué.

—Yo tampoco, pero lo que sí sé es que vale más que lo averigüemos.

El Wilo llegó con una bolsa mediana en que iban sus cosas, pero no era de los que se preocupaba por tener nada.

—Hey, ése, ¿qué hubo? —dijo—.

—Aquí nomás. ¿Llevas todo?

—Uno empaca según a donde vaya, y a dónde voy no hay para qué empacar.

—¿Estás seguro que quieres hacer esto?

—Estoy seguro que no quiero hacerlo —contestó, luego miró hacia su antiguo hogar—. Pero no puedo hacer nada. Hasta mis carnales quieren irse. Y yo hago lo que me dicen.

Ayudé al Wilo y a la Payasa a subir sus cosas a la waguina destartalada de su padre que traía una puerta de un lado agarrada con un cordón y buenos deseos. Les iba a echar de menos pero era mejor que fueran y empezaran de nuevo si fuera posible.

—Te debo, ése —dije por fin, algo que nunca le había dicho al Wilo acerca de lo que él había hecho por mí aquella vez que estuve cerca de la muerte—. Me salvaste la vida.

—Chale, ése. No me eches eso a mí —dijo—. No me debes nada. Nomás dátelo a ti mismo.

Los abracé a los dos y me fui por la calle Berne hasta los files más cercanos. Esta era la última vez que los iba a ver.

Más tarde supe que la Payasa terminó embarazada y se hizo prisionera del matrimonio en algún lugar. Pero diez días después de que se movieron, unos vatos del barrio Monte Flores balacearon y atropellaron al Wilo varias veces; descubrieron su cuerpo encajado en unos botes metálicos de basura en un callejón oscuro. La Payasa me llamó para decirme que no había sabido nada del Wilo durante más o menos un día. Luego me llamó para decirme que se había dado cuenta de su muerte por el radio. El Wilo tenía quince años. La Payasa no lloró.

━━━━━

Le perdí el valor a todo: el amor, la vida y las mujeres. La muerte parecía la única puerta que merecía abrirse, el único camino hacia un futuro. Tratamos de entrar a la muerte y salir de ella. La buscábamos en la heroína, que trae la paz de la muerte a la vida. La deseábamos mientras perseguíamos a Sangra y en nuestras broncas con la jura. Gritábamos: *¡A que no me tocas!*, pero por dentro gritábamos *¡Ven y mátame!* La muerte la buscábamos a ciegas, sin saberlo, hasta que nos acariciaba las mejillas. Era como otro dedo que teníamos en la nuca, presionando, carcomiendo, raspando. Esa fiebre nos posesionó, nos debilitó y nos esclavizó. La muerte en botella. En aerosol. En los ojos llameantes de una mujer, despojada del alma y oprimida en los jirones de su humanidad.

━━━━━

Después de rozarme con la muerte dejé el aerosol. Pero necesitaba algo más. Al principio, los vatos de La Tribu Animal iban a algún lugar a inyectarse "H." A los trece años me echaron fuera.

—Esto no es para ti —me decía el Joaquín.

Aún así, me metí con toda clase de pinguas, con mescalina y metadona. Busqué la muerte en el Silver Satin y el Muscatel, y luego en tequila y vodka puros. Inhalé heroína y PCP con la Payasa. Para cuando cumplí los quince había "H" por todos lados. La epidemia siguió en el barrio. Comenzó con los pachucos. A la mayoría de la ruquiza, los pachucos de los treinta y los cuarenta, los metieron al tambo por entrarle a la chiva. Luego, cada diez años más o menos, otra generación de ex-gangueros golpeadores se enganchaban. Ahora nos tocaba a nosotros. Ya los vatos mayores de La Tribu eran tecatos y la mayoría estaba en la pinta.

El Chicharrón fue conmigo la primera vez que le entré. En ese viaje de inauguración nos inyectamos un escante, que nos costó unos fierros, a flor de piel en los antebrazos. El Lencho, tenía cicatrices arriba y abajo de los brazos, no nos pasó más que una muestra hasta que juntáramos más jando. El Yuk Yuk nos organizó en banda de ladrones y el robo se convirtió en la base para conseguir heroína. El Chicharrón y yo nos andábamos por el Whittier Boulevard. Todos los fines de semana, la franja de catorce cuadras entre el Atlantic Boulevard y el Long Beach Freeway se convertía en la capital de tirar verde. Los lowriders de todos los barrios del Sur de California, y seguido de lugares del suroeste, se congregaban allí. Las chavas se sentaban arriba de las ranflas, vestidas para impresionar, y los vatos hacían brincar las ranflas con los amortiguadores hidráulicos mientras las bocinas estridentes emitían los últimos ritmos callejeros. Algunas esquinas las tomaban barrios distintos. Lomas controlaba la de la Clela Avenue y el Boulevard. El club Groupe de lowriders, nos dejaba usar su parqueo allí. En nuestra mejor vestimenta chola, pisteábamos, reíamos y nos retábamos. Levantábamos rucas y peleábamos con otros barrios. A veces nos balaceábamos con los vatos de la calle 18 que controlaban la esquina de enfrente.

Así que los fines de semana, el Chicharrón y yo nos íbamos de parranda a buscar diversiones. Como no íbamos a la escuela y teníamos hasta la madre de tiempo que perder, nos tirábamos un verdesote por todo East L.A. y el Valle de San Gabriel y nos hacíamos pasar por alumnos nuevos de las Highs locales ese día. Era fácil. Le decíamos a las autoridades de las escuelas que éramos estudiantes nuevos y que nuestros padres vendrían al día siguiente para enrolarnos. Algunas escuelas nos permitían elegir cursos y comenzar a asistir a clases. Así conocíamos más morras. También nos metíamos en broncas con los vatos locales, una vez nos siguieron un chingo de novios encabronados en La Verne.

Pronto teníamos morras que visitar en Pomona, Pasadena, Norwalk, en Boyle Heights y en El Monte.

Y ahí estábamos, tirando verde por el Boulevard y acercándonos a una calle lateral atiborrada de morras. Les ofrecíamos pisto o pinguas y luego nos deslizábamos a la vuelta de un callejón, tras una pared de ladrillos. Pisteábamos, nos tambaleábamos y probábamos a qué sabían algunas puchándoles el dedo por la entrepierna de las pantaletas, dentro de las panochas, y luego le seguíamos al camino.

Como a las dos de la madrugada, pasábamos el Atlantic Boulevard, cuando vimos a dos chavas sentadas en una parada de bus. Nos acercamos. Muchas veces las chavas nomás nos daban cuerda cuando era tan tarde, pero una de ellas se acercó a la ranfla. Era grande, pero no gorda, con jeans apretados. Tenía el pelo muy chino y andaba pintada estilo chola. La otra chava era más flaca, chula como muñeca de porcelana, el pelo lacio y corto y traía un vestido de fiesta.

—¿Las llevamos? —pregunté desde el asiento escopeta de la ranfla.

—Simón, ¿sabes dónde hay borlo? —preguntó la de pelo chino.

—Nel, pero cincho que encontramos uno.

Se subieron a la ranfla, casi demás de fácil, y nos pelamos a buscar unas acciones. La grandota se llamaba Roberta, la chula Xóchitl, un nombre Náhuatl que sonaba como Shoshi, y así la llamamos.

Terminamos en el Legg Lake por Whittier Narrows. El parque estaba cerrado pero nos colamos y corrimos alrededor del área de hamacas, hicimos nuestra propia fiesta con el pisto que le había quedado al Chicharrón. La jura pasó calmada y nos tiramos al suelo, inmóviles como el zacate, hasta que se fue.

Esa noche llevamos a la Roberta y a la Shoshi al barrio La Rock Mara de los proyectos de La Maravilla. La Roberta nos dijo que vivía en un dúplex con su carnala Frankie, que quería decir

Francisca, de veintiún años. La Frankie resultó tener cinco chavitos. La Shoshi se había pelado de su chante y estaba con ellos por un tiempo. Las dos tenían quince años, como nosotros.

Nos sentamos en el carro hasta que el alba nadó en el horizonte en anaranjados—rojizos. Me acerqué a la Roberta y la besé, mientras el Chicharrón besaba a la Shoshi en el asiento de enfrente. Después de esa noche, el Chicharrón y yo casi hicimos nuestro segundo chante allí.

—Ay, Louie, tócame allí ... simón, así ... ummm.

El sudor me bajaba por un lado de la cara. Las ventanas del carro echaban vapor. Yo me estaba asando como si trabajara en una fundición y la Roberta estaba acostada en el asiento de atrás con la blusa abierta y sus grandes tetas mojadas de saliva.

—Síguele ... ummmm, síguele.

Mi lengua dibujaba círculos alrededor de sus pezones, manchas oscuras sobre la piel color café y miel. Mis manos le acariciaron la ingle por sobre los pantalones. Movía las caderas como olas, empujándome fuerte la mano. Me manoteó el ziper, lo jaló y lo deslizó para abajo. Sus dedos me amasaron el sexo, duro y húmedo de anticipación.

—Eso, así ... ay chiquita.

La Roberta me empujó hacia arriba, mi espalda se arqueó y mi cabeza tocó el techo del carro. Entonces me tomó a dos manos mientras sus labios me cubrían. Después de un momento, se jaló los pantalones empujando y quitándoselos con las manos y los pies. Miré hacia abajo y vi el bulto de pelo salvaje de su entrepierna, sus piernas abiertas cerca de mis hombros, invitándome a entrar.

Me agarró de la nuca y me apretó para abajo hacia ella. Mi sexo se hundió en el pubis erizado y se deslizó dentro, cubriéndose de carne y jugo y ritmo de pelvis. La boca de la Roberta me chupaba el pecho, el cuello y los hombros mientras que sus uñas me dejaban huellas en la espalda. El aroma de su pelo y su cuello me llenaron la cabeza mientras me movía y me estremecía dentro de ella.

Noche tras noche me quedaba con la Roberta. Como en la casa había tantos chavalos que nunca parecían dormir, hacíamos el amor en la ranfla, bajo la escalera, o nos acariciábamos en la entrada de los carros. El Chicharrón y la Shoshi encontraron sus propios lugares. A eso de las cuatro o cinco de la mañana, el Chicharrón y yo nos íbamos, agarrábamos unos huevos rancheros en un restaurante mexicano abierto veinticuatro horas de la calle First.

A veces el Fermín, el wiso wino de la Frankie aparecía y las broncas comenzaban; los gritos y los platos se estrellaban contra la pared y luego echaba de culo al pobre bastardo para afuera. La Frankie era una mamá brava de East L.A.

Pero otras veces teníamos que enfrentarnos con el Smokey, el carnal de la Roberta que era miembro de La Rock. Yo me calmaba con él y él me dejaba en paz. Pero el Chicharrón y el Smokey no se llevaban. Creo que al Smokey le gustaba la Shoshi también.

Una noche, ya que la Roberta y yo nos habíamos acostado en el asiento de atrás, después de un caliente achiclane, el Chicharrón golpeó a madres en la ventana de la ranfla.

—¿Qué ondas, compa? —grité.

Abrió la puerta. Traía un tubo de plomo en la mano.

—Estoy calmando al Smokey —dijo—. Me ayudas. Tienes que alivianarme, ése.

—Ah, no le hagas caso, te está tanteando —respondió la Roberta—. Lo hace con todos—para ver qué tan chingón eres.

Al Chicharrón no le gustaba quedarse allí. Mejor se llevaba a la Shoshi a otro lado mientras yo me quedaba con la Roberta.

Hubo noches en que fui a ver a la Roberta y ella no estaba.

—¿A dónde se va, ésa? —le pregunté a la Frankie una vez.

—No quieres saber —me dijo.

—¿Cómo que no quiero saber? —le contesté—. Sirol que quiero saber.

—Guáchate, tú me cais suave, Louie —confesó la Frankie—. Así que mejor no me preguntes.

Pero insistí. Y era verdad. No debí haber preguntado.

Resulta que la Roberta era puta. Así le pagaba la renta a la Frankie y a veces ayudaba a pagarle la droga a su carnala. La Frankie tenía los brazos cicatrizados—pero se cuidaba mucho de que no la descubrieran porque no quería que le quitaran a los niños. Pues sí, su wiso, el Fermín, era un ruco drogadicto que se había vuelto un catrincito. Para la Frankie, eso era de lo peor y lo corrió.

Una fiebre emocional me barrió. Me asfixiaba pensar que la Roberta se vendiera a otros vatos por dinero. La Frankie me dijo que la Roberta trabajaba en el Boulevard, en el mismo lugar en que la conocí.

—¿Pero cómo a mi no me pidió dinero? —grité—. ¿Cómo no parecía puta entonces?

—Chance que le gustaste del día uno —dijo la Frankie—. Todavía es una chavalita, Louie. Todavía tiene sentimientos hacia los hombres—pero no sé cuánto le va a durar.

No sabía qué hacer. Quería escaparme de allí. Pero sentí que tenía que esperarme hasta que regresara la Roberta. Me pregunté si la Shoshi también había vendido sexo y si lo sabría el Chicharrón.

—Oh si, ella también —dijo la Frankie—. No sólo lo sabía el Chicharrón sino que hasta la andaba padroteando.

—¡No la chingues! —grité—. ¿Por qué nunca me dijo nada?

—Es que eres un vato muy dulce, Louie —dijo la Frankie, acercándose y besándome sobre los labios—. Ya no hay vatos como tú. Le dijimos que no te la cantara.

Sentí las lágrimas bajo los ojos, pero no las iba a soltar. La Frankie me apretó los párpados con los dedos y se me escurrió una gota por la mejilla. Me volvió a besar. Me dijo que yo le gustaba mucho, que le había gustado desde el día uno, luego me jaló hasta su recámara y cerró la puerta.

Más tarde esa mañana vino el Smokey y me invitó a un cantón, que estaba arriba de otro cantón, al otro lado de la calle. Subimos por unas escaleras tiradas. El Smokey tocó, dijo unas palabras y la puerta frente a él se abrió y entramos. El lugar no tenía ni gas ni electricidad. Había velas alrededor de una mesa de cocina. Había jeringas, cucharas, cerillos y bolsas de polvo en la mesa. Miré alrededor y vi a cinco gentes, dos eran mujeres. Traían ojeras oscuras bajo los ojos, tatús de pachuca vieja y venas reventadas por todos los brazos.

El Smokey también era tecato, aunque estaba ponchadón; y es que si uno sabe lo que hace puede vivir bien con la heroína un tiempo.

No podía quitarme de la cabeza la imagen de la Roberta en brazos de otro, pero también era culpa mía. Me había enamorado de una puta. Aunque nunca me pidió dinero, lo que indicaba que yo le era especial, me sentí vacío por dentro. El Smokey preparó un llegue mientras que me apretaba el conejo con un cinto. Miré como entraba la aguja a una vena protuberante que el Smokey hizo saltar golpeándola con dos dedos. Vi el chorro de sangre entrar a la aguja, que indicaba que había perforado la vena, y luego observé que empujaba el líquido hacia el chorro de sangre. Comencé a sentir como un calorcito del tamaño de un piquete de alfiler en la cavidad más profunda del estómago y se me extendió por todo el cuerpo. Ese torrente era único y allí estaba yo, al borde de una fraternidad que rebasaba las fronteras de barrio y del sexo, esta cofradía de la euforia, tan esencial a "la vida loca."

CAPITULO 6

"Hay decisiones que no sólo tienen que tomarse una vez, sino cada vez que se presentan."
—El Chente

Todo comienza con un sueño. Este sueño se arrastra más allá de las pruebas sinuosas, más allá de los demonios guachando de reojo, más allá de caerse de la cama a un abismo de piedra fundida, más allá de resbalarse en medio del tráfico y no poder levantarse ante los faros de las ranflas que nadan hacia mí. De repente, una noche varía el sueño:

Estoy frente a un chante que está en un claro entre altos árboles infectados de musgo. El chante es enorme, estilo gótico. Me veo caminando hacia él, mientras las hojas y las ramas me arañan los lados de la cara.

Subo por unos escalones que rechinan, de barandas de mármol, y aparezco en un gran porche vacío. Paso por una puerta de nogal que se abre sola para un corredor apenas iluminado de paredes que respiran. Hay cuartos de los dos lados pero yo los ignoro y sigo adelante. Continúo pasando por una hilera de puertas sin perilla. Saliendo de una niebla aparece otro cuarto. La puerta se abre lentamente mientras yo me paro, atónito, frente al cuarto. Las paredes que respiran ahora siguen el ritmo del latido de un corazón.

Entro en el cuarto, el frío me humedece las gotas de sudor sobre la ceja. En el centro del cuarto hay un bañito de bebé, lavado de anaranjado-rojizo y forrado de encaje con olanes alrededor, como salido de un catálogo de la Sears. Me muevo deliberadamente hacia el bañito, como si lo hubiera estado ensayando. Mi hermana la Lisa, que falleció hace mucho tiempo, yace entre el encaje vestida con un ropón blanco de bautismo, su rostro soñando tranquilo, como en una foto que mi madre guarda en un álbum viejo.

El sueño casi siempre termina en que la Lisa yace en un dichoso lecho de muerte.

Pero esta vez el sueño avanza. Esta vez sigo mirando a la creatura. La Lisa abre los ojos y de repente yo me echo para atrás. Sólo la oscuridad emana de ellos. Entonces el bebé abre la boca y un grito horrendo, distante pero muy claro, llena el cuarto. El grito rebota por las paredes, por el corredor, por las puertas. Me despierto con las manos tapándome los oídos. Vuelvo a la conciencia. Pero el grito no cesa. Lo tengo en la cabeza. Viene del cuarto de enseguida donde duerme mi hermana la Gloria.

Me levanto de la cama y entro tambaleándome al cuarto de la Gloria; ella grita en olas y habla sin sentido. Despierto a Mamá que está durmiendo en la sala. Pronto Papá se apura a buscar las llaves del carro. La Gloria se bambolea en brazos de Mamá, entra y sale del delirio. Mi hermano el Joe y mi hermana la Ana también están levantados, la Ana llora.

—¿Qué le pasa? —grita.

Nadie le contesta.

Mis padres llevan a la Gloria al hospital. Mientras el carro se aleja veloz, miro hacia afuera, hacia la oscuridad del amanecer. Una llamada nos informa que a la Gloria se le reventó el apéndice y que el veneno ya había comenzado a invadirle el cuerpo. Los doctores dijeron que si la hubieran traído unos minutos más tarde habría muerto

Mamá mira por la ventana del porche de atrás para el garaje donde yo pasaba días encerrado en una como cárcel que yo mismo me había hecho.

Se preocupaba por mi, aunque no sabía en las que andaba; se mantenía alejada sin involucrarse para protegerse de ser lastimada. Aún así, a diario me hacía comentarios y me regañaba porque no iba a la escuela.

Mamá le pidió al ex-director de mi escuela primaria de San Gabriel que hablara conmigo. Esa era la misma escuela en que la señora Snelling había hecho milagros con mi hermano. Mientras que el Joe había llegado a ser algo, para Mamá yo me había convertido en una mancha sobre la tierra, sin metas, sin intereses más que los que vomitaban las calles.

De lentes y corbata de moñito, el señor Rothro usaba trajes arrugados que colgaban de su alta y delgada figura. Mamá tocó y yo los invité a pasar. El señor Rothro se agachó bajo el marco de la puerta y miró alrededor, sorprendido por el magnífico desorden, los colores y los garabatos de las paredes, por el uso fantástico de la imaginación en aquel cuartito. Mamá se fue y el señor Rothro, sin encontrar dónde sentarse, se quedó parado y me echó un rollo. Unas palabras muy bonitas.

—Luis, siempre me has impresionado como un muchacho inteligente —dijo el señor Rothro—. Pero tu madre me dice que estás desperdiciando tu vida. Me gustaría que regresaras a la escuela. Si yo puedo hacer algo, escribir una carta, hacer una llamada, tal vez puedas volver a un nivel de acuerdo a tu capacidad.

Yo estaba sentado en una cama frente a una vieja máquina de escribir Royal cuyas teclas siempre se atascaban y cuya cinta siempre saltaba del pestillo. Mi padre me la había regalado cuando la encontré en el garaje entre cajas y efectos personales.

—¿Que estás haciendo? —preguntó el señor Rothro.

—Estoy escribiendo un libro —le dije como si fuera cierto.

—¿Estás qué? ¿Puedo verlo?

Lo dejé que le echara un ojo al papel que estaba en la máquina cuyas letras casi no se veían, lleno de tachones sobre los errores que cometía. Yo no sabía taipear; nomás apretaba las teclas con los índices. Me tardaba una eternidad en terminar una página, pero lo hacía entre mis otras actividades. Para entonces ya había escrito una resma.

—¿De qué se trata el libro, hijo? —preguntó el Rothro.

—Nomás cosas ... que he visto, lo que siento por la gente que me rodea. Usted sabe ... cosas.

—Interesante —dijo el Rothro—. Pues sí, creo que estás mejor que la mayoría de los adolescentes; temo que mucho mejor que algunos que asisten a la escuela.

Sonrió; dijo que se tenía que ir pero que si necesitaba ayuda que no dudara en llamarlo.

Me dijo adiós y lo observé irse del cuarto y encaminarse a la casa moviendo la cabeza. No era el primero en extrañarse de este chavo enigmático que parecía poder ahorcarte un momento y recitar un poema el otro.

Ya antes, había tratado de asistir a la Continuation High, una prepa abierta que más tarde se llamó la Century High, para quitarle el estigma de ser una escuela para aquéllos que no podían hacerla en otra. Antes de una semana me "dejaron ir." Unos de Lomas nos bronqueamos afuera con unos vatos de la calle 18 que andaban reclutando para una clica de su enorme ganga en Alhambra. Pero la High abierta era la última parada. Si uno fallaba en la abierta, sólo quedaba la calle.

Entonces a mi padre se le ocurrió un plan; cuando lo propuso, yo sabía que se le había ocurrido de pura frustración.

Consistía en que me tenía que levantar a las cuatro y media de la mañana para irme con él a su trabajo en el Pierce Junior College del Valle de San Fernando—casi a cuarenta millas de distancia, al otro lado de Los Angeles. El me iba a enrolar en la Taft High que quedaba cerca del colegio. La escuela atraía a gabachillos riquillos, muchos de ellos judíos. Mi padre creía que eran los mejor educados.

La neta que no me importaba así que le dije:

—Simón, ¿por qué no?

Así comenzamos nuestra expedición diaria a un lugar

desconocido y hostil—el colegio quedaba cerca de Reseda, donde la familia había vivido casi un año. Mi padre se estaba arriesgando a que yo descubriera lo que deveras hacía para ganarse la vida. Papá nos dijo que trabajaba como técnico de laboratorio y que habían creado una categoría especial para él en el colegio.

Mi padre trabajaba en los laboratorios de biología y se ocupaba del mantenimiento del museo del departamento de ciencias y de la estación meteorológica. Para mí, era un barrendero superinflado. Papá limpiaba las jaulas de las serpientes, las tarántulas, los lagartos y otros animales que usaban en el laboratorio. Barría pisos y limpiaba los pupitres, sacudía el polvo y trapeaba el área del museo. Papá hacía algunos trabajos técnicos como juntar los reportes de la estación meteorológica, preparar materiales de trabajo para los estudiantes y alimentar y ocuparse de los animales. Papá se sentía orgulloso de su trabajo—pero no era más que un barrendero.

No sé por qué me afectaba eso. No tiene nada de malo ser barrendero—¡y uno tan prestigioso como mi padre! Pero durante años soñé con un padre científico que hacía experimentos trascendentales en un laboratorio. La imaginación de un chavo pendejón que añoraba romper las barreras de una sociedad, que no esperaba que mi padre fuera un barrendero o un obrero—quería que mi padre transformara el mundo. Y es que yo miraba mucha tele.

Un día entré al departamento de ciencias después de escuela.

—Señor Rodríguez, tiene que tener más cuidado al colocar el equipo del laboratorio —tembló la voz seria de un profesor.

I unnerstan' ... Sarry ... I unnerstan'—contestó Papá.

—No creo, ésta es la segunda ocasión en este mes que el equipo no se coloca correctamente.

Nomás me asomé para que no me vieran. Mi Papá parecía campesino humilde, un hombre con el sombrero en la mano—se disculpaba. En la casa era el rey, el jefito, "la última palabra." Pero aquí mi padre se transformaba en el pelele de otros. Papá debió ser el igual de quien fuera, pero con un inglés tan malo ...

—Ay papá, ¿por qué no te les pones al brinco? ¿Por qué no eres el hombre que eres en casa?

Me volteé y seguí caminando.

La oportunidad de aprender algo nuevo se me convirtió en motivo para asistir a la Taft High. Como en la Keppel y en la abierta, casi había asistido a puras clases de artes industriales, aquí pedí clases que me despertaban un poco de la curiosidad: fotografía, arte avanzado y literatura. El primer día de clases, una consejera de la Taft me llamó a su oficina.

—Lo siento, joven, pero las clases que pidió están llenas —me dijo.

—¿Cómo? ¿No hay forma de que yo pueda entrar a alguna de ellas?

—No creo. Además, su récord de estudio muestra que usted no está académicamente preparado para tomar esas materias. Estas clases son privilegio para los que han mantenido las calificaciones adecuadas en los cursos requeridos. Y además, usted ha obtenido la mayoría de sus créditos en materias industriales.

—Tuve que tomarlas—no me daban otra cosa —dije—. Pensé que tal vez aquí podría hacer otra cosa. Parece una buena escuela y quiero una oportunidad para hacer otra cosa, no sólo trabajo manual.

—Así no funciona —replicó—. Creo que usted encontrará nuestras materias de artes industriales más de acuerdo con sus necesidades.

Me arremoliné en el asiento y miré por la ventana.

—Como sea.

Las clases en que me enroló fueron taller de imprenta, taller de automecánica y levantamiento de pesas. Pero me las arreglé para entrar a una clase básica de literatura inglesa.

Pasaba por las sesiones de fotografía y me paraba para echarles un ojo a los estudiantes que entraban y salían, algunos con cámaras bonitas, y pensé que de todas maneras no me podría dar el lujo de comprarme una: *¿Para qué quiero esa pinche clase?*

En el taller de imprenta trabajé en la fundición de plomo para el linotipo del tipógrafo mecánico. Se me hicieron cicatrices en los brazos de los salpicones de plomo derretido. En el taller mecánico hice un montón de afinaciones, cambios de aceite y un poco de trabajo de transmisiones. Levanté pesas y comencé a adquirir volumen. Tenía una virtud, ser el único mexicano de la escuela—la gente hablaba de mí en cuanto me acercaba.

Un día, a la hora del lonche, pasé por donde estaban unos vatos ponchadotes con sus chaquetas de letra. Uno de ellos dijo algo. Tal vez ni tenía que ver conmigo. Pero lo tiré de todas maneras. Varios maestros tuvieron que jalarme de arriba de él.

Me tildaron de violento e incontrolable; no sabían "que hacer conmigo."

Después de escuela caminaba al Pierce College y esperaba a que Papá terminara su trabajo para irnos a casa, casi siempre ya muy noche. Pasaba muchas tardes en la biblioteca. Pero encontraba que la mayoría de los libros eran aburridos y no me estimulaban.

Encontraba libros de investigación y de historia y me iba directamente al índice para buscar la palabra "mexicano". Si había artículos bajo ese inciso los leía todos; los leía todos.

Todos los días curioseaba, me aventuraba por varias secciones de estantes, la mayoría casi no me interesaban. Una noche di con una sección de libros nuevos en un estante especial que estaba al frente de la biblioteca. Tomé uno, luego dos. La bibliotecaria me miró de reojo como si vigilara a los que veían esos libros.

Eran casi todos acerca de la experiencia negra, obras que surgieron de las llamas que envolvieron muchas ciudades americanas en los sesenta. Descubrí el libro de Claude Brown: *Manchild in the Promised Land*, el de Eldridge Cleaver: *Soul on Ice*, y la *Autobiografía de Malcolm X*. Encontré la poesía de Don L. Lee y de LeRoi Jones (conocidos como Haki R. Madhubuti y Amiri Baraka respectivamente). Y algunos libros escritos por puertorriqueños y chicanos: *Cruz Snaps* de Víctor Hernández y *Canto y Grito: Mi liberación* de Ricardo Sánchez fueron dos de ellos. Estos libros se conectaban conmigo.

Y también estaba Piri Thomas, un carnal de Puerto Rico, *un camarada de aquéllas*, su libro *Down These Mean Streets* se convirtió en mi biblia viviente. Les doblé las esquinas, escribí en ellos, copié pasajes enteros para no olvidar sus texturas, la pasión, ese trabajo quemador de aquel vato callejero y drogadicto del Spanish Harlem—un chavo de barrio como yo, del otro lado de América.

No duré mucho en la Taft High. Mi único amigo de a devis era el Edwin, un compa negro que vivía en la Pacific Boys Home. Durante la hora del lonche, "trabajábamos" el barrio: metiéndonos a las refinadas casas vecinas. Al Edwin eventualmente lo torcieron cuando se robaba una ranfla y terminó en un campamento.

Había algunos judíos que traían jewish lowriders y toriqueaba con ellos en el taller mecánico. Compartíamos ideas sobre amortiguadores hidráulicos y diseños de rayas para carrocería. Hasta usaban ropa estilo cholo, se alisaban y se untaban la greña para atrás y habían aprendido algunas canciones y bailes callejeros. Pero nadie más se metía conmigo.

Un día llegué un poco tarde a mi clase de literatura inglesa y me senté; coloqué el libro sobre el pupitre. La maestra caminó hacia mi y tomó el libro.

—*American Me* de Beatrice Griffith —dijo—. ¿Dónde consiguió este libro?

—Es de la biblioteca—trata la experiencia pachuca de los cuarenta.

—Suena bien, pero el libro que tenía que traer hoy es *Preludes* de Wordsworth. Esa era la tarea, no *American Me*.

—Este libro es algo que me gusta leer. Puedo hacer una reseña sobre él.

—Joven, usted no decide las tareas para esta clase. Si usted no puede participar como los demás, le sugiero que se vaya.

Bueno. ¡¿A quién chingados le importa lo que yo quiera?!

Me largué a madres de allí. No tengo que decirles que fue mi último día en la clase de literatura inglesa.

Pero en realidad, el verdadero motivo porque dejé de ir a la Taft fue la huelga de maestros de 1970. Duró un par de meses. Pero cuando los maestros llegaron a un arreglo con el Consejo Escolar de Los Angeles, yo me quedé fuera; no sentía que el distrito escolar hubiera llegado a un acuerdo conmigo todavía.

De nuevo, terminé en las calles. No sé cómo pero yo ya no era igual que antes. Un poder latía en esos libros que aprendí a saborear en las horas mágicas que pasé en la biblioteca—y me pedían que volviera a ellos.

A veces me andaba madereando por las calles sin oficio y terminaba en la biblioteca. Más tarde, por mi cuenta, escogí a Wordsworth, a Poe, a Emerson y a Whitman. El Chicharrón y los demás notaron la diferencia. El Chicharrón hasta me llamaba "el businessman" porque siempre que me preguntaba por los libros que llevaba, yo le respondía:

—"Just taking care of business."

También aprendí a no enojarme con mi padre. Aprendí algo del amor que mi padre nunca expresaba con palabras y que, con mucho riesgo, me había regalado el mundo de los libros— un regalo para toda la vida.

━━━━━

Me tendía de brazos y piernas en la cama. Los sonidos del jazz emanaban de un estéreo, saxofones por todas partes. Unos golpes fuertes se unieron al compás. Eran los toquidos del Chicharrón; ya los reconocía.

—Pásale —le grité, fastidiado de que me molestara.

—¿Qué ondas, compa? —saludó el Chicharrón. Alguien entró detrás de él, un lambe, que tropezó con el umbral.

—¿Quién es la sombra? —pregunté.

—Es el Arnie —dijo el Chicharrón—. Arnie, éste es el Chin.

El Arnie extendió la mano. Yo lo tiré al loco. Le eché una mirada al Chicharrón que decía: *¿y qué chingados?* El Chicharrón sonrió con toda la mazorca y encogió los hombros.

—¿Arnie? ¿qué pinche nombrecito es ése?

—Viene de Arnulfo.

—Qué jodida—todavía peor.

Agarré una botella de vino Silver Satin y se la ofrecí al Arnie.

—Echate un trago, ése.

—¿Qué ... Qué es un ...? No agarro la onda.

—¿Qué pues, qué no sabes nada?

—No hablo español.

—Es casi puro inglés, culero —le respondí, luego miré feo al Chicharrón—. ¿Dónde pepenaste a este güey, ése?

Le pasé la botella al Arnie. Se echó un pisto, se lo tragó como si fuera una bola que le pasara por la garganta y luego casi se cayó al suelo.

—¡Ay, está buti fuerte! —dijo al fin el Arnie con la cara encogida.

—Simón, pega su chingazo.

—Ese compa —se metió el Chicharrón—. ¿Qué crees si agarramos un refín?

—Tú nomás en el refín.

—Simón y qué—vamos llegándole.

Dejé los sonidos del estéreo y juntos caminamos hacia la noche. Llegamos hasta un gran boulevard de Rosemead. Las caras, los gestos, los carteles callejeros iban y venían. Nos subimos a una banqueta atestada de gente, sacándoles la vuelta a los compradores navideños, sobre nosotros brillaban luces multicolores, al frente un centro comercial donde resonaban los coros. De repente, una luz de neón sobre un restaurante repleto.

—Creo que aquí es —sugirió el Chicharrón.

Entramos. Meseros y gatos andaban vestidos de camisa blanca, chaleco negro y corbata de moñito; las muchachas del mostrador traían falda de tablitas y listones en el pelo. Se notaba que el Arnie no estaba a gusto pero me dio la impresión de que así era.

La acomodadora se nos acercó y nos ofreció una mesa.

—Hey, aquí si nos tratan suave.

—Sirol, buti suave —le dije—. Quieren servirnos de volada para que nos descontemos de volada.

En nuestra mesa, rodeados de familias, pedí la hamburguesa más calota con queso, papas fritas y el más grande y sabroso batido de leche que había en el menú. El Chicharrón no quiso quedarse atrás y ordenó un sandwich de tocino, lechuga y tomate con todos los aditamentos, y un banana split supercalote. El Arnie nos guachaba apantallado y pidió un sandwich de atún.

—Hey Arnie, compa —reaccioné frunciendo una ceja—. Cuando vas a un lugar tan fino como éste no ordenas un sandwich de atún. ¡Dale con todo, ése!

Accediendo, el Arnie ordenó un pastel a la mode. Incliné la cabeza como aprobando. Cuando llegó la comida, nos la dejamos cai de volada.

Refinamos a madres y luego llegó la hora de pagar la cuenta. La vi y luego miré al Arnie.

El Arnie me miró, sonrió, pero, cuando se dio trompa, arrugó la frente.

—Ora, no me mires a mí —dijo—. Yo no traigo jando.

Esa no era la respuesta.

—¿No trais jando?, ¿qué pues, ése? —lo regañó el Chicharrón.

—Yo creía que ustedes me iban a invitar. ¿Cómo iba a saber ...?

—Olvídalo, ése —dije, planeando el próximo movimiento—. Guáchate, no hay problema. Vamos a caminar calmados hasta la salida, y luego a correr de a madres.

—¿Que qué? ¿nos vamos a ir sin pagar? —preguntó el Arnie.

—¡Shhhh! ¿Quieres anunciarlo o qué? —le dije—. Clacha, yo no traigo feria, ni el Chicharrón ni tú tampoco. ¿Qué más vamos a hacer.

Moví la cabeza para la puerta.

—¡A la brava! ¿Capeas?

—Simón, oquey —aprobó el Chicharrón—. Hay buti raza.

Está una colona en la caja. Está de aquéllas para escuintear.

—¿Qué ondas con ustedes, ésos? —protestó el Arnie—. Yo nunca he hecho esto.

—Es como echarte un taco —le dije para inspirarle confianza—. Ustedes se levantan y caminan hacia afuera como si nada. Yo me voy al tolido. Para destantearlos, pero no nos podemos ir todos, porque van a saber que nos vamos a pelar. Yo me voy detrás de ti.

—No sé, ésos —repitió el Arnie.

—Bueno Arnie, si quieres quédate aquí a lavar los platos, nosotros vamos jalando.

Me levanté y me fui calmado al baño. Ya adentro me peiné, me rasqué un padrastro. Me miré una espinilla. Luego me enderecé y empujé las puertas del baño y caminé hacia la salida. No miré alrededor nomás para enfrente. Parecía que la gente estaba muy ocupada hablando, comiendo y divirtiéndose como para notar que un cholo se abría camino para la puerta.

Ya casi afuera, respiré hondo, pisé el pavimento y traté de irme cuando dos Frankensteins aparecieron detrás de mí e intervinieron. Estaba por descontarme a uno cuando el otro me agarró el brazo y me tiró al piso. Una mujer chilló. Pude ver las imágenes borrosas de la gente que paró para mirar bronquearnos allí en el piso. En cuanto me calmé, me levantaron como rata atrapada y me arrastraron por el restaurante. Algunas personas estaban paradas, otras asombradas en sus sillas, todos me miraban en silencio. Sentí que me deberían de aplaudir.

Los Frankensteins me empujaron por una bodega de atrás del restaurante para una oficina. Un hombre medio pelón con la corbata floja y una camisa blanca arrugada estaba allí sentado y se veía cansado.

—Anda, siéntate —me dijo y se volteó con los Frankensteins—. Gracias. Lo hicieron bien.

Los vatos me echaron una última mirada, como si mejor me hubieran quebrado un brazo o algo.

—Acabo de llamar a la policía —dijo el pelón—. Van a llegar en cualquier momento.

Allí me quedé, sentado sin expresión.

—¿Cómo te llamas, muchacho?

Lo miré.

—¿Cómo te llamas, muchacho? —contesté.

Me sorprendió que se riera.

—El nombre es Kearney, Charles Kearney.

Kearney me miró con un escante de interés por detrás de un cerro de papeles.

—¿Te puedo preguntar por qué lo hiciste?

—Tenía hambre.

—¿No tienes comida en casa?

—A veces, pero no vivo en casa.

—Me imagino que ya te han arrestado.

—Aquí y allá, por tonterías.

—Bueno, lo que hiciste está mal —explicó Kearney—. Es contra la ley ordenar comida, comer y no pagar. ¡Es robar!

—Ya sé.

Puso un montón de papeles arriba de otro.

—¿Cuántos años tienes?

—Voy a cumplir dieciséis.

Sacudió la cabeza.

—Y no tienes casa a donde ir, ¿eh?

Crucé la pierna derecha sobre la izquierda, puse los brazos cruzados sobre las piernas y lo miré derecho al Kearney.

—Oiga señor Kurley, o como se llame. Yo tenía hambre. No tengo dinero. Por eso agarré algo de comer. Mi mamá trabaja duro para mantener a la familia. A ella no le gusta que yo haga esto y yo sé que se siente mal por no ganar suficiente para nosotros. No tiene la culpa. Me corrió de la casa por cabrón. Así que no puedo quejarme. Tengo que arreglármelas yo solo, hacer lo que pueda para quitarle un peso a mi mamá y a la familia. Usted sabe de qué estoy hablando ¿verdad?

—Pero robar es contra la ley.

—Ya sé que hice mal. No le doy excusas. Usted me atrapó, estamos a mano. Voy a irme a la cárcel.

Pausé, miré un poco alrededor, luego regresé con el Kearney.

—No me malinterprete, no me gusta la cárcel. En la cárcel le pegan a uno, pero como ya le dije: no hay excusas.

—¿Cómo que, te pegan en la cárcel?

—Si hombre, los policías —le respondí—. Siempre nos pegan. Especialmente los sheriffs. Ellos son los peores. No les importa si tienes hambre, si tienes trabajo o no, ni entienden algo como lastimar a tu mamá que trabaja tan duro. Quieren controlarte, dominar tu vida. Así es. Así es en el barrio.

Kearney me miró intensamente.

—No sé nada de eso, lo único que sé es que obraste mal. Me robaste. Tienes que pagar por eso.

—No me importa. El problema es que terminamos pagando más que otra gente por lo mismo. En este lado de la ciudad los policías no le pegan a la gente. En este lado de la ciudad los policías no te paran nomás porque sí. No te pegan en la cabeza para ponerte furioso para que hagas algo de que después te arrepentirás.

—No me importa pagar por mis equivocaciones —agregué—. Pero parece que también pagamos por los errores de otros. A veces hasta pagamos sin habernos equivocado. Sólo por ser lo que somos, ¿sabe a lo que me refiero? Sólo por ser mexicano. Esa es la única maldad que tengo que cometer.

Kearney reflexionó sobre mis palabras en silencio. Pronto entró un chota a la oficina. Le reconocí la fea cicatriz sobre la mejilla. Era el Cowboy.

Kearney miró al Cowboy y luego me miró a mi. El Cowboy también me reconoció.

—¡Mira quién está aquí! —exclamó el Cowboy—. Chin, mi compa. Esto va a ser divertido, ¿verdad Chin?

—¿Lo conoces? —me preguntó Kearney.

—Seguro —dije disgustado—. El es uno de los sheriffs que te contaba.

—Mire, señor Kearney, no se deje hacer tonto por estos pinches chavos —dijo el Cowboy—. Si me pide mi opinión, todos necesitan una buena patada en el culo.

El Cowboy sacó un bloque de papel y se preparó para hacerle

159

preguntas al Kearney. Pero el Kearney hizo algo asombroso.

—Está bien, oficial, no voy a hacer cargos.

El Cowboy sonrió y sacó un lápiz de su chaqueta.

—Sé como se ve, pero no sienta lástima por estos payasos —respondió el Cowboy—. Podrían balacearlo igual que robarlo.

—Comprendo, pero está bien —persistió el Kearney—. No quiero que se lo lleve. Yo me hago cargo.

—¿Qué está loco? —El Cowboy perdió la paciencia—. Este chavo es muy mala noticia. Lo conozco. Ya lo han arrestado muchas veces, su récord podría cubrir todo el piso.

—*Ah jijo* —pensé—, *el Cowboy me tiene tantas ganas que hasta el Kearney lo siente.*

—No, oficial, siento haberlo llamado y haberlo hecho venir hasta acá —insistió el Kearney—. Pero ésta es mi decisión final. No voy a dejar que usted se lo lleve.

La cara del Cowboy enrojeció de furia. Se metió el lápiz de nuevo en la chaqueta y el bloque de papel en la bolsa de atrás del pantalón. Se volteó hacia mí con fuego en los ojos y el labio le temblaba. Luego, sin decir palabra, se balanceó sobre las botas y se fue, dando un portazo.

—*¡Qué alivio! Yo ya me había imaginado la madriza que el Cowboy me tenía guardada.*

—Oye, chavo —dijo el Kearney—. Quiero que te vayas de aquí. No malinterpretes lo que hice. No quiero verte de nuevo en mi restaurante, ¿oíste?

—Está bien—y gracias.

El Kearney me dejó salir por la puerta trasera. Examiné el callejón. Sentía que el Cowboy me estaba acechando, esperándome.

Corrí a madres por el callejón.

—Orale, compa —dijo una voz desde las matas. Miré y vi al Chicharrón que salía de entre las ramas con un pedazo de tubo en la mano.

—Chingao, me alegro de verte —le dije—. ¿Aquí estabas todo este tiempo?

—Simón, ése, los vi cuando te apañaron —explicó el Chicharrón—. Por eso me hice hide aquí y luego el Cowboy se parqueó y entró. Cuando te sacara le iba a atizar un chingadazo en la chompeta con este tubo. Pero salió solo. ¿Qué chingados pasó?

—Nunca lo vas a creer —le dije—. Apenas si yo lo puedo creer. Te lo cuento después.

Miré alrededor buscando al Arnie.

—¿Qué pasó con el lambe?

—El Arnie, ¡ese puto! Cuando vio el tubo y le dije lo que iba a hacer, no se qué hizo mumble de que estábamos locos y se peló corriendo.

—Qué le hace —le dije—. Vámonos antes de que el Cowboy nos cache.

■■■■

El Chente entró al Centro Bob Avila, el lugar estaba atiborrado de humo, de tórica y risas de vatos y rucas. Como director de actividades del centro, el Chente era el administrador, la figura paterna, el consejero y el legislador. Pero tenía que hacerlo con fuerza y carácter. Estilero. El sabía que estos chavos no respetaban a la autoridad impuesta.

El Chente abrió clases en el centro, de artes marciales, labores, arte y fotografía. Había nuevos programas del gobierno para agencias como El Centro Comunitario Bienvenidos que manejaba el centro juvenil; el Chente encontró unos de esos fondos y pensó darle a Lomas la primera y única instalación de recreo.

El Chente me vio parado con la Chata y la Trudy y se acercó.

—Luis, quiero preguntarte algo.

—Orale, ése.

—En mi oficina está más calmado.

Seguí al Chente a un cuartito con viejos archiveros de metal y un escritorio raspado. Me paré cerca de una ventana que daba al área de los juegos de pool.

—Te tengo un jale —dijo—. Es parte del Grupo Juvenil del Barrio. Recibimos fondos para varias posiciones. Me gustaría que tú agarraras una.

—¿Qué tengo que hacer?

—Bueno, casi todos los jales son de limpiar los parques, de pintura, carpintería y mantenimiento de los callejones —dijo—. Quiero que dirijas uno de los equipos de trabajadores. Vamos a empezar a dar jales la semana que viene, pero tienes que anotarte. Es para familias pobres. ¿Qué te parece?

—Orale, ya sabes que no tengo jale.

—Pero hay una condición —dijo el Chente, mirándome intensamente—. Quiero que pienses en ir a la escuela el semestre que viene, a la Keppel.

—¿Para qué? Ya estoy hasta la madre del escuelín. De todos modos no me quieren en la Keppel.

—Guáchate, va a haber unos cambios —me informó el Chente—. La Keppel va a tener un nuevo director, el señor Madison. Dice que se quiere juntar con los estudiantes de Lomas. Estamos trabajando en eso ahora. Algunos de la comunidad ya se juntaron con él y aceptó poner un Centro Estudiantil Chicano, a un consejero de tiempo completo para los chavos y, cacha esto, un club en la escuela para estudiantes chicanos.

—¿Estás seguro?

—Simón, estoy seguro.—¿qué dices?

—No sé, ése. Déjame pensarlo.

—Orale. Todavía tienes todo el verano —dijo el Chente apretándome la mano—. Y no se te olvide venir la semana que viene para el trabajo.

En el verano trabajé en un equipo del NYC. Agarramos una troca vieja de redilas para usar en los lugares que íbamos a limpiar. Llenábamos la parte de atrás de la troca de basura que habían tirado en los caminos, parques, terrenos baldíos y edificios abandonados. De allí íbamos al basurero y descargábamos. También poníamos papel tapiz, hacíamos carpintería liviana y pocos trabajos eléctricos, ayudábamos a construir la nueva guardería infantil diurna y el centro para estudiantes que desertaban las escuelas que estaba cerca del Centro Bob Avila.

Los proyectos comunitarios florecieron por todos lados. El gobierno sacó muchos programas para chavos y jales. Los activistas vinieron a Lomas con varias ideas. Abrieron una cooperativa de abarrotes dirigida por las madres de Lomas. Emplearon a consultores especialistas en donaciones y recolecciones de fondos.

Me metí profundamente con el centro. Los fines de semana me levantaba a las tres de la mañana para ir con algunos padres al mercado campesino del centro de Los Angeles a recoger cajones de fruta y verdura para la cooperativa de comida. En la semana trabajaba turno regular limpiando el barrio. En la noche iba al centro juvenil y seguido me ofrecía de voluntario para varios programas, incluyendo el reparto de bolsas de comestibles a familias muy pobres.

Una vez, un hombre que se llamaba Daniel Fuentes vino para enrolar a los vatos en el box de aficionados. Se presentaba una serie de torneos: el Olímpico para chavos, el Guantes de Oro y la Olimpiada. Quise ver cómo me iba en el box. El Fuentes dirigía el club de box desde su casa en Las Lomas. Usamos el auditorio dilapidado de la escuela primaria, abajito de la Graves, para entrenar. Corríamos alrededor del patio de la escuela.

Los días de box, el Fuentes amontonaba a los muchachos en su camioneta negra pintada a mano y nos hacía practicar en el ring del Main Street Gym del centro de Los Angeles o en un gimnasio temporal en una bodega del sur de El Monte.

El Fuentes nos exigía demasiado. Sabía que casi tenía que moldear a vatos callejeros indisciplinados que les importaba madre. Tenía que producir buenos boxeadores de una materia prima difícil. Pero había algo a su favor: teníamos güevos.

Los primeros días de entrenamiento, tratamos de que pensaran que éramos unos vatos muy cabrones levantando los puños y brincando mucho. El Fuentes puso a su hijo, el Steve, para que se aventara unos rounds con nosotros. A los dieciocho años, el Steve era un aficionado con experiencia, había ganado unos títulos locales y se había aventado casi cien pleitos. No parecía cholo. Pero cuando se subió al ring nos partió la madre. No podíamos defendernos. No sabíamos combinaciones. No entendíamos de equilibrio, de mover los pies, ni siquiera de dónde ver cuando peleábamos.

—¿Así que ustedes piensan que son los más fregones de por aquí? —preguntaba el Fuentes—. Pos no durarían ni un round en un pleito de aficionados. Pero eso va a cambiar.

Todas las noches corríamos nuestras vueltas en la escuela primaria. Algunas veces, el Fuentes nos arrastraba a la Universidad de East L.A. donde nos la rompíamos alrededor de un circuito. El Fuentes nos enseñó cómo pegarle a las bolsas pesadas, a usar el lazo para brincar y nos ayudó a desarrollar la zona de los hombros y del pecho.

—La fuerza no está en los brazos —decía—. Está en los hombros. Pónganle la fuerza de todo el cuerpo al puñetazo y así hacen que cada golpe cuente.

El Rubén Navarro—también conocido como el Maravilla Kid— era candidato al título mundial de peso pluma. El Maravilla Kid se convirtió en nuestro patrocinador. Nos conocían en aquel entonces como los Maravilla Kid United Teen Pugs.

El Kid Maravilla nos visitaba cada semana más o menos. Se movía en un carro clásico de los treinta, bien equipado y brilloso. Se bajaba con un abrigo largo de lana, camisas de seda y un sombrero de fieltro. Muchos de los vatos se iluminaban al verlo. A veces una güera se sentaba a su lado mientras nos observaba entrenar.

Un día peleaba con un vato que se llamaba el Left Brain. El Maravilla Kid nos miró un recle, luego se levantó y nos paró.

—¿Qué creen que están haciendo? —preguntó.

No teníamos palabras.

—Díganme, quiero que me expliquen lo que están haciendo.

—Estoy protegiéndome y esperando a que se abra —le contestó el Left Brain.

—¿Protegiéndote?

Entonces el Kid le tiró un chingazo con la zurda y le atizó al Left Brain sólido en el cachete. Todos dejaron lo que estaban haciendo. El Left Brain estaba allí, avergonzado y adolorido.

—No vi que te protegieras —dijo el Kid—. Eso es lo que pasa cuando alguien te pega en serio. Quiero que lo hagan de a deveras. No ese juego de manos acolchonado. Cuando estés en el ring nadie va a jugar contigo a los manazos.

El Kid se volteó conmigo y me miró con desprecio.

—Y tú, quiero que te le eches encima como si acabara de escupirle a tu madre.

Cuando iba el Kid todo se volvía más excitante. A veces se frustraba el Fuentes. Tenía su propia manera de entrenar. Pero el Kid quería trofeos. Quería que nuestros nombres les inspiraran miedo a los otros clubes de aficionados. Quería que ganáramos los Guantes de Oro y los Campeonatos Olímpicos.

La competencia entre los diversos clubes de box, en Los Angeles y alrededores, era feroz, casi mortal. Para los chicanos se la jugaba en el negocio del box. Fuentes discutía largo y tendido con el Kid Maravilla acerca de los fondos. Necesitábamos guantes, bolsas, muchas cosas, pero el Kid sólo decía "ya mero."

Pronto empecé a volver a casa con el ojo rojo por las venas rotas; con moretones y marcas en la nariz, en los cachetes y en la boca. Aún después de una noche de entrenamiento duro, iba todo adolorido y golpeado a jalar al día siguiente con mi Grupo Juvenil del Barrio.

Algunas veces peleé por trofeos con los clubes del East L.A., Pomona, Azusa, EL Puerto de Los Angeles y El South Central de Los Angeles. Eran de tres encuentros tortuosos. Le poníamos tanto a cada round, tantos golpes y energía, que casi todos estábamos muertos de agotados para el final de un combate.

Yo no era muy bueno. Pero tenía lo que se llama corazón. Iba a matar. Me abalanzaba sobre mis contrincantes y les partía la madre. Confieso que tenía mucho de dulce ciencia. Al Kid Maravilla no le importaba con tal de que ganara las peleas.

El Fuentes me pidió que hiciera la lucha por participar en el Torneo Olímpico para chavos. Había adquirido el volumen para llegar al peso mediano. Los vatos de esa división tiraban duro pero no eran tan grandes como para no poder moverse y todavía provocar la excitación. La competencia resultó más fuerte y mejor entrenada. La mayoría de los boxeadores venían de clubes de más dinero y más prestigio. Los Pugilistas Adolescentes Unidos del Kid Maravilla eran como parientes pobres y enfermos. No teníamos recursos y se nos agregaba esa presión para ser mejores.

Mi gran oportunidad para llegar a la cúspide del torneo llegó con un combate en el gimnasio de la Lorena Street que estaba en el sótano de una iglesia de East L.A. El Fuentes trabajó para que adquiriera confianza.

—Esta es tu gran oportunidad —me decía el Fuentes—. Si alguien puede hacerlo, tú también puedes.

Entusiasmado, invité a toda la familia para que me fuera a ver: mi madre, mi carnal y mis carnalas fueron al pleito; era la primera vez que hacíamos algo juntos en muchos meses.

El lugar estaba repleto de espectadores. Clubes de todo Los Angeles fueron a boxear. La mayoría de los boxeadores eran negros o latinos, para nosotros el box resultó la salida proverbial.

El Fuentes y su asistente, un viejo profesional que se llamaba el Winky, que hablaba con dificultad y le faltaba el cartílago de la nariz de tantas veces que lo habían golpeado, reunieron a los Pugilistas Adolescentes para echarles porras. Allí me senté junto a los otros—llevaba calzones cafés, una toalla alrededor de los hombros y el Winky seguía el ritual de envolverme las manos con cinta para protegerlas de alguna fractura.

—Esta es una gran pelea para ustedes, ésos —dijo el Fuentes—. Pero creo que no hay mejores boxeadores que los que están sentados aquí. Ustedes entrenaron duro, bajo las condiciones en que trabajamos. Pero recuerden que el que gana es el que tiene más jaspia. Si ustedes no la tienen, no se quién la tendrá.

"Jaspia" significaba hambre y el Fuentes nos gritaba eso seguido desde su rincón para recordarnos la porra.

Como de costumbre, el Héctor Sorillo llegó tarde con los brazos de una linda chicana de piel clara llamada Delfina sobre sus hombros. Como era el mejor combatiente del club y antiguo compañero de caballeriza de Steve, el Héctor había ganado casi todos los trofeos y la gloria. Creo que el Fuentes lo odiaba porque el Héctor tenía influencias pero el Kid lo alababa como a los dioses.

—Héctor, te ves muy chulo —le dijo el Fuentes—. Aquí hay un pleito. Ponte tu equipo. Eres bueno pero no tanto.

La Delfina se sentó cerca de mí mientras esperaba que me tocara entrar al ring. Levaba un vestido de noche color lavanda que se ondulaba cuando se movía; traía el pelo café claro recogido bonito alrededor de su cara perfecta. Yo estaba sentado, relajado, con los guantes puestos y el sudor que me goteaba sobre la ingle.

—¿Quiubo Luis? —preguntó la Delfina. Nunca me había hablado.

—Ai nomás —por ai está mi familia.

—Estás nervioso.

—Todo el tiempo. Pero el Fuentes piensa que me va a ir bien aquí.

—¿Y tú qué piensas?

—Creo que es mejor que piense lo que piensa el Fuentes.

Nuestro equipo salió medio victorioso y medio perdedor. El Héctor y el Steve ganaron sus pleitos, hasta el Left Brain ganó. Pero los otros vatos estaban perdiendo. Había equipos muy buenos por allí. Entonces entró el Winky, me hizo señas y dijo:

—Te toca a ti.

Me subí al ring. La gente estaba sentada en sillas plegadizas desparramadas por todos los rincones del gimnasio. Mientras subía al ring, vi a mi madre gordita a un lado, al Joe y a mis carnalas alrededor. Me di cuenta que ella no se estaba divirtiendo. Pero vino a verme y sentí que tenía que ganar este pleito para ella.

El Fuentes subió conmigo. Los réferis nos leyeron las reglas a los contrincantes. Los rounds eran de tres minutos. Traíamos puestos cascos de seguridad y protectores de boca. Los jueces eran funcionarios del Torneo Olímpico Para Adolescentes. El ganador de este pleito iría al siguiente nivel del torneo hasta llegar a las finales en el famoso Auditorio Olímpico del centro de Los Angeles. Mientras todos salían del ring dejando a los boxeadores y al réferi, escuché al Fuentes decir: *¡Jaspia!*

Sonó la campana. Las manos me volaron para arriba. Me apuré hacia el centro del ring. *Aquí estoy. ¡Ven por mí!* El otro boxeador se vino hacia mí. A pesar del griterío del público y de las infinitas caras volteadas hacia nosotros, nunca me sentí más solo con otro ser humano que en el ring de boxeo.

Nos sonamos uno al otro. Me le eché encima como siempre lo hacía, tirando puñetazos por todos lados. Empujé al vato alrededor del ring. Trató de sacarse de la arremetida agachándose y girando como pivote. Le seguí el movimiento mirándolo derecho al pecho para saber de donde venían sus brazos.

Cada vez que entraba en el ring me obsesionaba. Tiraba muchos chingazos, casi ninguno de los otros podía apartarse. Pero el vato que tenía enfrente no era pendejo. Sabía evitar la mayoría de los trancazos, patinando y deslizándose bajo los guantes. Me tiró suficientes golpes como para mantenerse compitiendo—una estrategia inteligente. Yo tenía que boxear con el de a deveras y no sólo tirarle trancazos; si no me noquearía.

Terminó el primer round. La gente gritaba que quería más desde sus asientos. El Fuentes sonrió y me dijo:

—Ya lo agarraste. Es tuyo.

Espié a mi madre que estaba sentada muy quieta. Mis carnalas chillaban y gritaban. Mi carnal se iluminaba con una sonrisa. Me sentía muy bien. Tenía que ganar; mucha gente dependía de eso.

Sonó la campana y brinqué, listo para el último baile. Tiré y tiré golpes cortos.

—¡Pégale, pégale! —gritó alguien desde mi rincón.

Pero a medio round, me estorbaron los brazos. El peso de los guantes me jaló las manos para abajo de la cintura. Quería gritar mientras usaba todos los gramos de fuerza para mantenerlas arriba, pero eso no me dejo golpear. La estrategia de mi contrincante dio resultado: me cansé.

No hay peor dolor que estar exhausto sobre el ring—menos los dolores de parto—pero eso explica lo que quiero decir. Los profesionales conocen esa sensación de los últimos rounds; es lo más cercano a la muerte que uno puede sentir en vida. Cada golpe le abre algo adentro a uno, despedazándole la voluntad mientras le destroza la carne.

El peso de los guantes resultó intolerable. Los aficionados llevaban guantes más pesados que los profesionales, pesaban ocho onzas pero en el ring parecían yunques. Escuché decir *pégale, pégale*, pero sencillamente no pude. El vato de enfrente se hizo para atrás y comenzó a bailar con movimientos exagerados. Me tiró golpes limpios a los brazos, los riñones, y al casco de seguridad. Me encogía con cada golpe que devolvía. *¿Cuándo va a sonar la campana?* Todo tardaba una eternidad. Los movimientos de las manos, las bocas y las voces de alrededor sucedían como en exasperante cámara lenta. *¡Jaspia!, ¡Jaspia!* Me agaché y me tambaleé. Retrocedí y sentí que una barrera de sogas me empujaba de nuevo para adentro. *¡¿Dónde diablos está la campana?!*

Finalmente explotó el tañido de la campana y terminó el round antes de que me noquearan por piedad. Terminó y yo me quería ir a casa. De repente me invadió el arrepentimiento. Entonces supe que el vato me había vencido. Regresé a mi rincón y apenas pude sentarme. El Fuentes se preocupó pero sólo dijo *jaspia*. No miré a mi familia.

Después de un minuto de descanso, otra campana señaló la agonía que venía con el tercer y último round. En éste se supone que uno tiene que dar todo lo que puede. *Me lo voy a chingar.* Salí corriendo como en el primer round. Dejé que la excitación de los gritos y chillidos a mi alrededor me sacaran fuerza para darle a mi contrincante mis mejores golpes. Otra vez lo empujé alrededor del ring. Me pintaba bien. De reojo, vi al Fuentes y al Winky con los brazos en alto, gritando de placer. De repente, no supe de donde me llegó un puñetazo como martillo directo a la nariz. Volé para atrás y abajo sobre una rodilla. La sangre me salía a borbotones, signo de que me la había quebrado.

El réferi empujó al vato para atrás. Escuché que mi contrincante dijo:

—¡Ya estuvo, ése!

Me levanté. El árbitro me preguntó algo. Yo sólo moví la cabeza. Veía todo borroso frente a mí. El réferi me miró fijamente y me preguntó algo otra vez. Yo sólo recuerdo un murmullo incoherente. Entonces el réferi se dirigió al otro vato y le levantó el brazo triunfalmente. No contaron ni hasta ocho. Allí me quedé parado, un héroe repugnante, un guerrero caído. El Fuentes se me acercó y me desató los guantes.

—Estuviste bien. Te lo echas a la siguiente.

El Winky trajo una toalla y me apretó una parte sobre la nariz.

—Se la tienen que checar, Dan —le dijo al Fuentes.

Vi que la Delfina me espiaba detrás del Héctor, que estaba parado muy orondo y presumiendo la ropa. Parecía que Delfina trataba de decirme algo con los ojos, algo para aliviar la pérdida.

Mi mirada cruzó sobre varias filas hacia mi familia. Estaban todos de pie. Mis carnalas tenían las manos sobre la boca. Al Joe lo veía raro, como no sabiendo si felicitarme o darme el pésame. Y Mamá—vi que Mamá había llorado.

———

El yonque del Jorge brillaba en la Garvey Avenue como una ciudad de vidrio y metal bajo el radiante sol de la tarde; las huesamentas de los carros se amontonaban una sobre otra, todas simétricas e inclinadas como si fueran una cadena de montañas rojizas galopando en la planicie de un desierto. Enroscamos los dedos en una sección del alambre tejido y miramos los restos de fierro, pintura y goma de lo que una vez había sido un Chevrolet sedán 1969.

El día anterior, el Yuk Yuk y el Daddió se habían tragado varias pintas de tequila, como en la madre patria donde unos hombres de acero habían domado la tierra y a los animales salvajes sólo para que los esclavizara el jugo del maguey que se cocía con las hierbas que sobraban, el fermento de las cosechas—y apagaba una muy profunda sed.

Más tarde, el cielo dejó caer una lluvia punzante y el Yuk Yuk y el Daddió se robaron un carro y luego se metieron a una tiendita de abarrotes del San Gabriel Boulevard. Pero algo salió mal. Hubo un tiroteo. Salieron corriendo por las puertas de vidrio, se subieron a la ranfla y se pelaron para el Pomona Freeway— unidades del sheriff y helicópteros los persiguieron mientras que el Yuk Yuk aceleró la ranfla a unas ciento veinte millas por hora por una ladera y falló al dar una vuelta hacia arriba. Según el médico forense, el sedán rodó tanto que el Yuk Yuk y el Daddió "prácticamente se desintegraron" antes de que la ranfla quedara tirada cerca de una bodega abandonada, frente al nido de trampas cuyos cuerpos sin alma vagaban cerca de las vías del tren.

Al día siguiente la gente visitó el yonque, turnándose para observar el monumento quebrado a nuestros compas y para ofrecer un homenaje frente de los restos del carro antes de que lo extrajeran, arrugado, convertido en un objeto rectangular que alimentaría una caldera en algún lado y el vapor de su existencia se transformara en agua, convirtiéndose en nuestro aliento, transformándose en lo que nos mantiene vivos.

━━━━

Me senté entre estudiantes y maestros en nuestra cuarta o quinta sesión de estudios—ya había perdido la cuenta—con un grupo que el Chente llamaba "el colectivo."

Fui una vez para ver qué onda o tal vez para quitarme al Chente de encima. Pero después de la primera ocasión, seguí yendo. El grupo estudiaba política, filosofía, economía—la dinámica de la revolución social. Había algo en la forma que el Chente y los otros le daban sentido; la manera en que revivían cosas muertas—cómo tomaban lo obvio y probaban exactamente lo contrario. Las palabras fueron una revelación fascinante para mí. Otra cultura. Nunca había experimentado algo así. Allí se desafiaban todas las percepciones. Allí el conocimiento, esa paloma evasiva que nunca había encontrado campo de aterrizaje cerca de mi mano, podía asirse con delicadeza—y no se escaparía volando.

El Sergio, su esposa la Ofelia, el Octavio y la Skin también participaban en las sesiones. Eran activistas y estudiantes. Eran hijos de obreros de las fábricas, de mecánicos y camioneros que vivían en East L.A. y sus alrededores. Se reunían semanalmente en una casa de Las Lomas donde vivía el Sergio quien estudiaba para médico. No le comentábamos a nadie donde estaba; los nombres reales y los lugares no se decía por teléfono.

Una oración de una lectura se me grabó en la mente: *una invitación a abandonar las ilusiones de una situación, es una invitación a abandonar una situación que requiere de ilusiones.*

Pero ese día, especialmente, sentía todo confuso. No participé igual que siempre. Los constantes cuestionamientos, las preguntas que entretenían pero que eran atrevidas—o tontas cuando las hacía, no se materializaron. Los otros estaban allí conmigo pero yo no estaba con ellos. Presintieron que algo andaba mal.

El grupo analizaba los procesos de gobierno del mundo y de los Estados Unidos. Pero yo miraba retraído el libro que tenía enfrente mientras que alguien leía el pasaje en voz alta. Yo sólo veía caras contorsionadas en las páginas. Entre las líneas escritas a máquina, vi bocas que gemían y ojos llenos de terror. Vi lo que estaba viviendo. Y aunque traté de participar, esa noche sólo vi que mis compas y mis chavas se morían.

Distraído eché la cabeza para atrás. La prosa fascinante se había vuelto etérea—la profundidad se perdió en un campo vacío en algún lugar del barrio.

—Creo que podemos terminar por esta noche —dijo la Skin contemplándome. Miré para abajo al dibujo de la alfombra que cubría una parte del piso de madera y que parecía fluir con ríos, pájaros y aromas tropicales.

Empujaron las sillas para atrás. Juntaron las tazas de café. Los platos sonaron en la cocina.

Me paré despacio. Todo giraba a mi alrededor. Las voces se esfumaban. Me hundí en la blandura del sofá. La voz de la Ofelia penetró el clamor de mi cabeza.

—Luis, ¿qué ondas? ¿andas en broncas o qué?

Sí, traigo una bronca bien gruesa. En una nube, un viajero

en un barco nebuloso, flota a través de las pantallas de las lámparas, las macetas con las plantas en la ventana soleada—a través del bosque de una cabellera de mujer.

Los otros me rodearon, mirándome, esperando que dijera algo. Pero la voz se me quedó en la cabeza. Miré la cara barbuda del Sergio, los ojos preocupados de la Ofelia, al Chente—el viejo y bueno del Chente, calmado como siempre—y a la Skin con una blusa india floreada de México que la hacía parecer lo que siempre me imaginé sería una princesa maya.

Los guerreros morirían por ti, Skin. Treparían empinadas montañas, nadarían en mares enormes y destruirían ejércitos de enemigos por ti, deidad paseadora, Diosa del aura y flor.

Pero pronto me sentí avergonzado. No les podía decir lo que había hecho. Por qué me sentía como que corría y corría sin parar nunca.

Los otros juntaron sus cosas y se fueron. Pero el Chente se quedó para acompañarme. Salimos. El aire fresco me pegó en la cara como cachetada.

—Muy bien Luis —el Chente exigió—. Dime que te pasa.

—No es nada, compa.

—Entonces déjame que yo te diga —dijo el Chente con voz firme—. Andas en algo otra vez. Lo he visto muchas veces. Sólo que ahora ya no puedes regresar.

—Guáchate, sé que hice mal. No quería hacerlo. Pero desde que murieron el Yuk Yuk y el Daddió, los demás necesitábamos subirnos. Y el Santos y el Lencho encontraron una buena mierda.

—¿Dónde andabas?

—En los files, ése—yo sé, yo sé, nunca debería haber ido para allá —dije—. Pero es mi barrio, ése. Yo estoy aquí tirando línea, pasando el tiempo. Y ellos traían un poco de carga.

—¡Hijo! —interrumpió el Chente—. Dijiste que ibas a dejar las drogas para estudiar con nosotros. Sabes lo que eso te hace: te apendeja el pensamiento, las acciones. ¿Qué vas a hacer cuando te haga picadillo el cerebro?

—No te escames —le contesté—. No le entré mucho—nomás un toque, tú sabes.

—A veces uno lo necesita —agregué mirando a la distancia—. A veces no se puede estar sobre las cosas, Chente. ¿Ya pensaste en eso, ése?

—Simón, Luis, pienso en eso todo el tiempo.

El Chente se volteó y caminó al carro parqueado en el callejón. Miró para los cercos de madera y las paredes de ladrillo marcadas que estaban allí ya hacía treinta o cuarenta años. Nombres sobre nombres. Nadie los había borrado. El grafiti se quedaba y cada generación ponía su placa sobre la vieja.

El Chente examinó las paredes, cansado de lo que representaban: el dolor, dejar una marca en el mundo, con frecuencia la muerte. Se volteó hacia mí.

—Seguro que uno se siente bien tronándoselas de vez en cuando —dijo el Chente—. Dejarlo todo. Pero la batalla por un mundo mejor no se va a acabar porque tú no estás listo. Lo que hacemos no es algo que se hace cuando uno tiene ganas. Estés o no estés listo, esta lucha continuará. Tú eres un vato loco. Para ti el mundo es un chingadazo tras otro—y un poco de buena droga. Pero ahora tú vas a tener que decidirte. O la locura y la violencia—o aquí, estudiando y preparándote para un mundo en que nada de eso es necesario.

El Chente se buscó las llaves en la bolsa y abrió la puerta del carro. Antes de subirse, me echó otra mirada; yo me daba cuenta de que aún no quería darme por perdido. Pero siempre me decía: *la gente siempre se abandona primero a sí misma.*

—Luis, no tienes que estudiar con nosotros para hacerme feliz a mí ni para que el colectivo esté orgulloso de ti —me explicó el Chente—. Hay mucha gente que está involucrada en tu vida ahora. Si ganas, nosotros ganamos; pero si te hundes, te hundes solo.

CAPITULO 7

═══

*"Cuando termina el ahorcamiento y
las brasas de la hoguera se ponen
grises y frías, los cuerpos de los már-
tires conquistados se convierten en
ideas inconquistables."*
—Nelson Peery

El 29 de agosto de 1970: decenas de miles se reunieron en el Belvedere Park de East L.A. para protestar contra la Guerra de Vietnam. Los organizadores pusieron rótulos en los postes de la luz y en las paradas del bus con las siguientes estadísticas: 22 por ciento de las víctimas de la guerra eran de comunidades hispanohablantes—¡a pesar de que ésta sólo llegaba al 6 por ciento de la población total de los Estados Unidos!

La siguiente marcha, llamada "La Moratoria Chicana Contra la Guerra," se transformó en el mítin más grande organizado alguna vez por una comunidad minoritaria.

Salté a un bus traqueteado de San Gabriel que tomó el Beverly Boulevard y la Calle Tercera con dirección al Belvedere Park. Cuando llegué, la gente traía carteles denunciando la guerra, incluyendo algunos que decían CHICANO POWER. Los Brown Berets, hombres y mujeres, que llevaban uniformes de lona estilo militar color beige, marchaban a ritmo por la Calle Tercera. Un hombre con bocina gritaba slogans: *No a la guerra, ¡Chale! No vamos a ir y ¡Qué Viva La Raza!*

Los slogans incitaban a la multitud a entonar cánticos.

175

Carteles y puños perforaban el cielo. El ritmo de la conga que tocaban los tambores hacía girar a un grupo de gente que estaba en un extremo del parque. Me metí entre los que protestaban, vestido en ropa de calle y mi camisa azul favorita marca Pendleton. Cuando comenzó la marcha, eché mi puño al aire.

Avanzamos por el Atlantic Boulevard, pasamos por hileras de mueblerías, agencias de carros usados y cementerios. Los dueños de las tiendas cerraban temprano, bajando las oxidadas cortinas de fierro. Madres jóvenes con bebés en sus carritos, trabajadores de fábricas, gangbusters, una pareja recién casada vestida de boda—jóvenes y viejos—desfilaban a mi lado.

Serpenteamos hasta el Whittier Boulevard donde la gente del barrio se nos unió en la marcha; algunos nos daban agua y comida. En los callejones y las calles laterales estallaban broncas entre la jura y los chavos. Tiraban botellas que estrellaban los vidrios de los carros de la jura.

Los manifestantes entraron al Laguna Park que estaba en el corazón de la comunidad más grande de mexicanos fuera de México. En un escenario tronaban los discursos, el teatro y las canciones. La música se colaba por el aire. Vi al Cuervo y al Eight Ball de Lomas. Traían pinguas y nos dejamos cai algunas. Había una tienda de licores en la esquina de Indiana y Whittier donde agarramos unas heladas. Pero el Cuervo y el Eight Ball se jambaron una caja, forzando al dueño a cerrar la tienda. Pronto se juntó un bolón afuera de la tienda exigiendo entrar. Alguien golpeó la puerta de vidrio. De repente una escopeta me presionó el cráneo.

—Muévete o te vuelo la pinche cabeza —me ordenó un sheriff. Me devolví al parque, andando entre pies y cuerpos, entre hieleras y cobijas.

Una línea de jurados estaba en el borde del parque—armados con rifles de alto poder, garrotes y escopetas de gas lacrimógeno—marcharon hacia la multitud. Barrieron con cualquiera que estuviera en su camino. Un grupo de gente se agarró de la manos para que la jura alborotada no alcanzara a las familias. Me volteé contra la bola de jurados. Un vato me dijo que me regresara: *Mañana peleamos.*

Pero yo no tenía más mañanas. Ya estaba hasta la madre de las manos de una autoridad ajena.

—Déjense venir pues, pinche pared encascada de poder estatal. Vengan a tratar de ennegrecer este zacate, esta camisa de colores, este parque festivo lleno de bebés, madres y viejitos, que se levanta de orgullo. Vengan y traten de ennegrecerlo con sus garrotes ardientes, sus escopetas y botes de gas lacrimógeno. Estoy listo.

Un jurado me gritó que me moviera con tono afiebrado.

—Chale, este parque es mío.

Antes de que me diera cuenta, unos chotas me empujaron la cara contra la tierra, la cabeza me latía en donde me habían pegado con una macana. En el piso, las gotas rojas se resbalaron sobre las hojas verdes. La bronca de Laguna Park había comenzado.

Los cuerpos echaron a correr para todos lados. Por entre la niebla de gas vi sombras de niños llorando, mujeres gritando y gente que yacía sobre el zacate, pateando y arañando mientras que los chotas les tiraban macanazos a las vértebras y a las columnas. Los jurados persiguieron a varias personas por los patios y salones de las casas vecinas. En un arrebato asesino sacaban a la gente de los patios traseros y de los porches de las casas, golpeándolos y arrestándolos.

Un chota me empujó para adentro de la parte de atrás de una ranfla del escuadrón. Alguien yacía cerca de mi con el pelo empapado en sangre. No quise mirar por si tenía los sesos expuestos. Le di un pedazo de mi camisa favorita que pronto quedó empapado.

Amontonaron a la primera ronda de detenidos durante horas en un tanque de detención de la cárcel de East L.A.—la misma en que en un año, siete prisioneros "se suicidaron."

Más tarde, esa noche, nos amontonaron en autobuses negros con rejas y nos llevaron a la Cárcel del Condado de Los Angeles, la más grande del país, luego a un salón juvenil y otra vez a la cárcel del condado. En un determinado momento, los chotas rociaron de "mace" las ventanas del autobús mientras estábamos sentados encadenados unos con otros. Los ojos y la piel nos ardían y gritábamos pero nadie nos escuchaba.

Conmigo iban tres vatos chavalones: uno de dieciséis años, otro de quince y su carnal de trece. En la cárcel del condado, los chotas nos pusieron con los adultos—con los sospechosos de asesinato, drogas y violación. No teníamos la edad suficiente para que nos encarcelaran allí, pero no les importó. Había sucedido un levantamiento en East L.A. y nosotros habíamos participado. Un vato negro se acordó de la rebelión de Watts y nos apretó la mano. Vi como los chotas se metían a las celdas y golpeaban a los prisioneros—a un vato le rompieron el brazo.

En un momento, a los cuatro chavos nos transportaron a la Sala de Justicia, conocida como la Glasshouse. Los chotas nos aventaron a las "filas de los asesinos," donde esperaban juicio los delincuentes cabronsotes o cumplían una condena. Me tocó la celda de en seguida del Charles Manson.

Me pusieron con un vato que había matado a un maestro y con otro que balaceó a alguien en el proyecto de Aliso Village. Uno de los vatos me acercó al cuello una navaja que traía escondida. Pero yo sabía que, pasara lo que pasara, nunca debía demostrar miedo. Me le puse al brinco mirándolo derecho y sin pestañear. Luego retrocedió. Muy pronto jugamos a las cartas y nos contamos chistes y cuentos.

Esa noche oímos que el "motín de East L.A."—¡así lo llamaban los medios de comunicación!— se había extendido por casi todo el Whittier Boulevard. Habían quemado y saqueado negocios. La jura había matado gente. Los incendios ardían en otras comunidades chicanas como Wilmington y Venice.

Entonces, un reportero de la radio anunció que los sheriffs habían matado al periodista Rubén Salazar. Salazar era una voz solitaria, dentro de la prensa existente, que abogaba por la gente mexicana en los Estados Unidos (había sido antiguo reportero del *Los Angeles Times* y director del noticiero de la KMEX-TV). Al conocerse su muerte, la hilera de crujías explotó en tumulto. Los presos gritaron, sacudieron los barrotes de las celdas y prendieron fuego a los colchones.

Al día siguiente, Manson, que estaba en una celda cerrada con sólo una ventanilla de vidrio y barrotes para poder verlo, tenía que asistir a una audiencia. Esa mañana, temprano, los guardias nos despertaron a todos y nos hicieron pararnos mirando a la pared de las celdas. Algunos protestaron. El vato que estaba a un lado de mi me dijo que Manson ya había pedido.

—A la verga con esto —dije, pero nos obligaron a obedecer.

Al mediodía nos dejaron recorrer la sección. Hablé con presos de otras celdas, casi todos negros o chicanos. La mayoría nos trataba con respeto a los vatos jóvenes que habíamos estado en la bronca. Sin embargo, cuando le tocó a Manson caminar por la sección, los guardias nos hicieron volver a nuestras celdas. Manson salió de su caja cerrada. Dijo disparates y deliró sobre los "niggers and spics," de cómo los blancos deberían matarnos. Los otros presos le gritaron a él, lo amenazaron de muerte, pero Manson sabía que los guardias no iban a dejar que nadie lo tocara.

Desaparecí en el sistema de justicia criminal. Estaba detenido sin audiencia. Cuando se fijaba alguna, mis padres se presentaban y el juzgado la cancelaba. Papá y Mamá me buscaron por todas partes. Buscaron mi nombre en los archivos de los juzgados y en las listas de arrestos. Cayeron en un laberinto de papeleo y burócratas. Por lo menos una vez, me sacaron encadenado mientras Mamá y Papá estaban sentados, confusos, en una sala de audiencias. Los días pasaban y ellos esperaban noticias de mi liberación.

Finalmente, a media noche, un guardia me despertó, me sacó de la celda y me condujo por corredores bien iluminados. A través de una gruesa ventana de vidrio, vi la cara agotada de mi madre.

Me sacaron en mi ropa vieja, pegosteada de tierra y de sangre. Mamá sonrió a fuerzas.

—No soy un criminal, Ma —le aseguré.

—Ya sé, mijo —me respondió—. Ya sé.

La rebelión de Watts de 1965 cambió para siempre la lucha por los derechos civiles en este país. Los fuegos que rugieron por mi antiguo barrio ese verano también me arrasaron a mí, me horadaron profundos surcos, mientras barrían por América, devolviéndola a sus miedos más grandes y a sus preguntas más difíciles; demarcando largamente ignoradas diferencias de clase y nacionalidad que han dividido al país a través de la historia.

Un recorrido que comenzó en Watts y se juntó con la lucha de los mexicanos por la libertad, que ya llevaba más de un siglo y que maduró en el Movimiento Chicano que se manifestó en East L.A.

¡Y que tiempo fueron aquéllos para estar en Los Angeles!

En 1968 varios miles de estudiantes de la High y de la secun salieron de las escuelas del East Side mexicano para exigir una mejor y más valiosa educación. Los estudiantes de las escuelas de todo Los Angeles los imitaron—en el South Central, the Harbor, el West Side y el Valle de San Fernando.

Un puñado de los de la Garvey nos unimos a los llamados "Blowouts" de East L.A., cuando nos salimos del patio de la escuela. Encabezados por una chava que se llamaba la Norma y por mí, nuestra caminata de salida se convirtió en un gesto de solidaridad. Los estudiantes no sabían lo suficiente de los temas como para llegar a los extremos que alcanzaron los que se encontraban al oeste de nosotros. Aun así, aquél fue mi primer acto político—no tenía más que trece años—y por él me suspendieron de la escuela un día.

Por esa época, los chicanos formaron varias organizaciones de defensa. Los Boinas Cafés o Brown Berets siguieron el ejemplo de los Black Panthers o Panteras Negras que se habían establecido en comunidades. MEChA, la asociación de estudiantes chicanos, tenía filiales en los campus universitarios más importantes. El Partido de la Raza Unida, fundado en el sur de

Texas, se transformó en el brazo de florecientes campañas políticas del movimiento.

En las prisiones donde se había encarcelado a un desproporcionado número de hombres chicanos, brotaron las organizaciones, las publicaciones de los pintos.

En East L.A. también nacieron artistas, músicos y escritores del útero del conflicto. Los Centros de Arte brotaron: Mechicano, los Estudios Goez, Self Help Graphics y La Plaza de la Raza. El East L.A. ostentaba más murales por milla cuadrada que ningún otro lugar del mundo. Los residentes de los proyectos subsidiados con fondos federales—designados alguna vez como nidos de crimen, drogas y la guerra de gangas—cubrieron las paredes imbéciles color pastel con obras de arte que contenían mensajes, pintadas de colores audaces.

A través de los años, los conjuntos como El Chicano, Tierra, Los Lobos, Con Safos, Los Illegals y Califas llevaron adelante el mensaje de la gente por medio de composiciones de jazz-rock latinizado, y más tarde en formas de punk y corridos tradicionales.

Surgieron publicaciones como *La Raza* que con fotos y prosa hacía crónicas del desarrollo actual del movimiento. También *Con Safos*, una revista matizada de caló, de orientación callejera (y precursora de otras revistas que aparecieron después como *Lowrider, Q-Vo y Firme); Regeneración*, renacimiento de una publicación fundada durante la Revolución Mexicana por los hermanos Flores Magón y *ChismeArte*, una publicación de arte literario.

Como resultado y fuerza de toda esta actividad se produjo La Moratoria Chicana contra la Guerra. Fue uno de los disturbios más grandes del barrio entre 1970–1972.

Y durante un tiempo, durante un muy productivo y hermoso lapso, la violencia de las gangas se paralizó. Por un tiempo pareció que la guerra interna se había doblegado ante la lucha por la tierra, la lengua y la libertad—fue cuando tuvimos algo más importante por qué pelear.

La iglesia de San Antonio auspició un baile de chavos luego de mi experiencia con el sistema de cárceles del Condado de Los Angeles. Fui sin saber qué esperar. El lugar parecía hormiguero lleno de chavitas adornadas y perfumadas y de vatos de pelo aplastado y zapatos calientes de lo bien chaineados. Las rucas bailaban con tanto entusiasmo y con tanta música que preferí pararme a los lados para observar la corriente y la marea de sus movimientos, sus giros, la fusión de pies y dedos con la fiebre de alguna oscura tribu y patria ancestral.

Me di cuenta de una mujer cuyo pelo negro, largo y lustroso le enmarcaba la piel color canela, que bailaba como si estuviera sola afuera, bajo la lluvia o un cielo estrellado, sólo para mí. Cerraba los ojos y dejaba que el ritmo de la orquesta la traspasara, tocándole la carne y haciendo que brotara un violento plumaje por toda la pista de baile.

Embelesado, me tardé un rato en darme cuenta de que era la Viviana de Sangra.

A pesar de que no nos habíamos visto en dos años, desde que nos conocimos los Días de la Fiesta de Carnaval de la Misión, me sentí llevado a hacerle frente. La Viviana se volteó poquito para donde yo estaba cuando le di unas palmaditas en el hombro. Luego de mirarme unos segundos, se volteó de lleno conmigo y me miró derecho a la cara. Se acordó. Los dos recordamos—y fue como si no hubiera pasado el tiempo entre nosotros.

—Te ves y te oyes tan diferente —me dijo más tarde la Viviana cuando nos abrazamos después de un par de bailes lentos y unos besos.

—Ultimamente he pasado ratos difíciles—acabo de salir del bote.

—No sé cómo pero lo sabía. Hay algo que cambia la expresión del que ha estado en el tambo, la voz de un vato; cómo se siente cuando lo tocas.

—Tú todavía eres suave para toriquear —dije.

El resto de la noche la pasamos poniéndonos al día. La Viviana se había alejado de los problemas. Pero sus carnales se habían puesto más locos y más letales. Los tres mayores eran miembros machines de Los Diablos; uno, el Coyote, se hizo mano derecha del Chava. Mientras hablaba, un destello de sus ojos reflejó una luz de la pista de baile como una advertencia: me iba a enamorar de esta ruca, y duro.

Ya muy noche, me iba en una bicla de carreras a visitar a la Viviana. Traté de no llamar la atención, con un saco manchado de aceite sobre jeans arrugados. Tenía que entrar a Sangra para verla. Pero no iba a dejar que eso me detuviera. La Viviana valía la pena.

La Viviana y yo toriqueábamos bajo la luz del porche de su casa, nos agasajábamos y durábamos. Una vez, el Coyote subió por la entrada de los carros.

—¿Quiubo, mana? —dijo el Coyote y me echó una mirada para cortar vidrio, como diamante.

—Nariz —respondió.

El Coyote se paró en los escalones. Seguí mirándolo. Con el entrenamiento de levantar pesas y el box, yo ya daba aspecto de poder defenderme. Y también la traza de la torcida en el bote. Tuvo que imaginarse que yo era de algún lado.

—¿De ónde eres, ése? —preguntó al fin.

—Ay Eddie, déjalo en paz —intervino la Viviana—. El está aquí conmigo—y no quiero problemas con ninguno de ustedes, ¿ves?

—¡Aquí para Sangra—y qué! —dijo el Coyote antes de meterse a la casa. Me había salvado por el momento.

—Odio esta mierda —dijo la Viviana—. No eres el primer vato que tiene que pasar por mis carnales para que yo pueda tener un amigo. Pero estoy harta de eso.

—Gracias por echarme la mano —dije—. Pero no puede ser así siempre. Un día se van a dar color que soy de Lomas.

—Ya sé —dijo apenada y alejando la mirada.

La Viviana me enseñó poesía. No las palabras ni la forma sino cómo se siente: me tocó el alma, sus palabras urgaban en algún lugar secreto y oscuro que estaba dentro de mí. Ella tenía una manera de no decir casi nada, pero cuando hablaba sus palabras irradiaban verdad y poder. Yo añoraba las visitas. Ni me importaban los vatos que tenía que esquivar o que pasarles de lado en silencio para llegar allí. Ni sus carnales. Por la Viviana habría hecho lo que fuera.

Una noche nos besamos y besamos, hasta que ya no podíamos parar. Hasta entonces, no nos habíamos más que acariciado y toriqueado suave, pero algo se rasgó entre nosotros; esa barrera invisible que seguido nos mantenía a distancia, aunque estuviera allí tan cerca, parece que se rompió. Nuestras inhibiciones se liberaron y mis manos tantearon su cuerpo flexible mientras su lengua me refrescaba el interior de la oreja.

La empujé suavemente hacia abajo sobre el porche y ella se dejó, complaciente y ansiosa. Su respiración agitada se convirtió en gemidos, suspiros y ruidos femeninos que me sacaron un escante dulce y tenso de adentro. La mano se me fue hasta la parte de arriba de sus pantalones donde ya se había desabrochado un botón, por allí empujé la mano y encontré que podía recorrer todo el camino hasta la raíz de su placer, hasta la seda de su sexo, ella se retorcía, se ponía tensa y apretaba y yo sentí que nadaba, que me ahogaba en el océano de nuestro amor carnal.

Los momentos gotearon, luego la Viviana explotó en exaltados orgasmos; yo me mecí a su lado como bebé en la cuna. De repente, el porche, los árboles, la banqueta y la hilera de casas se convirtieron en intrusos. Una sensación de incomodidad se nos trepó. La Viviana se sentó, se abotonó la camisa y los pantalones, se puso las manos en el rostro y sollozó.

—¿Qué pasa, baby? —le susurré.

—Tienes que irte —me dijo entre los dedos.

—¿Por qué?

—No te lo puedo explicar, nomás véte, por favor.

—No veo por qué. Vamos a sentarnos y …

—Luis, tú no te das cuenta de nada, ¿verdad? —dijo, con una actitud marcadamente opuesta a la de hacía unos momentos, casi como si hubieran sido polvo de sueño, que aunque parecían reales no eran más que polvo.

—Está suave, baby, está suave, ya me voy.

Me levanté y jalé la bicla que estaba tirada en el zacate. Me sentía buti pendejo, sin poder encontrar palabras, unas oraciones que aliviaran el dolor. Algo.

—Voy a volver, Viviana ——mascullé al salir—. Nunca se te olvide lo que pasó aquí esta noche.

Ella apoyó la cabeza en sus brazos que tenía sobre las rodillas, sentada en los escalones del porche.

—Véte, por favor, pero véte —fueron sus últimas palabras.

La Viviana no me contestaba las llamadas. Voces roncas y hondas contestaban el teléfono, decían: *Ella no está aquí.*

Le escribí varias cartas a la Viviana, pero no estaba seguro de que fuera buena idea mandarlas. Por la noche, me despertaba de repente después de soñar que ella venía hacia mí, me abrazaba y bailaba, y cuando me sentaba le daba de madrazos a las paredes, agarraba la almohada y gritaba su nombre.

Algunas noches me iba para su casa en mi bicla y me quedaba viéndola fijamente desde el otro lado de la calle. Las ventanas oscurecían. Apagaban las luces del porche. Quería subir los escalones corriendo, azotar la puerta de esprín y gritarle que saliera, pero nunca podría hacer eso. Tenía esperanzas de que ella corriera la cortina, que sintiera que estaba cerca. Que me dejara entrar.

La Viviana nunca miró por aquella ventana; nunca abrió la puerta.

Pasó como un mes y fui a otro baile en el Estadio Monte Legion con mis carnalas la Shorty y la Ana. Como de costumbre, el lugar estaba abarrotado de vatos y rucas de barrios de todo San Gabriel.

Los lowriders engarbaban las colas de ranflas en el parqueo. Miembros de diferentes gangas se intercambiaron señales de mano y pintaron con aerosol las placas de sus vatos en las paredes.

Este salón era enorme. Me paseé alrededor mirando a la gente, sintiéndome como mierda, pero aún dispuesto a pasármela bien esa noche. De repente, el corazón me dio un salto. Allí estaba la Viviana, en un asiento, sola. Caminé rápido hacia ella pero antes de que llegara salió un vato de no sé dónde y le ofreció la mano para salir a bailar. Ella aceptó. Chingao: se me peló. Traía húmedas las palmas de la mano. La lengua seca. Sentí que llevaba un horno en el pecho.

La Viviana regresó y esta vez me senté en seguida de ella.

—¿Cómo estás?, baby —dije.

Volteó la cabeza, me miró y sonrió. Dios, qué suave sentí. Ella actuaba con timidez, callada pero seductora. No había mucho qué decir. Me incliné y la besé, ella me puso la mano en la nuca y la sentí gemir y retorcerse en el asiento, regresándome a aquella noche de su porche. Nos besamos un largo rato antes de que ella me empujara suavemente.

—Prieto, tengo que hacer algo, ¿me esperas aquí? —me preguntó la Viviana poniéndome las manos sobre el pecho.

—Seguro, no me voy a ninguna parte.

Se levantó del asiento, se pasó las manos sobre el vestido y por la curva de las caderas y se fue. Sentí mucho alivio. El amor me saltaba por los oídos. La Viviana, la Viviana—¡Cómo le recé a todos los dioses para que llegara este momento!

Estuve sentado allí como una hora. La Viviana no apareció. Los otros ya se habían aparejado. Un baile lento tras otro, me daban muchas ansias. *¿Dónde estaba la Viviana?* Miraba alrededor pero no dejaba el asiento. Me tardé más que muchos, pero al fin se me prendió el foco: ella no iba a volver.

Me alejé de aquel lugar, caminé entre sudor y colonia, caminé entre el humo rancio y el tufo a vino. Me fui para la salida. Entonces apareció la Viviana en un rincón oscuro, achiclanada con otro vato.

Ya para cuando alcancé a la Shorty y a la Ana, iba chocando contra extraños y hablando fuerte. Provocando al que fuera. Si algún vato me miraba raro me le acercaba:

—¿Qué miras, puto?

—Louie, vente, vámonos —decía la Shorty, empujándome—. Olvídalo, ése.

Les dije a mis carnalas lo que había pasado con la Viviana. Tenía ganas de matar. Para atenuarme la rabia, la Shorty y la Ana planeaban calmar a la Viviana afuera de la Monte Legion y brincarle.

—Lo vamos a hacer por ti, carnal, ¿oquey? —dijo la Shorty.

Al principio me gustó la idea. Me paré afuera con mis carnalas mientras cerraban el lugar y una bola de chavos fluía para el parqueo. Pero el agüite y el coraje que me entraron al principio pronto comenzaron a ahogarme. Ya nomás quería descontarme a madres de allí.

—Olvídenlo, ésas —les dije a mis carnalas—. No quiero que le pase nada a la Viviana. Vámonos pal chante.

Había terminado. Finalmente terminado.

━━━━━━

El Sr. Madison se veía tenso, sentado allí en camisa de manga corta y pantalones de diario. Frente a él había unos veinte chavos de Lomas tirados en un círculo enfrente de la casa de mi compa el Alex. Habían convencido al Sr. Madison de juntarse con nosotros para toriquear de cómo mejorar las condiciones de la Mark Keppel High.

—Como director de su escuela, quiero hacer que ésa sea la mejor experiencia de aprendizaje de sus vidas —dijo—. Pero ningún hombre o administrador puede hacer nada, a menos que ustedes decidan darle todo en su apoyo.

Parecía abierto, con ganas de considerar nuestras ideas.

El Chente me había dicho que teníamos que darle el beneficio de la duda, pero que no debíamos dejarlo tranquilo. El Chente no quería que nos dieran atole con el dedo ni que nos apaciguaran sin que consiguiéramos adelantos educativos reales. Pero decía que los estudiantes tenían que jugar el papel principal para asegurarse de que esos avances se realizaran.

—No puedo garantizarles nada —dijo el Sr. Madison para terminar la reunión—. Las ruedas del progreso giran despacio. Pero les prometo hacer todo lo que pueda. Si ustedes trabajan conmigo, yo trabajaré con ustedes.

Se levantó y nos dio la mano a todos. El próximo año escolar, me dejaron volver.

Los chicanos constituían casi el 40 por ciento del alumnado de la Keppel, aunque parecían 80 por ciento. Las caras prietas bajo el árbol del zacate. Las broncas diarias entre nosotros y la jura que entraba por los pasillos hacían pensar que sólo asistían chicanos a la escuela.

Los estudiantes anglos seguían juntándose entre ellos, aislados en los salones del piso de arriba. Estaban en el club de periodismo que sacaba el periódico de la escuela y que irónicamente se llamaba "The Aztec." Estaban en las sesiones del gobierno escolar decidiendo lo de las reuniones de la porra, de la fiesta anual de Navidad y del baile de graduación. Integraban los equipos de la escuela, las escuadras de porristas y lo más irónico era que también la hacían de las mascotas de la escuela: Joe y Josefina Aztec.

Las mascotas eran siempre anglos, vestidos de ropa de gamuza que imitaba la de los indígenas. Por lo general la hacían de payasos, tropezándose uno sobre otro durante los partidos de fútbol e incitando al partido a la victoria. A veces presentaban actos confusos que no tenían nada que ver con ser Aztecas.

Los chicanos fundaron su propio club estudiantil que se llamó ToHMAS (To Help Mexican American Students)—y quería decir Para Ayudar a los Estudiantes Méxicano-americanos. Las otras Highs del distrito hicieron lo mismo: la San Gabriel High tenía su MASO (Mexican American Students Organization)—Organización de Estudiantes Méxicanoamericanos; y la Escuela Alhambra tenía HUNTOS—por "Juntos."

Durante los primeros días que regresé a la escuela, me sentí como un extraño otra vez. Aunque parecía haber más actividad. Vi que algunos chicanos traían uniformes de la porra y que algunas chicanas eran miembros del club de periodismo. Parecía que se estaba rompiendo la estricta separación entre blancos y mexicanos.

Pasé mucho tiempo entre clases en el Centro de Estudiantes Chicanos, que consistía de una oficina y un salón de descanso dentro de una casita que estaba al centro de la escuela, en seguida de las bancas para lonchar. La Sra. Báez era la coordinadora entre escuela y casa, una mujer que vivía en South Rosemead, madre de chavos y activa en los Asuntos Chicanos; también estaba en la comisión del Centro Comunitario Bienvenidos. El Sr. Pérez, maestro del taller de imprenta, era el consejero del club. Dos estudiantes universitarios se contrataron como asistentes de medio tiempo: la Blanca Glendon, una chicana casada con un negro, y la Carmela San Juan, que era mitad chicana y mitad filipina.

ToHMAS se reunía una vez a la semana. En las primeras reuniones se pagaban las cuotas, se elegía a los dirigentes, se planteaban problemas y se planeaban actividades. Nuestra actividad más importante era el festejo del Cinco de Mayo, que incluía construir nuestra propia carroza y nuestros esfuerzos para juntar dinero, por ejemplo, haciendo bailes.

Al principio, el club sólo se preocupaba por los aspectos suaves de la vida escolar. Pero las realidades del barrio y los antiguos asuntos de desigualdad y negligencia seguían asomando la cabeza. Durante las juntas, yo me mantenía callado en un rincón, sin ofrecerme de voluntario para nada, hasta que algo, no sé qué, me jaló la atención.

—Sra. Báez, salga —gritó un estudiante por la puerta del Centro de Estudiantes Chicanos. Hay una bronca.

La Sra. Báez dejó los papeles que estaba trabajando y rápido siguió al estudiante para afuera. El Bam Bam y otro estudiante, el Alfredo, se estaban madreando en el patio. Antes, la administración de la escuela hubiera suspendido o hubiera echado a los estudiantes automáticamente. Ahora, la Sra. Báez podía intervenir y tratar de resolver los problemas entre chicanos antes de que se metiera el personal de la escuela. Eso le sacó muchas canas a la Sra. Báez y a sus asistentes.

Sentado en el salón de descanso, con el pelo largo y estramado para atrás, yo estaba con un par de estudiantes. La Blanca abrió la puerta y nos pidió que saliéramos para que hubiera una sesión estudiantil. La Sra. Báez llevó al Bam Bam y al Alfredo y los hizo que se sentaran. Yo me salí y miré por la ventana mientras se desarrollaba una intensa discusión entre el Bam Bam, el Alfredo, la Blanca y la Sra. Báez para llegar a una solución. Tenían que lidiar con eso todos los días.

Los miembros dirigentes de ToHMAS eran casi puras rucas, como la Esme, la Cha Cha, la Amelia, la Yvonne y la Flora. Algunos vatos ayudaban, como el Ysidro, el Alex, el Chuy y yo. Pero las rucas manejaban todo. Fue por ToHMAS y por el ejemplo de la Sra. Báez y la Carmela, que las rucas de Lomas encontraron dónde canalizar antiguas quejas. Su liderazgo agarró forma en ToHMAS, mientras tomaban a pecho la batalla para que las respetaran a ellas y a su gente.

Tratábamos dos aspectos principales. Uno era algo que se llamaba Proyecto Estudiante, con la Carmela como patrocinadora, y tenía como meta detener el deterioro físico de la escuela; las paredes estaban rajadas, las escaleras sin reparar y el ruido del freeway que pasaba detrás de la escuela asfixiaba las lecciones de los salones del segundo piso. En el verano, casi nunca servía el aire acondicionado, lo que hacía que los días fueran largos y agotadores. En invierno, la lluvia se acumulaba en baldes por las goteras. En realidad, el Proyecto Estudiante inmiscuía a más gente, no sólo a los chicanos; los gabachos y otros también tenían que aguantar esas condiciones.

El otro aspecto trataba el tema de la dignidad de los estudiantes chicanos.

—¿Qué le hace que te diga "Chin"? —me preguntó la Sra. Báez.

—Chale, ¿qué pues?

—Queremos proponerte a ti y a la Esme para que sean Joe y Josefina Aztec.

Miré a la Esme y luego a la Sra. Báez.

—¿Me está madereando, qué no?

—Nel, es la neta —dijo la Esme—. Ya nos cansamos de que los gabas—perdón—de que los anglos hagan de menos nuestra cultura. Hacen que las mascotas parezcan Pocahontas con hachas y luego brincan por todos lados como lefios.

—Neta, pero ¿cómo le vamos a hacer?—o sea, ¿cómo vamos a ganar cuando los jurados son anglos?

—Planeamos hacer una danza azteca de a devis, con vestidos aztecas auténticos —dijo la Esme—, si no nos la dan, entonces todos van a saber que en esta escuela son buti racistas.

—Pero yo no sé ningún baile azteca auténtico.

—Tenemos a alguien que quiere enseñarte —dijo la Sra. Báez—. Es un instructor de un ballet folklórico de un colegio. Tú te ves muy indio con tu pelo largo. Y si le entras, creo que ayudaría para jalar a algunos estudiantes duros de Lomas a lo que estamos haciendo.

—¿Qué onda, Louie? —me preguntó la Esme.

Sabían que estaba atrapado. Acepté como formalidad.

La Esme y yo fuimos a un colegio de East L.A. y nos vimos con el Señor Franco, el instructor de baile folklórico. Nos enseñó unos pasos básicos y nos ayudó a conseguir materiales y diseños para nuestros trajes. Para que nos quedara suave, dedicamos muchas horas de noche para ensayar.

La Esme coreografió la danza basándose en las lecciones del Señor Franco. Nuestras madres crearon los trajes y quedaron impresionantes de bonitos, tanto que hasta el Señor Franco estaba impresionado. También les agregamos unos toques que no eran aztecas.

Ensayábamos en secreto. Cuando se acercó la fecha de las pruebas, entramos a la oficina de actividades y nos anotamos. Una pareja de estudiantes gabachos nos miró raro. La Esme y yo firmamos y nos fuimos.

El día de las pruebas, todos los participantes de la competencia tenían que reunirse en el gimnasio. Padres, maestros y estudiantes se sentaron en unas gradas. Una hilera de jueces, que incluía a algunos maestros y estudiantes, se pusieron cerca del área de presentación.

Entré al gimnasio vestido de azteca; la parte de arriba de cuero, fajas en los brazos y un taparrabo, un tocado con la imagen de un jaguar se proyectaba de mi cabeza y traía cascabeles amarrados alrededor de los tobillos. Cincho que era un espectáculo, con tatús en los brazos y un arete. Vi que una grada se llenó de chicanos; la Sra. Báez había organizado la asistencia de los estudiantes. Cuando yo entraba, aclamaron y gritaron. Me dieron ganas de pelarme pero la Esme me llegó por detrás y me agarró la mano. Los dos estábamos nerviosos.

La Esme y yo fuimos los últimos en actuar. Sufrimos por espacio de un número de presentaciones desordenadas y de rutinas babosas. Entonces, un locutor anunció por el altoparlante:

—Ahora tenemos el equipo de Esmeralda Falcón y Luis Rodríguez.

El silencio saturó el gimnasio. Caminé hacia arriba solemne y erguido, con una silla de madera en una mano y un tambor de conga en la otra, y me senté en medio de la cancha de básquet. Hice una pausa de diez minutos y comencé a tocar. La Esme se acercó despacio, a propósito, con una ropa color turquesa con plumas y lentejuelas y un tocado multicolor que arqueaba alrededor de su cabeza como arcoiris; ella también traía cascabeles.

La Esme podría haber sido una sacerdotiza de Tenochtitlán, su cara pura y café, con muy poquita pintura que acentuaba sus ya rasgados ojos indígenas. Bailó alrededor de mí, como si estuviera invocando a un espíritu; los cascabeles de los tobillos se enroscaban en los tamborazos, al ritmo de la percusión. Llegó un punto en que me levanté y bailé con ella, al unísono, vuelta y vuelta por varios pasos que llevaban a la culminación.

Teníamos que estar serios—sin risas ni sonrisas, para mantener la integridad de la danza.

Un murmullo barrió las gradas cuando la Esme y yo nos entrecruzamos los pies y nos balanceamos agarrados de los tobillos, yendo más y más rápido, mientras que la fuerza de nuestro remolino nos mantenía enganchados, dejando que el movimiento nos jalara y nos abrazara al mismo tiempo, como en una batalla. Cuando terminamos, apoyé una rodilla en el piso mientras que la Esme se paró sobre mí, victoriosa.

Pasaron unos segundos y entonces un clamor de aplausos y gritería estalló desde las gradas. Ningunos participantes habían recibido respuesta como la nuestra. Hasta vi que los estudiantes blancos y algunos jueces aplaudían. Nunca habían visto algo semejante.

La Esme y yo esperamos junto a la Señora Báez para que los jueces meditaran su decisión. Finalmente:

Los ganadores—y las nuevas mascotas de la Mark Keppel High, Joe y Josefina Aztec, son— Esmeralda Falcón y Luis Rod ...

Los gritos ahogaron mi apellido. La Esme chilló, me tiró los brazos alrededor del cuello y me abrazó. Otros partidarios de ToHMAS fueron sonriendo a darnos la mano. En ojos de otra gente, ésta pudo haber sido una pequeña victoria. Pero para los chicanos de la Mark Keppel High, significaba que se había derribado una barrera más y que un aspecto muy importante de nuestra cultura se había reconocido. Me sorprendí de mí mismo y sentí un calorcito adentro. Traté de sacudírmelo pero no pude. La cara se me puso colorada de orgullo. *¡Ganamos!*

Más chicanos se metieron a ToHMAS. Echamos a andar nuestro propio ballet folklórico en que la Carmen San Juan nos enseñó a los estudiantes algunos bailes básicos flamencos y mexicanos. La Esme y yo comenzamos un grupo de teatro, basado en lo que el Teatro Campesino de César Chávez estaba haciendo con el United Farm Workers Union en los files de California. Sin embargo, nuestro grupo era más urbano.

Yo escribí las tres obras que pusimos. Una tenía un dramático monólogo en verso acerca de una chicana que la va a arrestar la jura. Otra incluía un acto sobre el orgullo de nuestra cultura. Pero la más controversial trataba de conseguir que Sangra y Lomas dejaran de bronquearse.

Esta obra comenzaba con alguien de Sangra que tachaba la palabra Lomas en un enorme papel blanco pegado a la pared. Luego la acción se movía hasta el punto en que los vatos de los dos barrios se pelean. El final muestra que mientras que los dos barrios pelean, los funcionarios del gobierno local están a un lado disponiendo el lugar para construir un nuevo centro comercial o por dónde va a pasar el freeway y hacen planes para jambarse la tierra por la que estos vatos se están matando.

—Quién quiere la parte del vato que está tachando Lomas —pregunté. Nadie levantó la mano.

—¿Qué pues?, es puro teatro.

—Hey, Luis, no vamos a tachar Las Lomas —dijo el Chuy—. Yo sé lo que estás tratando de decir, pero alguien puede salir filereado.

Yo decidí hacer el papel; tenía que defender mi obra.

Presentamos las producciones en un evento cultural conjunto patrocinado por ToHMAS, MASO y HUNTOS. Aquel día, vinieron buti vatos de Lomas y se sentaron atrás. Me reconocieron, pero yo tenía que continuar con la obra.

Cuando terminamos, unos vatos se largaron gritando *Lomas rifa*.

Pero los que nos quedamos, discutimos cómo terminar la guerra entre barrios. Luego vino la representación de la Esme como una chicana golpeada por la jura, en versos rimados, y ayudó a levantar el ánimo.

Las ruedas del progreso giran demasiado despacio. Mientras que nosotros seguíamos con las actividades de ToHMAS, la escuela no crecía con las necesidades de los estudiantes. La burocracia y una abierta oposición detuvieron el Proyecto Estudiante. Luego, una noche, un grupo de gabachillos se metió a la escuela y pintó con espray las paredes del Centro de Estudiantes Chicanos, decían cosas como: ¡MEXICANOS VAYANSE A SU CASA! ¡LOS GREASERS APESTAN! ¡RECUERDEN EL ALAMO!

La Esme llamó a una reunión para ver que se debía hacer.

—Deberíamos anotar algunas demandas —sugirió la Amelia.

—Neta. La gente aquí sigue siendo víctima del prejuicio —dijo la Flora.

—Bueno, ¿qué pedimos? Hasta ahora ya nos han dado mucho. ¿Qué podríamos ganar que no tengamos ya? —preguntó la Esme.

—Tengo una idea —dije—. El Chente de Bienvenidos me llevó a las escuelas de East L.A. Después de los "Blowouts" consiguieron más maestros chicanos y hasta Estudios Chicanos. Eso es lo que necesitamos. Deberíamos exigir una clase de Estudios Chicanos y un maestro chicano.

—Chance que el Sr. Pérez lo podría enseñar —dijo Amelia.

—O la Sra. Báez. Es una buena idea. ¿Cuántos la apoyan? —dijo la Esme. Fue unánime.

Al día siguiente le presentamos nuestros planes a la Sra. Báez. Escribí una declaración titulada: "¡Exigimos justicia!" La declaración exigía encontrar a los culpables de estropear el Centro de Estudiantes Chicanos, pedía más maestros chicanos y una clase de Estudios Chicanos. Pero a la Sra. Báez no le gustó.

—¿Por qué? Si no hacemos algo los gabachos tratarán de deshacer lo poco que hemos conseguido —le dije.

—Creo que es muy pronto —suplicó la Sra. Báez—. Ustedes no saben en que clase de lío se van a meter. Yo sé que el Chente te presentó a muchos de los dirigentes estudiantiles de East L.A.—¡pero ésta no es la Garfield High! Somos minoría en esta escuela. Tenemos que hacer las cosas de otra manera. No podemos actuar como si alguien nos tuviera que dar algo.

—Pero si a los chicanos de esta escuela los han hecho a un lado por mucho tiempo —dijo la Esme—. Estamos cansados. Cada vez que queremos mejorarnos nos dicen que nos esperemos, que nos aguantemos, que las cosas van a mejorar. ¡Pero nunca sucede! Tenemos que hacer algo—tenemos que hacerlo ya.

—Yo no puedo apoyar esto —dijo la Sra. Báez—. Pero hagan lo que crean que tienen que hacer.

—No podemos hacerlo sin usted —dijo Flora—. Y usted lo sabe.

Entonces la Flora se fue. La desilusión nos cruzó la cara a todos. La derrota parecía afianzarse. Pero las acciones de Flora me dieron otra idea: ¿Por qué no salirnos en masa de la escuela como le hicieron en East L.A.? Exigiríamos Estudios Chicanos, más maestros chicanos y nuevos salones de clase, aires acondicionados y los arreglos que se necesiten como parte del Proyecto Estudiante. Ibamos a hacer una manifestación por amor propio.

Se corrió la voz. La Esme y los demás se aseguraron de que todos hablaran con todos. Nomás los chicanos estaban metidos. Discutí con el Chente lo que planeábamos hacer. El no estaba seguro de que fuera buena idea hacer una demostración pero estaba dispuesto a ayudarnos. Hizo copias mimeografiadas de nuestras demandas.

Al día siguiente, todos fueron a la escuela como si nada. A las diez de la mañana, los estudiantes se iban a salir de sus clases y se juntarían enfrente de la escuela.

—¿Crees que lo hagan, Luis? —me preguntó la Esme esa mañana cuando íbamos camino a clases.

—No sé. Pero pronto lo sabremos.

En mi clase de historia, mantuve el ojo sobre el reloj. Tan pronto como las manecillas dieron la hora mágica, agarré mis libros y me dirigí para la puerta.

—Rodríguez, ¿adónde cree que va? —dijo la Sra. Tuttle, la misma que le decíamos Tortuga y que nos trataba como si estuviéramos en el kinder—. Joven, regrese aquí este instante.

Pero seguí caminando. En los pasillos un número de estudiantes salía de sus clases. No muchos, pero más de los que me había imaginado. Tiraron los libros en los pasillos. Cuando llegué a los escalones del frente de la escuela ya estaban reunidos allí como ochenta o cien estudiantes. La Esme y los demás miembros de ToHMAS habían pintado carteles toscos que repartieron a los estudiantes. De una bolsa, agarré un puño de panfletos con las demandas y los distribuí. Algunos estudiantes se dejaron venir y agarraron montones de panfletos para dárselos a otros.

En cuestión de minutos, teníamos trescientas gentes sobre el zacate de enfrente. Los maestros y los estudiantes que todavía estaban en las clases, sacaron la cabeza por las ventanas. La Sra. Báez recibió una llamada telefónica del Sr. Madison.

—¿Sabía usted lo que iba a pasar? —dijo el Sr. Madison.

—No, no sabía lo de la manifestación. Pero los desanimé de presentar sus demandas —explicó la Sra. Báez.

—¿Y no me lo dijo usted? —le gritó el Sr. Madison—. Usted tenía que informarme todo lo que estaba pasando—para eso la tenemos aquí.

—Ah, eso yo no lo sabía —dijo la Sra. Báez, levantando la voz enojada—. Yo pensaba que estaba aquí por los estudiantes, para que tuvieran a alguien con quién hablar y para que representara sus intereses. No sabía que yo tenía que ser sus ojos y sus oídos.

—Sra. Báez, venga a mi oficina inmediatamente. Tenemos que parar esto —dijo el Sr. Madison y cortó.

Cuando llegó la Sra. Báez, el Sr. Madison se incorporó listo para seguir gritando. Pero la Sra. Báez lo interrumpió.

—Señor Madison, párele allí. Yo soy una mujer y también soy madre. No soy uno de sus estudiantes de la High. No le aguanto que me hable en ese tono irrespetuoso y condescendiente.

—Ah, ¿usted también? —dijo el Sr. Madison—. Todos los de aquí quieren que los respeten. ¡¿Y qué del respeto para mí y para nuestra institución?! Tenemos una escuela que manejar. No puedo dejar que la comisión de la escuela se entere de esto—no puedo dejar que algunos estudiantes descontentos nos la arruinen a todos.

—Yo le sugiero que les ponga atención a esos estudiantes descontentos y que deje de preocuparse de lo que va a hacer la comisión de la escuela —dijo la Sra. Báez—. Usted les prometió a estos chicos algo de acción. Hasta ahora, lo único que han recibido son palabras bonitas y caras sonrientes. Yo no apoyo la táctica de ellos pero creo que lo peor sería barrer esto bajo la alfombra. Yo no me voy a meter en eso.

El Sr. Madison estaba asombrado. Su coordinadora entre escuela y hogar le había volteado las mesas. Pero sabía que no importaba lo que pensara de ella, lo cierto era que ella todavía era el nexo con los estudiantes.

Okay, dejaremos que digan lo que tengan para decir.

El Sr. Madison se sentó y telefoneó al decano de los estudiantes, el Sr. Walsh.

—Vamos a llamar a una asamblea —dijo el Sr. Madison—. Quiero que esos estudiantes regresen a la escuela. Entonces escucharé lo que tengan que decir. Pero no comenzaremos a hablar hasta que no estén adentro del edificio.

El Sr. Walsh salió al patio. Los estudiantes estaban cantando: *¡Queremos Estudios Chicanos! ¡Queremos justicia! ¡Ya basta!*

Con trabajo, el Sr. Walsh nos convenció de que nos congregáramos en el auditorio para discutir los asuntos.

—Traigan a toda la escuela —grité—. No pueden separarnos. Queremos hablarle a toda la escuela.

Al principio no quisieron. Pero al fin, cuando vieron que los estudiantes no iban a tranzar, el Sr. Walsh aceptó que se reunieran todas las clases en el auditorio.

Fue una sesión como nunca se había visto en la Mark Keppel. La Esme subió al escenario y leyó las demandas. Los estudiantes blancos también se levantaron, algunos con lágrimas, llorando cuando supieron el por qué de nuestro enojo.

—¿Qué les hemos hecho? —quería saber una chava güera.

Algunos estudiantes chicanos gritaron de nuevo, que no les hacían caso, que los trataban como ciudadanos de segunda, que nos habían negado el acceso a los recursos de la escuela.

—Esto no va contra los blancos —dije—. Va contra un sistema que nos mantiene bajo el tenis. Si nos friegan a nosotros, la escuela los está fregando a ustedes.

—Es culpa suya —dijo Stan, el presidente de los estudiantes—. Ustedes los mexicanos no quieren tomar parte; no quieren avanzar.

Más gritos. Más respuestas encendidas. Era difícil pero tenía que ocurrir. Todo había estado tapado mucho tiempo. Cada grupo decía lo que traía; quejándose del otro sin comunicarse. Las lágrimas, los gritos y la discusión fueron buena medicina para todos los estudiantes.

Hasta algunos vatos duros se levantaron y dijeron algo; algunos de ellos nunca habían hablado en público. Casi al final, subí al escenario y me eché un espich.

—Los chicanos no quieren más que lo que ustedes quieren —dije—. Caminamos juntos por estos pasillos y no sabemos nada de nadie. Nos tenemos miedo, somos ignorantes uno del otro y luego nos sorprendemos cuando la gente se levanta con tanto odio como ahora. Es por algo. ¡No estamos locos! No hemos fabricado esto. Algo tiene que cambiar drásticamente o va a haber más odio. Más del que se puedan imaginar.

El resultado: el Sr. Madison aprobó un curso nuevo, una clase sobre historia y cultura Chicana, y ofreció conseguir a un maestro chicano para la clase. Finalmente, dijo que la escuela apoyaría el Proyecto Estudiante; se transformó en una iniciativa respaldada por la institución para que se presentara ante la comisión de la escuela.

La Esme y yo nos abrazamos otra vez. Apenas empezábamos.

———

La Shorty bajó los ojos, se le quebró la voz y las lágrimas le nublaron la vista.

—*Está muerto, mamá*, —dijo.

—*¿Quién?* —preguntó Mamá—. *¿Quién se murió?*

—*Fernando, ¡se mató anoche!*

Fernando Luna, de catorce años, había sido uno de los mejores amigos de la Shorty. Era miembro de los Dukes de Lomas, el grupo de chavos con el que las United Sisters iban a las fiestas. Se apodaba el Gallo. Su carnal mayor era el Lencho, que estaba más metido en las ondas de Lomas de lo que jamás estaría Fernando. Fernando era uno de esos vatos que quería mucho pertenecer, ser tan loco y tan dedicado como todos. Pero ninguno de nosotros se dio cuenta de que estaba solo en medio de una muchedumbre.

Su madre, Toncha, estaba activa en la Cooperativa de Abarrotes Bienvenidos. Pero como era madre soltera y dependía de la asistencia pública, con cinco chavos que criar, la Toncha estaba muy ocupada—y seguro que no era culpa de nadie que se descuidaran las necesidades de Fernando.

La Shorty se había estado viendo con algunos compas como el Bosco y el Conejo. Y aunque le había contado a Fernando algunos de sus problemas, nunca habían sido muy compas. Ella lo veía como a un buen cuate, alguien con quien hablar. Ahora se descubrió: a Fernando le gustaba mucho mi hermana.

La noche antes, Fernando llamó tarde para hablar con la Shorty. Ella siempre estaba llena de historias, chistes y preocupaciones. Pero la Shorty se había acostado, cansada; ella le sugirió de buena forma que la llamara al día siguiente.

—O toriqueamos en la escuela —le dijo—. Nos podemos juntar para el lonche.

—Bueno, okay —respondió Fernando—; no había notado nada raro en su tono.

Al día siguiente, Toncha descubrió el cuerpo de Fernando balanceándose de un poste del ropero.

━━━━━

—No es suficiente acusar, lamentarse y escupirle en la cara a toda la opresión—esto no se puede ignorar —dijo la Skin—. Se necesita un acercamiento científico para descubrir la fuente de la explotación, para desenredar el delicado e intrincado tapiz de la sociedad, cosido con la piel de nuestras madres, los huesos de nuestros antepasados, la sangre de todos los que se acabaron en el trabajo.

—Por eso podemos reclamar—con toda autoridad moral—lo que nos robaron —dijo la Ofelia.

—Y eso no lo pueden ignorar —agregó la Skin.

Otra sesión con el colectivo, casi todo dicho en elocuente e instruido español.

El grupo tenía por finalidad entrenar a un cuerpo de líderes. A diferencia de otros del Movimiento Chicano que abogaban por entrar al sistema capitalista americano, éste se preparaba para una organización fundamental de la sociedad.

—Ya es hora de que entiendan que los blancos no son el enemigo —dijo el Chente—. La Tradición, por ejemplo, toda esa energía tirada, unos contra otros. ¡Qué desperdicio!

También convergían en el barrio otros con sus propias respuestas. Cristianos renacidos, muchos de ellos ex-presidiarios y ex-drogadictos, predicaban la salvación; asistí a varios de sus testimonios. Demócratas, republicanos, liberales y nacionalistas también desplegaban sus mercancías. Algunos querían nuestras mentes, otros nuestras almas—otros querían cuerpos para las urnas.

Pero el colectivo no dependía de los poderes, de las creencias ni de promesas trilladas. Eran científicos socialistas, siempre poniendo a prueba y evaluando.

—No hay que ser un genio para darse cuenta de lo que uno tiene enfrente —dijo el Chente—. Sin embargo, eso es lo más difícil de hacer porque lo que vemos no siempre muestra lo que está debajo.

—Pero lo único que conocemos es esta vida —lo cuestioné—. ¡Eso no lo puedes cambiar!

—Luis, el cambio es para lo que todos estamos —ofreció el Chente—. El cambio es constante, el estancamiento es relativo. Pero el cambio sigue leyes de desarrollo, es un proceso que, si se aprecia, estipula las condiciones con las que la gente hace su propia historia.

—Estamos aquí para transformar la forma en que la gente está acostumbrada a vivir —dijo el Sergio—. El primer paso es quitarnos las cadenas de la mente.

El colectivo explicó cómo los trabajadores de todos los colores y nacionalidades, unidos por el hambre y el mismo sistema de explotación, no tienen patria; sus intereses como clase, no tienen fronteras. Para mí, ésta era una idea inconquistable.

También aprendí que no hay vergüenza en ser un portero o un obrero de la industria textil; ya nunca miré a Papá ni a Mamá con desdén.

Tan fundamentalista. Tan cristiano. Tan americano a veces. Sin embargo este conflicto sería el más intenso y prolongado de nuestras vidas.

■■■■■■

Una fiesta bajo Las Lomas se mecía con la música, *ruquitas de aquéllas* y cualquier cosa para ponerse arriba. De repente, este vato, el Rudy, entró rápido al salón, resollando fuerte y sudando.

—¿Dónde están el Santos y el Toots? —demandó.

—¿Qué chingados quieres? —le gritó el Santos desde la cocina.

—Los gabachos de la Calle Marshall trataron de brincarme, ése.

—Cálmala. ¿Qué pasó?

—Yo estaba con mi chava en el cantón cuando los báiquers del chante viejo gris, sabes, el que está antes de llegar a la iglesia, pos salieron del chante con cadenas y bats, nos dijeron pinches grasientos y nos persiguieron por la calle.

—Ya sé quiénes son. Son de un club de motos, los Sinisters —dijo el Toots.

—Chinguen veinte —dijo el Santos—. Vamos a agarrar a los White Boys.

Una caravana de tres carros salió de la fiesta rumbo a la Calle Marshall del otro lado del freeway. Me amontoné en una ranfla que iba tan llena—dos vatos iban en la cajuela—que apenas podía respirar en el camino.

Por años conocimos la casa gris como la guarida de los báiquers. El jardín pelón estaba lleno de partes de carro y de motos. Era bien pobre.

Cuando llegamos, los vatos amontonaron los carros y empezaron a atacar la cerca blanca de madera, rompiéndole secciones y gritando *¡Aquí está Lomas!* Una roca destrozó una ventana.

Un vato de greña larga, vestido de cuero y mesclilla, salió al porche cargando una escopeta; tiró un chutazo, le pegaron al Pockie varios de los perdigones en la cara y se cayó en la calle. Los vatos empezaron a correr para todos lados. Muchos se volvieron a meter a sus ranflas. Yo también corrí y me crucé con el Santos que traía un cuchillo. Nos comenzó a picar a mí y a otros con él.

—¡No corran cabrones! —gritó—. ¡Lomas nunca corre!

Pero en la confusión, no había nada más qué hacer. El Toots y el Cuervo levantaron al Pokie para llevarlo al hospital. Yo me metí en la ranfla de otro vato y nos fuimos patrás a la fiesta.

Más tarde, en la fiesta, el Santos juntó a todos los vatos y nos gritó otra vez lo culo que éramos. El Puppet oyó lo que había pasado y llamó al cantón. Pero el Puppet estaba enojado porque habíamos ido a buscar a los báiquers. Dijo que nadie, pero nadie, tenía que volver allí.

El Santos no le hizo caso.

—El Toots, el Cuervo y yo vamos en una ranfla —dijo, enseñando una pistola atravesada en el cinto.

—Chin, consíguete un par de vatos y ven cinco minutos después que nosotros. ¿Puedes conseguir un cuete?

—Simón, yo creo.

—Orale pues, déjate cai, y síguenos para allá.

Toqué en la ventana del Roger Nelson. La abrió. El Roger era medio gabacho y medio mexicano y yo sabía que tenía armas.

—¿Qué quieres Chin? Son las dos y media de la mañana.

—Necesito un rifle, ése, el que sea.

—¿Qué está pasando?

Le expliqué la situación. El Roger conocía a los Sinisters. Es más, hacía mucho tiempo que eran enemigos. Los Sinisters odiaban a los mexicanos. También odiaban al Roger porque, aunque parecía gaba, se había quedado cerca del lado mexicano y pasaba mucho tiempo con las vatos de Las Lomas.

—El Roger me pasó un rifle .22 semiautomático Ruger Long.

—Tráemelo en la mañana. Yo me encargo de él, por ti —dijo.

Llevé a un vato que se llamaba Darío, del Club de ranflas Imperial, que tenía un Riviera bien alineado color cereza. Ese fue mi primer error. El segundo fue llevar al Conejo de los Dukes. Era el ex de mi carnala, tenía trece años y estaba ansioso de irse conmigo y me pareció que estaba bien.

Teníamos que seguir la ranfla vieja y amolada en que iban el Santos y los otros. Cuando organicé todo, ya se habían ido hacía rato. Le dije al Darío que manejara despacio por la Marshall Street. Cuando nos acercamos al chante gris, parecía que lo había azotado un tornado. Los báiquers se estaban arrastrando alrededor; un par de cuerpos estaban en el suelo. El Darío se acercó y yo saqué el rifle por la ventana.

—¡Ya volvieron! —gritó una ruca.

Los báiquers andaban corriendo, algunos brincaron los botes de basura y otros se lanzaron para adentro del chante. Un báiquer macizo estaba parado en el patio cercano y me miraba mientras planeaba la siguiente movida. Pero en vez de correr se volteó, levantó los brazos sobre la cabeza y se agachó. Sin pensar, le tiré, ¡en el mero culo!

—¡Vámonos, ése, pélale! —le grité al Darío.

Nos largamos a madres por la Del Mar Avenue, cerca de mi cantón. Pero no llegamos muy lejos. De la nada aparecieron ranflas de la jura por todas partes. El Darío paró la ranfla en la entrada para carros de unos apartamentos.

—¡Salgan con las manos arriba! —gritó un jura.

Hicimos lo que nos dijeron. Me bajé de la ranfla y como diez revólvers .38 me estaban apuntando a la cabeza. Nos dijeron que nos tendiéramos en el suelo con las manos en la cabeza. Vi que un jura metió la mano al asiento de atrás de la ranfla y sacó el rifle .22 cuidadosamente, con las puntas de los dedos.

—Aquí está —declaró.

El Conejo lloró todo el tiempo en que nos transportaron a la cárcel del condado de San Gabriel. Les dije al Darío y al Conejo que no dijeran nada. Después de cumplir con el ritual de consignarnos supimos lo que había pasado.

La primera ranfla había llegado al chante de la Calle Marshall y había chutado a los báiquers que estaban madereándose allí. Cayeron tres báiquers. Luego, minutos más tarde, llegamos nosotros en el verde del Darío mientras que los báiquers apenas averiguaban quienes estaban heridos. Otro báiquer cayó. El primer carro se escapó.

El segundo carro con tres varones adolescentes sospechosos fue aprehendido y se confiscó un arma disparada.

Nos consignaron al Darío, al Conejo y a mí por asalto con intenciones de cometer un asesinato.

CAPITULO 8

*"Dicen que todos tenemos un poco de
poeta y loco."*
—Sandra Cisneros

Las celdas borboteaban con intensas lenguas de desesperación que lamían las paredes. De vez en cuando el aire retumbaba de gritos, el alarido mexicano del hombre borracho y enojado, llegando lo más hondo que puede para gritar al mundo toda su pena y su gloria. La cárcel del barrio es sólo un preludio; para muchos compas las paredes pronto les sabrían a San Quintín, Folsom y Soledad, el sendero de La Vida Loca.

Desde la edad de trece años terminé en celdas como ésas del bote de San Gabriel—lugares como Pomona, Temple City, East L.A., Monterey Park, el centro de detención juvenil de East Lake y el sistema de prisiones del Condado de Los Angeles después de la Moratoria. A veces la jura me detenía tres noches para alejarme de la calle y luego me soltaba al principio de la semana. Pero esta vez, a los diecisiete años, me enfrenté a un cargo serio de intento de homicidio. Esta vez Mamá no vino por mí.

—Ese malvado, déjelo que se pudra —le dijo Mamá al chota hispanohablante al saber de mi arresto.

Las paredes de las celdas estaban llenas del arte del guerrero.

La mayoría declaraba a Sangra en el hermoso remolino de su estilo. Esquemas ahumados de rostros de mujer estaban quemados sobre el ladrillo pintado. Había mensajes de amor: EL LOCO CON LA BARBARA, P/V (por vida)— y versos:

Aquí en la calle
estoy sin jando.
Nadie sabe mi placa,
a nadie le importa.

Voy al chante de mi ruca
y se me queda mirando.
Le hablo con el alma
pero la puerta se está cerrando.

y

En el bote del condado
con toda mi loca pasión
puse tu placa en la celda
y con ese pensamiento
Estoy sufriendo mi desgracia.

El blues del Pachuco. En otra celda alguien soltó un grito del alma que olía a burritos quemados, callejones de basura desparramada y un achiclane ferviente tirado dentro de la mezcla. Los bloques de detención constaban de dos crujías y un área para que los prisioneros de la celda compartida pudieran sentarse. Junté papel del excusado, lo empapé de agua y formé un ovillo del tamaño de una pelota de rebote. Cuando se endureció, me la pasé tirándolo contra la pared.

Un soldado de Sangra que se llamaba el Night Owl estaba en una celda a mi lado y me desafiaba.

—Lomas no llega ni a mierda —decía el Night Owl—. Oí llorar a tu compa, ¿qué son bebés o qué?

—Chingas a tu madre —le contesté—. Eso lo puedes decir detrás de estas paredes gruesas pero cuando salga te voy a ver en la calle.

Horas de lo mismo abrieron otras discusiones: de la vida de la familia, de las canciones que nos gustaban—hasta compartimos unos versos—y de las rucas.

—¿Conoces a la Viviana? —pregunté—. Sus carnales son el Coyote, el Negro y el Shark.

—¿Cómo que si la conozco? —dijo el Night Owl—. Todo el mundo la conoce. Dicen que se cogió a un vato en el porche mientras sus carnales los estaban guachando de adentro.

¡Qué jodida! ¡Están hablando de mí! Me pareció muy chistoso y me reí.

—¿De qué te ríes?

—De nada, ése. ¿Qué le pasó a ella?

—La pusieron panzona. Está viviendo con mi compa el Cyclone.

Un ramalazo de dolor, moví la cabeza y cambié de tema.

Al Darío, al Conejo y a mí nos programaron para ir a un salón juvenil. Nuestros padres no quisieron irnos a buscar. Sonaba como a conspiración. Entonces recibí una visita.

—La regaste, Luis —me dijo el Chente.

—Ya sé. Mamá no quiere saber nada de mí.

—¿La culpas?

—Neta que no. ¿Se murió alguien?

—Un vato estaba grave pero está mejor. Una ruca perdió los dedos. Sé por qué pasó pero, ¿por qué tuviste que meterte?

—No sé. Algo me tronó por dentro. No tengo nada en contra de los báiquers. Pero éstos eran vatos mayores, ése. De unos cuarenta años. No tenían por qué andarnos chingando. No lo pude dejar pasar.

—El Centro está tratando de liberarte. Hablamos con tus padres y dijeron que iban a trabajar con nosotros. Estamos haciendo todo lo posible por ayudarte. Pero estate calmado. No hagas borlo, ¿oquey?

El Chente se fue. Un día después vino un chota y abrió mi celda.

—Vas a salir. Hay gente esperándote.

Pude ver a mi mamá y a mi papá con un par de miembros del personal de Bienvenidos junto al escritorio del frente.

Miré para donde el Night Owl estaba recluido todavía.

—Hey, vato, ésta es por Sangra —y estiré el brazo.

El Night Owl me miró un segundo, luego sonrió sin ganas y me dio la mano por los barrotes.

—No eres tan pinche después de todo —dijo—. Suerte, ése.

Las semanas siguientes estuvieron llenas de incertidumbre por el caso. Mientras, la gente de ToHMAS me dio la bienvenida en la escuela.

—No sé qué decirte, Louie —dijo la Esme—. Estoy contenta de que estés bien.

La Sra. Báez me vio en la sala de descanso del Centro del Estudiante Chicano hablando con la Blanca y la Carmela mientras les relataba el incidente. Tenían un recorte pegado en la cartelera con el titular, CINCO HERIDOS EN UN TIROTEO DE SAN GABRIEL.

—Luis, nuestro Joe Aztec, buen ejemplo resultaste —dijo ella.

—Lo siento Sra. Báez, la defraudé.

—Si querías fama, ya la tienes. Lo malo es que los vatos más chavos de aquí creen que eres Dios.

—Yo no quería que esto pasara.

—Nadie nunca quiere —respondió.

—A pesar de todo, tengo algo para usted.

Le puse una carpeta con papeles sobre el escritorio. Dentro de ella había viñetas, poemas y cuentos. Me fui cuando la Sra. Báez tomó la carpeta y empezó a examinarla.

Los báiquers no quisieron identificar ni al Darío, ni al Conejo ni a mí. Mejor le pusieron el dedo al Roger Nelson. Dijeron que él había estado allí. Era su rifle. Habían visto su pelo largo y fibroso cuando sacaba la cabeza por la ventana del carro. Por algo querían al Roger.

La jura detuvo al Roger y le hizo cargos. Claro que yo sabía que estaba en la cama el día del incidente. Luego pasó otra cosa extraña. Las autoridades nos dejaron ir a mí y a los otros.

Nunca encontraron la primera ranfla. Dijeron que no había más que una ranfla involucrada y que el Roger se había escapado antes de que la jura nos cachara.

—¿Qué está pasando, Chente? —le dije en el centro juvenil—. Por mucho que no quiera que me condenen por esto, son puras mentiras.

—No sé, pero te puedo decir esto —dijo el Chente—. La ley no siempre se anda con la verdad.

En vez de enfrentar a la audiencia, me convertí en testigo clave a favor del Roger que, por tener dieciocho años, tenía que comparecer ante una corte para adultos.

Una chorro de báiquers aparecieron en el juicio, hasta una ruca enyesada y el vato al que le tiré en el culo—la bala se le había alojado entre bolas de carne y por eso no le había causado daño serio.

El Roger iba de traje y ahora traía el pelo bien recortado. Su novia, Margarita, estaba sentada junto a él.

—Esto tiene una larga historia, Louie —explicó el Roger—. Mi familia tuvo una bronca con los Sinisters. Uno murió. Siempre pensaron que había sido mi padre el que lo hizo. El está en la cárcel ahora pero a mí me han perseguido por años. Quieren verme preso, como mi papá.

—Creo que les va a salir al revés.

—Ojalá que así sea —dijo el Roger.

Los abogados defensores me llamaron de testigo y yo conté cómo había conseguido el rifle, cómo el Darío había manejado hasta el chante gris, cómo ya había gente balaceada cuando llegamos allí. Los báiquers subieron al estrado y tartamudearon su testimonio: había sólo un carro—había dos carros; había mexicanos involucrados—no había mexicanos. La mayoría de los argumentos hizo aparecer el zafarrancho como algo entre los báiquers. No me imagino por qué. Chance el Puppet sabía algo cuando nos dijo que no quería que fuéramos al chante gris la noche de la fiesta.

El tribunal encontró inocente al Roger. Poco después, el Roger y la Margarita fueron a Las Vegas y se casaron; yo fui de padrino.

Miembros del personal y voluntarios de los centros comunitarios de la zona se reunieron para discutir cómo poner fin a la violencia en el barrio. La jura, los funcionarios del municipio, hasta comercios participaron en este trabajo.

—Tendríamos que organizar una junta en que los grupos distintos pudieran llegar a una tregua —propuso el Sal Basurto de La Casa.

—No sé si sea bueno afirmar su existencia con esto —se opuso una mujer del Centro Comunitario Zapopan—. Necesitamos más protección de la policía; debemos enfrentarnos a estos maleantes y ponerlos tras las rejas.

—Eso suena a lenguaje policial —dijo el Chente—. Estos no son criminales sin rostro. ¡Son nuestros hijos! Lo que usted propone sólo confrontaría a la comunidad consigo misma, y nada le gustaría más a la jura.

—Yo creo que debemos tratar a estos jóvenes como los adultos tratarían a las naciones en guerra —continuó el Sal—. Van a tener que negociar. Tendrán que componer tratados. Tendrán que firmarlos y respetarlos. Sería mejor que estos jóvenes se prepararan para el mundo al que están entrando.

—Eso suena bien; no me opongo así nomás —dijo el Chente—. Pero también tenemos que considerar cómo proveer algo real y concreto. Hacerlos desempeñar roles y meterlos al deporte no lo logrará. Estos jóvenes necesitan una base económica fuerte, un futuro viable. Si ustedes no hacen nada por proveer eso, entonces no quieren resolver nada en serio.

Me pidieron que estuviera en la junta pero no dije nada al principio. Escuché. Me pareció importante la idea de encontrar una manera de unir a los barrios.

—¿Usted qué piensa, joven? —me preguntó uno de los miembros del personal durante un bajón entre conversaciones.

—No sé acerca de parar la violencia. Pero no nos haría daño tener trabajos.

El grupo decidió hacer una reunión sobre la unidad del

barrio en La Casa. Tuve que convencer a mis compas para que fueran. No fue fácil. El Chicharrón dijo que sí iba. Hasta traté de invitarlo a una sesión de estudio pero no quiso, aunque para joder me empezó a decir el "Chinmunist," una combinación de Chin y comunista.

Subí y bajé por Las Lomas cayéndoles a los vatos acerca de la reunión. Los vatos más chavos parecían estar interesados. Conseguí que la mayoría de los Dukes dijera que iría. Pero necesitaba a algunos de los locos. Mi oportunidad llegó con el Cuervo.

—Estoy enfermo de toda esta mierda —me confió un día—. He visto matar a demasiada gente.

—Fantástico, te necesito para conseguir a otros.

—Orale, Chin, cuenta conmigo.

Una noche, un homeless desamparado se tropezó con un bulto tirado entre las matas del Smith Park de Sangra. Se acercó a mirar; el pie sucio de una mujer asomó por un extremo. Era el cuerpo de la Cokie envuelto en cobijas ensangrentadas.

La oficina del médico legista reportó que la habían llenado de pinguas y la habían violado brutalmente. No tenían sospechosos. Pero como siempre había rumores; de alguna manera la gente sabía quién hacía las cosas a pesar de que las autoridades lo ignoraban.

Los rumores de la calle decían que habían sido los vatos de Lomas. La Cokie tenía mucho de ser una espina en el costado de Las Lomas. Pero fue un crimen que nos asustó a muchos de nosotros. ¿Hasta dónde iba a llegar la gente? Era cierto que la Cokie había causado mucho sufrimiento, pero quién sabe si hubiera merecido un sufrimiento como el que pasó antes de morir.

El Chava, recién liberado del Camp González, una institución de detención juvenil, declaró que cualquiera de Sangra que participara en la reunión para la unión del barrio se las iba a ver con él. El Sal dijo que necesitaba más tiempo para resolver las cosas. Canceló la reunión.

La membresía de ToHMAS se desbordó de las hojas. Recluté estudiantes yéndome a los patios y diciéndoles acerca de nuestras actividades. Muchos de ellos estaban allí tirando güeva, mirándose unos a otros sin ir a clases. ToHMAS les dio el incentivo para soltarse haciendo algo, hasta para quedarse en la escuela.

Hacíamos bailes de la "Fraternidad" para unir a los chicanos del área. También patrocinamos un concurso de Reina para juntar fondos. La belleza no era criterio; ganaría la persona que pudiera juntar más dinero en determinado tiempo. La primera Reina del año fue la Amelia, que era chaparra, medio gorda, no bonita pero llena de simpatía y empuje. Lo que nos importaba eran las acciones, las contribuciones—las cosas esenciales. Los anglos todavía seleccionaban a sus reinas por el aspecto y por la posición social (la mayoría de las Reinas del Homecoming eran de familias de jando).

Cuando comenzó la temporada de fútbol, la Esme y yo asistimos a todos los juegos como mascotas de la escuela. Recordaba que hacía un par de años, cuando "la tradición" había explotado en un juego de fútbol, yo jalaba a los vatos de las gradas para atizarlos. Esta vez yo estaba dentro de las líneas, de traje azteca, representando rituales solemnes. ¡El cambio es una chingadera!

Hasta el equipo de primera fuerza se abrió. El Ricardo Reyes de Las Lomas se convirtió en el mejor corredor de la escuela. El sóccer se convirtió en un deporte patrocinado por las escuelas y los inmigrantes mexicanos recién llegados estaban compitiendo en el área de Los Angeles y en ligas por el estado. Los estudiantes hispanohablantes tenían su propio club llamado ALAS (Association of Latin American Students) que quiere decir Asociación de Estudiantes Latinoamericanos.

La Sra. Báez instrumentó la creación del equipo de sóccer. Aunque no tenían uniformes, ni porra de apoyo ni ningún otro apoyo de la escuela, ¡el primer año que compitieron ganaron el campeonato regional!

Un día la chula Delfina Cortez, la antigua novia del Héctor el boxeador, fue a una reunión de ToHMAS. Se veía bien—tenía catorce años pero estaba formada como mujer madura. Traía faldas y vestidos que parecían sacados de revistas de moda.

—Eres popular aquí —me dijo.

—No sé. Tú eres la más popular.

—Quiero decir que ToHMAS ahora ya es grande; la gente dice que tú tienes mucho que ver con eso.

—Igual que la Esme, la Flora y los otros. ¿Vas a entrarle?

—Seguro, siempre que tú estés.

Sonrió y se fue. Tenía que haber algo de cierto en eso de ser popular—cuando alguien como la Delfina quería borlo con un vato de barbilla grande y greña larga como yo.

▬▬▬▬

El Baile de la Fraternidad jaló estudiantes de las tres escuelas locales. Trajimos una banda popular de East L.A. Las armas estaban prohibidas en el gimnasio donde iba a ser el baile. Queríamos hacer un baile en que nadie temiera por su seguridad. La Esme, como presidenta del club, presentó a los miembros y a los ganadores de los concursos. Luego al borlo.

La Delfina llegó sola. Ahí nomás se quedó con los demás miembros de ToHMAS. Yo iba y venía entre la pista de baile y el escenario para ver que todo estuviera bien. Paré un minuto y la Delfina todavía estaba allí, todavía sonriendo.

Le pedí un favor al Darío que se había hecho amigo mío después de los arrestos.

—Préstame tu Riviera, ése. Quiero tirar un verde con la Delfina por el Boulevard esta noche, pero con clase.

—Ni madres, ése —dijo el Darío. Pero déjame manejarlo yo. Y si quieres los dejo solos y me meto a un mono de medianoche o algo.

—¡De aquéllas! Orale.

Le pregunté a la Delfina que si se iba conmigo después del borlo. No me di cuenta que la Esme estaba bastante cerca como para oír nuestra conversación.

—Me encantaría, dijo la Delfina.

La Esme pasó y pegó contra mi. Me echó una mirada de coraje cruzada con dolor y se fue. Ya no me habló esa noche.

El Darío nos tiró unos verdes por el Boulevard a la Delfina y a mí. Los "shorts" buti locos bailaban en el asfalto y nomás se les guachaban los ojos y las gorras de hélice a los conductores por los parabrisas. Una multitud de bocinas emitía música estridente mientras que un río de faros corría hacia las siluetas de los rascacielos del centro y luego regresaban.

El Darío parqueó su Riviera blanco de rayas finitas, rines cromados y volante de cadena atrás del Teatro Boulevard. Una placa dorada que decía IMPERIALS se veía por la ventana de atrás.

—En hora y media me retacho. No se vayan a ninguna parte, ¿oquey? —dijo el Darío.

La Delfina y yo estábamos en el asiento de atrás, toriqueando, luego besándonos y luego toriqueando.

—Si no te molesta me voy a quitar esto —dijo la Delfina quitándose el brasier bajo la blusa. Los pezones se le transparentaban por la tela cuando guardó el chichero en la cajuelita.

Al ratito, mi mano viajaba a través de su falda rumbo a su entrepierna. Sentí algo. Ella extendió la mano bajo la falda y se jaló por las piernas una pantaleta con una toalla femenina pegada adentro. Pude ver una mancha de sangre.

—Esta no es tan buena idea. Mejor vamos a caminar por ai —dije.

—¿Por qué? ¡No tiene nada de malo! —gritó la Delfina.

—Hey Delfina, no quise decir nada con eso. Es que nunca lo he hecho así.

—¡Eres igual que todos! —chilló.

Entonces se puso a llorar y no supe qué hacer. La abracé, tratando de no tocarle la blusa de seda con los dedos.

—Perdóname. Por favor. Perdóname.

—Oh Louie, creo que estoy enamorada de ti.

———

Amor es una palabra que pasa rozando nuestros labios con mucha facilidad. La chicas se cortan las muñecas por ella. Los vatos quiero matar por ella. Las notas que declaran devoción se pasan en los pasillos, se dejan sobre escritorios o se colocan discretamente dentro de las carpetas de la escuela. No se necesita mucho: una mujer cepillándose el pelo, oler el aroma de la colonia de algún vato, una caminata después de escuela—y ya estamos enamorados.

Los bebés son fáciles también. Muchas chavas se hacen madres sin terminar de ser niñas. Cualquier comodidad y calor que se les niegue en sus hogares también se los negarán a sus bebés. Las chavas se salen de la escuela. Los compas se transforman en padres hasta entrando a la adolescencia. Pero no pierden nada; a lo más, tener un bebé es una fuente de poder, para la reputación, como trofeo en repisa.

Antes de morir a los dieciséis años, el Daddió tuvo hijos con chavas de Lomas, de El Hoyo, La Maravilla y de La Puente.

Algunos bebés terminan sin padres. Como los del Daddió. Como la hija del Bob Avila. Algunos lloran para que les den leche mientras la madre se empuja una jeringa por una vena seca de su brazo. Los bebés se desgañitan para que les den de comer, para que los acaricien y para saber, por dentro, que son especiales y que los quieren. Si no lo reciben, tan pronto comienzan a sangrar les duele lo que nunca tuvieron, un vacío que nunca se llena.

La Sheila me dijo que me podía tener confianza, que yo no la iba a abandonar. Me dijo que estaba esperando. La llevé a la clínica para adolescentes. Unos días después lo confirmaron.

—El bebé es del Eight Ball —dijo Sheila—. Pero no quiere saber nada de él. ¿Qué hago?

—¿Por qué no les cuentas a tus padres? —le sugerí.

—No puedo, no. Me van a matar.

—No te van a matar. Chance nomás se enojen —le dije—. Chance y hasta te ayuden. Trata. Si no resulta bien, vamos a ver si la Sra. Báez puede hacer algo.

Al día siguiente, anduve buscando a la Sheila. Nadie sabía donde estaba. Entré al Centro del Estudiante Chicano.

—¿Hey, Blanca, no sabes de la Sheila?

—¿Deveras no sabes?

—¿Qué?

—Le dijo a su padre que iba a tener un bebé —dijo la Blanca—. El vato se caldeó tanto que le rompió todos los dedos.

———

La cara del Chente se torció y gruñó mientras examinaba los murales de mi cuarto del garaje. Parecía odiarlos. Nunca tomé lecciones de arte; dibujaba al estilo chicano, a mano libre, casi puras imágenes del barrio. No me daba cuenta que el Chente sabía que el espíritu que impulsaba mi trabajo prometía más que ninguna habilidad técnica que estuviera presente.

—Te tengo un jale —me dijo al fin—. Este verano vamos a hacer un proyecto mural. La Ciudad de Rosemead paga la cuenta. Vamos a cubrir los costos de un coordinador y algunas plazas del Cuerpo Juvenil. La ciudad va a pagar la pintura, las brochas y el equipo. ¿Qué piensas?

—Guáchate, Chente, yo deveras no sé lo que estoy haciendo.

—Si puedes hacer lo que hiciste aquí, te va a salir a toda madre —dijo—. Además, te voy a conectar con unos muralistas de East L.A. que van ayudarte.

Chente metió la vaisa en una bolsa que había traído y me pasó una caja.

—Esto es para ti.

Abrí la caja. Adentro estaba el libro más bonito que nunca había visto: de pasta dura, una edición de lujo de casi tres pulgadas de ancho de los murales de México, con cientos de fotos a color y en blanco y negro. El libro traía las obras de Siqueiros, Orozco y Rivera, los renombrados maestros mexicanos.

—Revísalo —dijo el Chente—. Te va a enseñar de qué se trata el arte público.

Me convertí en supervisor del proyecto mural. El centro me puso a trece chavos gangueros, casi la mitad eran chavas.

Anduvimos en un carro buscando paredes que pintar. Las buenas ya tenían toneladas de grafiti. Fuimos con los dueños de los edificios y les hicimos bocetos de lo que queríamos pintar. Casi ninguno de los propietarios quiso participar, aunque no fuera a costarles nada. Por fin, unos pocos aceptaron, especialmente si se trataba de algo mejor que tapara la anarquía de garabatos.

Llevé al equipo de muralistas al Estudio de Arte Goez de la First Street de East L.A. Los artistas más fregones, que se habían aventado el programa mural de los Proyectos Estrada Courts, jalaban allí y nos enseñaron cómo preparar las paredes, fueran de ladrillo, de estuco o de madera. Nos enseñaron a hacer murales en miniatura sobre un papel que estuviera en proporción con el área del mural que estuviéramos trabajando, luego, cómo cuadricular cada sección de las miniaturas para hacer una réplica en la pared con una línea de gis. Aprendimos qué clase de pintura acrílica, a prueba de toda intemperie, tendríamos que usar, dónde conseguirla con descuento y cómo escoger las brochas. El Estudio Goez también nos ayudó con las figuras humanas, la perspectiva y las combinaciones de colores.

La primera pared que trabajé con otra muralista local, la Alicia Venegas, estaba en el Centro Juvenil Bob Avila. Después de eso, el equipo de muralistas consiguió permiso para hacer un gran mural en un bar de la misma calle. Estábamos listos.

Mis bosquejos tenían que ver con estructuras precolombinas e imágenes callejeras como jeringas, cholos y féretros. En una pared de una ferretería me metí un poco al surrealismo con objetos que flotaban y caras chuecas. El equipo también pintó a un guerrero azteca en la tiendita del Garvey Park—uno de los lugares a los que me había metido sin permiso cuando era chavo.

Pronto conocí a varios de los muralistas más famosos de Los Angeles como el Willie Herrón, la Judith Baca y el Gronk.

Se me abrió otro mundo.

Una noche, un par de sheriffs pararon a un grupo de chavos que estaba pisteando enfrente del cantón del Memo Tovar, en Southside, mi viejo compa de los días de Thee Impersonations y luego de La Tribu Animal.

Con los años, el Memo se separó totalmente de actividades violentas. Se dedicó al deporte— llegando a ganar premios como corredor de pista y jugador de béisbol. Siguió siendo un líder cuando participó en el club de MASO de la San Gabriel High, al mismo tiempo que yo estaba enredado en el ToHMAS. Es más, los dos barrios lo respetaban como alguien que podía brincarse obstáculos para llegar a ser alguien. Hasta hablaba de llegar a ser agente de la jura.

Aquella noche, los juras les ordenaron al Memo y a sus compas que se pusieran en fila para que los registraran. El carnal mayor del Memo salió de la casa a ver qué pasaba. Uno de los juras reconoció al Mundo por la foto de un anuncio que pedía su captura. El Mundo se metió de volada al cantón. Mientras un jurado les apuntaba a los vatos que estaban abiertos de brazos y piernas, el otro salió detrás del Mundo.

El chota que lo perseguía le metió zancadilla en la sala al Mundo. La madre y la carnala del Memo, que estaban preparando comida en la cocina, se apuraron a salir cuando oyeron el ruido. El padre estaba descansando en la recámara con las piernas enyesadas por un accidente de trabajo.

El Memo se escapó y corrió a la casa para ayudarle al Mundo. Ya el jura había sacado el cuete y le chutó a la cabeza al Mundo, cercenándole una oreja. La madre gritó. El padre se cayó de la cama y se arrastró a la sala. Entonces, el Memo le brincó al chota quien se lo quitó de la espalda y lo tiró para un sofá. Sin decir aguas, el chota disparó otra vez y ahora le pegó al Memo. La madre se desmayó. La carnala se congeló de terror. El padre del Memo entró arrastrándose en el momento en que su hijo caía de espalda en el sofá y la sangre le brotaba entre los dedos estirados sobre el abdomen.

Los sheriffs arrestaron a todos—al padre de Memo, con yesos y todo, a la madre y a los compas—y se los jalaron para la delegación.

El Mundo sobrevivió pero lo torcieron otra vez por la orden de arresto. El Memo seguía en condición crítica. Se hicieron juntas en que los testigos declararon acerca de lo que había pasado. La comunidad exigió que se juzgara al Deputy Sheriff Fred J. Coates, veterano de catorce años. La oficina del sheriff transfirió al Coates a otra subdivisión, mientras se investigaba.

Mientras, los Brown Berets organizaron una marcha que pasó por varios barrios del Valle de San Gabriel para protestar contra el zafarrancho.

El Sal Basurto otra vez puso fecha para el encuentro sobre la unidad del barrio en La Casa. La gente de Bienvenidos preparó miniconferencias acerca de la balacera de la jura antes de la reunión. Ahora teníamos razón y causa: ¡Justicia para Memo Tovar!

La reunión de La Casa se desbordó de gente. El Sal tenía voluntarios que pasaban listones cafés, para los brazos, que nos recordaran el estado del Memo. Los representantes de los Diablos estaban sentados en un extremo de la mesa de enmedio del salón; los miembros de la comunidad se sentaron en círculo alrededor de la mesa. Entre los representantes de Lomas estábamos el Santos, el Cuervo, el Toots, el Pokie, el Chicharrón y yo.

En la mesa estaban los carnales de la Viviana, el Negro y el Shark y también el Turtleman, el Boy, el Hapo y el Night Owl. Le cerré un ojo al Night Owl, me senté y él me echó una sonrisa falsa como cuando estábamos juntos en el bote. El Chava no asistió, pero esta vez no les dijo a otros que no fueran; el Sal dijo que lo había hecho para no quedar como culero.

El Sal redactó un acuerdo que declaraba tregua entre Lomas y Sangra. A los violadores los castigarían sus propios barrios. Se planearon eventos conjuntos para mantener la paz. Al final decía el acuerdo: ¡Fin a la guerra entre los barrios! ¡Justicia para los carnales Robles! Todos firmamos y luego el salón se llenó de aplausos. Empezaron despacio pero progresaron en tormentoso rugido al estilo del Movimiento Chicano.

Luego, celebramos bajo la enramada. Todos caminaban sobre cáscaras de huevo. Nunca había existido tregua entre los barrios. Más tarde, el Chava llegó con otros Diablos como el Coyote, el Danilo y el Gato. Al principio estuvo calmado. Pero el Santos no se sentía agusto, se vino para donde yo estaba tratando de calmarse pero sintiendo que le hervía la sangre. Traté de calmarlo.

Pues sí, el Chava le llegó al Santos y se quedó mirándolo. El Santos le devolvió la mirada, los brazos listos para tirar chingazos. De repente, el Chava se le echó encima a puño pelado. El Santos y el Chava se tiraron de chingadazos. Otros quisieron entrarle pero la raza de La Casa y de Bienvenidos pidieron la calma, jalando a otros para que no entraran en la bronca.

Los dos terminaron en medio de la calle; el Chava traía al Santos del pescuezo, el Santos le agarró la panza al Chava y apretó. Ninguno se soltaba. El Sal trató de separarlos pero no los pudo desenganchar.

—Párenle. No queremos darle excusas a la jura para que nos cierre — imploró el Sal.

En ese momento, alguien se abrió camino entre la bola.

—¡Se murió el Memo! ... ¡Se murió el Memo!

Todos se quedaron quietos y escucharon.

—Acabamos de recibir una llamada. El Memo murió temprano hoy en la noche.

El Santos y el Chava se soltaron. El Chava se dio vuelta y se fue con algunos compas que le pisaban los talones. Otra vez sentí caliente adentro y me dieron ganas de llorar pero no me salieron las lágrimas; ¡Memo, ay Memo, tú eras el mejor de nosotros!

El chota Coates enfrentaba un cargo de homicidio. Había chance de torcer a un oficial de "paz" por matar a un ciudadano desarmado en el Condado de Los Angeles.

Pronto, los Brown Berets se organizaron abiertamente en la

zona. Yo conocí a un par de sus representantes del Valle de San Gabriel. Traían barbas de chivo, pelo largo, se parecían al Che Guevara, con boinas cubiertas de botones y lemas. Una sucursal de la Librería del Movimiento se abrió en South San Gabriel, una rama de la original de la Brooklyn Avenue en Maravilla. Un antiguo activista de la pinta, Al "Pache" Alvarez, manejaba la tienda y yo iba seguido a hojear los libros, a mirar los posters y las revistas de Chicanos y otros grupos que emprendían la lucha, como el American Indian Movement, los Black Panthers y el grupo de resistencia puertorriqueña, The Young Lords.

Una ranfla de la escuadra del sheriff se deslizó por los caminos sin alumbrado de Las Lomas. Voces invisibles gritaron *Lomas* desde las matas; los árboles y las casas oscuras transmitieron el eco contra las sombras de cercas derrumbadas, tugurios y ramas.

De algún lugar entre el follaje, el fuego de un arma acribilló el lado del carro.

—¡Código 999! ... ¡Código 999! —dijo un chota por el radio—. Policía bajo fuego ... Avenidas Bailey y Marsh.

El chota se fue rápido de allí, lo más rápido que pudo; salió ileso. Más tarde, durante semanas, los sheriffs bloquearon las entradas y las salidas del barrio, controlando placas de automóviles y anotando números y nombres.

Entonces, en una noche sin luna, un helicóptero del sheriff cruzaba zigzagueando el barrio como de costumbre, forzando a todos a quedarse dentro de las casas. Suspendido, cruzó el camino de un tejabán vacío que estaba en la loma más alta del barrio mientras alumbraba un pedazo de terreno con su reflector. Un fuerte estruendo resonó cerca mientras un poderoso proyectil pegó en el costado del helicóptero, haciéndolo que fallara y girara mientras descendía a tierra.

El piloto mantuvo el helicóptero en el aire mientras maniobraba para esquivar los árboles y las casas para, finalmente, pegar en el suelo y aterrizar en un campo vacío.

Los medios declararon que el área del South San Gabriel/San Gabriel era un foco de anarquía. El incidente del helicóptero se había duplicado también en otros barrios, siendo el más famoso el barrio Casa Blanca de Riverside, a unas sesenta millas al este de nosotros. Según esto, en East L.A., un grupo llamado el Frente Chicano de Liberación había puesto bombas en estaciones de electricidad y edificios de gobierno. Se pusieron en alerta secciones enteras de la ciudad y del condado.

Una calurosa tarde de verano, el Santos caminaba normalmente por la Graves Avenue para verse con el Indio, un compa que vivía con su ruca y dos chavitos en el llano bajo Las Lomas. El Indio estaba sentado en los escalones con su hijo de tres años a sus pies. El Santos cruzó el jardín amarillento y el Indio se paró a saludarlo. En ese momento, un carro no identificado que corría acelerado por la Graves Avenue bajó la velocidad frente a la casa del Indio. Tronaron dos tiros de adentro del vehículo antes de salir destapado sin detenerse. Ningún barrio se lo adjudicó. Los cuerpos del Santos y del Indio yacían en el jardín, muertos instantáneamente, y un chavito lloraba por su mamá. ¿Otro tiroteo de paso?

Los funerales del Indio y del Santos fueron inmensos. Cientos de ranflas se alinearon por millas en el Potrero Grande Drive hasta la iglesia, donde se veló a los cuerpos, hasta el cementerio Resurrección, donde se enterraba a casi todos los muertos del barrio. En la escuela, todos traían cintas negras en los brazos que recordaban las muertes del Memo, del Bob Avila y otros.

Se rumoraba que Sangra había balaceado al Santos y al Indio. Los que trataban de mantener la paz sabían que eso violaba la tregua y podía significar guerra otra vez. Unos anuncios impresos por Bienvenidos y La Casa trataron de enfriar los ánimos que se iban caldeando. Pero de los dos lados había unos que no querían paz.

Todos los locos posibles tenían que juntarse en el subterráneo de una vieja casa victoriana de ladrillo—una de las pocas que quedaban en el barrio—donde vivía el Puppet.

Los grupos primero se reunieron en varios terrenos baldíos: el que estaba en el Toll Drive, los files de la Calle Bailey y la cañada donde terminaba la Calle Berne. Yo subí por el Toll Drive hacia un batallón de vatos con camisas Pendleton, abotonadas nomás de arriba, estilo vato, y pantalones caqui almidonados o de los que daban en la sala de detención juvenil que les decíamos "counties." Traían una variedad de paliacates, sombreros y guantes: equipo de batalla hasta cuando hacía calor.

Cuando alcancé a los otros, alguien me pasó una botella de vino Muscatel. Otros hablaban de las chavas conque habían estado, los desmadres que habían hecho: listo, tórica sura resbalosa— nuestro totacho.

—Caite, ése, ¿cómo está la ruca con que te guaché anoche?

—Más firmota, ése, pero toriquea buti.

—Orale, ¿y tú qué se la contestas?

Ellos andaban en la locura, el espíritu de la existencia que significaba la diferencia entre vivir la vida plenamente o vagar sin rumbo ni meta sobre la tierra, ocupando espacio, estorbando. Los vatos odiaban a los que no eran aventados, a los que fracasaban cuando se enfrentaban al reto, al miedo y a la exitación de su presencia.

Nos movimos rumbo al cantón del Puppet y nos colamos al sótano, fuera de vista de la calle. Afuera la Rachel, la carnala del Puppet, hacía caminar al Eight Ball, que se le había pasado la mano con la "H," para que no se desmayara.

Me metí al sótano. El humo de la yesca me penetraba los ojos y la nariz. Apenas veía la chispa de las miradas por entre la bruma. Los susurros y la pronunciación lenta y soñolienta de algunos vatos tronados me rodeaban. Posters fosforecentes, cruces y las placas de los compas pintadas con espray cubrían las paredes y el techo del subterráneo.

Mis ojos exploraron alrededor y luego se detuvieron. Allí,

frente a mí, estaba el arsenal más grande que había visto: escopetas de distintos calibres; pistolas desde .22 hasta de .9 milímetros; rifles semiautomáticos con telescopio, treinta treintas y treinta cero seises; y los automáticos—16es y toda clase de cuernos de chivo. En un rincón estaban amontonadas varias cajas de madera con granadas de mano. Aquí estaba el inventario del arsenal del barrio, la mayor parte robado de armerías militares.

Mareado por la escena—la risa, las armas y las caras borroneadas—me escurrí entre el Enano y el Bone.

Pronto, el Puppet y el Fuzzy bajaron los escalones con zancadas de confianza. El Puppet y el Fuzzy se habían autonombrado tenientes de las batallas que venían. Los aceptaron con un respeto callado. Hasta el Peaches, el Ragman, el Natividad o los maniáticos carnales Valdez aceptaron.

El Puppet miró alrededor y vio al Chepo, un vato chavalón de los Dukes.

—Sin Dukes —declaró el Puppet.

—Hey, ése, Nomás vine pa ...

—Que sin Dukes —repitió el Puppet.

Nadie se opuso. El Chepo se levantó y se fue.

El Puppet, prieto y de hombro anchos, traía una camisa de manga corta, se puso en cuclillas en medio del cuarto. Traía un pavo real tatuado en el antebrazo. Por dentro del otro brazo, una araña estaba colgada cerca de una chava mexicana con un sombrero trampado en la telaraña.

A un lado de él estaba parado el Fuzzy, un vato de piel clara y cara tosca, una barba de chivo y en la cabeza, pelo corto, casi como pelusa. Se había quitado la camisa y traía LAS LOMAS tatuado en grandes letras estilo inglés antiguo que le cruzaban lo ancho de la espalda.

—Orale, compas, ¿qué vamos a hacer con lo de Sangra? —les preguntó el Fuzzy a los vatos. Le respondieron con gruñidos y gritos.

—Bueno, vamos a hacer unas tácticas —dijo el Puppet.

Todo se hizo silencio; escuchaba el latido de mi corazón.

—Sabemos que la chota está esperando que nos movamos. Así que tenemos que hacerlo de volada. Sangra no va a saber qué le pegó.

—Van a saber que fue Las Lomas, ése —interpuso el Bone.

—Van a saber que fuimos nosotros. Pero no van a saber quién mero fue —dijo el Puppet—. La chota nos va a caer duro, pero vamos a estar seguros de que no chuten a nadie. Eso quiere decir que tenemos que andarnos cuidando unos a otros. Y tenemos que estar trucha con los dedos.

Dedos quería decir soplones. También les decían ratas.

—Guacha, el Toots y el Ragman van a cargar los cuetes —explicó el Puppet—. Quiero que el Fuzzy y el Nat ...

—Yo quiero decir algo —alcé la voz.

Todos se voltearon para donde yo estaba.

—¿Ya pensaron qué está haciendo Sangra ahorita? —dije—. Chance que se están preparando para caernos a nosotros también. Y les vamos a tirar y ellos nos van a tirar otra vez. ¿Cuándo se va a acabar esto?

El Puppet me echó una mirada que prognosticaba algo gacho.

—Nadie dijo que tenías que hacer nada. Así que vete por donde se fue el Chepo.

—No podemos maderearnos de que una guerra con Sangra va a acabar con los muertos —respondí, sabiendo que no podía echarme para atrás—. Que no van a hacerles daño a nuestros carnales y carnalas, o hasta nuestras madres.

—Lo vamos a hacer por el Santos y por el Indio —dijo el Fuzzy—. Es más, tú eres el vato que pinta murales arriba de nuestras placas. ¡Eso ya murió! Tábamos diciendo de dedos. ¿Pa qué lado estás, ése?

—Todos saben que yo me la parto con el que quieran —contrarié. Me levanté—. Eran mis compas también. Pero agarren la onda: los chutaron de una ranfla que iba volando, a los dos les chutaron derecho al corazón. ¿Quién está entrenado para hacer eso? Sangra no. Yo digo que fueron los juras. Digo que quieren que vayamos por Sangra cuando estamos buti cerca de juntarnos.

—Tenemos que usar la chompeta —continué, hablándoles a todos—. Tenemos que darnos trompa de quién es nuestro enemigo deveras. Los vatos de Sangra son como nosotros, ése.

Tórica traicionera.

Entonces se levantó el Puppet.

—Nomás pinches putos nos dirían que nos échemos patrás con lo de Sangra, puro pedo de juntar los barrios.

—Cálmenla, no me entiendan mal ...

Entonces un puño se estrelló contra mi boca; algo húmedo y caliente me corrió por la barba.

Parecía que el Puppet estaba listo para tirarme otro chingazo, pero se veía sorprendido; me había tirado uno de sus mejores chingazos y yo no me caí.

Mi razonamiento calmado se volvió furia. Pensé atizarle un chingazo yo también. Pero miré alrededor, a las caras de mis compas—al Chicharrón—y me di cuenta de que estaba solo. El Fuzzy me echó una sonrisota.

—Mira puto tás jodiendo con Las Lomas —dijo el Fuzzy—. Y nadie jode con nosotros, ¿entiendes?

No hubo amenazas directas. Todas las amenazas tenían que llevarse a cabo. Era una advertencia. La incomodidad del lugar se podía cortar con un cuchillo chato.

—¡Ya estuvo suave! Tenemos mejores cosas que hacer que perder el tiempo con este pedo —declaró el Puppet. Así que si está bien con el Chin éste, le entramos a Sangra a la noche.

El Puppet los miró a todos y lo aprobaron. Me miró y hubo silencio.

CAPITULO 9

―――

*"Ya no tienes derechos exclusivos sobre
nada, ni siquiera sobre tu vida loca."*
―carta que me escribió una adolescente
judía después de un conferencia
juvenil en 1972

Un Impala 1968 bajado y pintado de primer estaba con el motor andando frente a una casa estilo español beige y blanca en una parte alumbrada de San Gabriel. La música se derramaba por las ventanas con la risa y la tórica de la chavalada. ¡Una fiesta! La ranfla se acercó a la casa. El Yoyo y el Hapo brincaron del asiento de adelante y el Coyote se salió a gatas del asiento de atrás y miró alrededor. El remolino de los vientos Santa Ana refrescaron el calor del verano, limpiaba el esmog que quemaba los ojos y sofocaba el valle durante días. El Chava salió detrás del Coyote.

―Vamos a checar el borlo ―declaró, y los cuatro marcharon en dirección al ritmo vibrante.

Entraron por la puerta de enfrente sin invitación e inspeccionaron la escena. Unas chavas estaban sentadas en fila con botes de cerveza y cigarros en las manos. Los intrusos no pudieron distinguir a los vatos que estaban desparramados entre ellas; se veían de aquéllas pero no eran del barrio.

El Coyote le echó ojo a una ruca suave que estaba cerca de

una mesita de centro en que había bandejas de papitas, tostadas, salsa y dip de cebolla. El Yoyo indicó que tenía que ir al baño. El Chava y el Hapo cruzaron la cocina y salieron por la puerta de atrás; afuera, algunas gentes bailaban cerca de una resolana para carro bordeada de tambos colmados de hielo y cerveza.

—¡Sangra rifa! —gritó el Hapo por puro impulso, tal vez pensando que mantendría a los vatos a distancia. El Chava lo miró enojado pero ya era demasiado tarde.

Ocho vatos salieron de la oscuridad bajo el garaje. El Chava los reconoció de volada: el Eight Ball, el Fuzzy, el Enano, el Topo, el Lencho, el Toots, el Bone y el Puppet—¡de Las Lomas!

El Hapo retrocedió hacia la casa. El Coyote y el Yoyo sintieron que algo estaba mal. El Hapo los miró aterrorizado.

—Trucha, ¡corran!

—¿Qué?

—Que corran, ¡es Lomas!

El Coyote, el Yoyo y el Hapo volaron por la puerta hacia el Impala. Pero el Chava no corrió, no pudo correr; se quedó parado solo en el patio de atrás mientras la legión de sombras se acercaba gritando. Sombras que rodearon a la presa y le cayeron a chingazos en pantomima letal, navajas de acero penetraban la carne. El Chava no gritó.

Cayó al suelo, tocó la humedad de las fragantes hojas de zacate y fueron esos simples olores, sensaciones y sonidos los que apresaron su atención: el repique de las campanillas cerca de la puerta de atrás, las polillas que chocaban contra un foco—un tono agudo que salía de los bajos y altos de las bocinas de un estéreo. Ocho vatos, ocho hoyos en los costados, el abdomen, las costillas. *¡Ya no, Ya no!*

Pero había más.

Alguien agarró un ring de llanta oxidado en la entrada desordenada de los carros y se lo hundió al Chava en la cabeza.

—¡Ya no, por favor, ya no!

Pero ya no era la voz del Chava. Su voz ya no resonaba más que como eco por un cañón adentro de su cuerpo. Ya era una voz de mujer, la voz de la Rita quien había saltado sobre la figura postrada del Chava e imploraba que pararan a las sombras que se mantenían de pie sobre él.

Las sombras retrocedieron. La Rita volteó de lado el cuerpo del Chava, que apenas respiraba, y alguien gritó cerca, como llanto dentro de un sueño negro, dentro de todos los alaridos que se hayan gritado, mientras que el zacate se matizaba del rojo de las heridas del cuerpo y la cabeza, una masa de pelo, ojos y mandíbula empapados.

====

El Chicharrón se paró frente a la Mark Keppel High.

—¿Hey Chin, quieres que te cuente un chiste? —preguntó.

—Pero tiene que ser bueno.

—¿Qué le dijo … ?

—Dije que bueno.

Traía a un bebé de un año. El Chicharrón y la Shoshi ya no estaban juntos, pero llevaba en los brazos el legado de su corta relación. Le pusieron "Junior." Como que al Chicharrón no le quedaba ser papá pero se veía orgulloso, mientras que Junior, lleno de no saber, miraba alrededor.

Yo estaba parado frente al árbol nudoso entre otros estudiantes que estaban sentados en el zacate, platicando y descansando bajo el sol. Como siempre, el Chicharrón comenzó a chingar.

—Así que te pusiste los potato shoes.

El Chicharrón se burlaba de los zapatos cafés que usé hasta que el cuero se secó y parecía cáscara de papa. También se burlaba de que yo orinaba mucho, más cuando tomaba. Una vez me dio una lámina en que él me había dibujado con una vejiga miniatura y zapatos de papa—abajo había escrito: EL CHINMUNIST.

El último año me hice presidente de ToHMAS. El club había conseguido que se diera una clase de Estudios Chicanos, por un maestro comprometido y enérgico, el Sr. Sosa. También me hice el vocero local del Concilio Estudiantil y columnista del periódico de la escuela, un puesto que me ofreció el maestro de periodismo porque le gustó mi respuesta a una editorial antichicana. A mi columna le puse "Pensamientos."

En una columna escribí: *"Es importante que los chicanos sientan que ésta es también su escuela. Ya es hora de que nos hagamos parte de América."* Y otra vez escribí un artículo de que los Lomas Dukes habían organizado una lavada de carros a beneficio de una escuela primaria donde los niños no tenían dinero para comprar leche ni lonche. Uno del equipo del periódico me preguntó que por qué Los Dukes no habían usado el dinero para limpiar el grafiti de las paredes de la escuela. Le dije: *Es mucho mejor darles de comer a los chavos hambrientos que limpiar tus putas paredes, ¡por eso!*

Mientras estábamos sentados haciendo reír al bebé, la Cha Cha, una líder de ToHMAS, se me acercó por detrás temblándole la voz.

—Louie, necesito hablar contigo.

—¿Qué pues Cha Cha?

—Ya conoces al Sr. Humes, el maestro de historia. Pues me acaba de correr de la clase porque llegué tarde, ¡pero antes me llamó una chola puta!

—¿Que qué?

—Deveras. Le dije que había tenido que llevar a mi carnalito con la babysitter porque mi mamá está enferma. Pero se puso deveras furioso y me insultó, ¡delante de toda la clase!

—¿Quién se cree ése? Vamos a ver.

Entré a la escuela. Unos estudiantes que estaban en el patio, incluyendo al Chicharrón y al bebé me siguieron. Subí corriendo las escaleras hasta el segundo piso. La Cha Cha apuntó a una clase que estaba en sesión al otro lado del pasillo.

Cuando entré, el Sr. Humes, canoso, de camisa rayada, mangas cortas y corbata, estaba parado frente al pizarrón hablándole a una fila desparramada de estudiantes.

—Joven, usted no puede meterse a mi clase de esta manera, mejor váyase ...

—No, no me voy. ¿Qué es eso de llamar a la Cha Cha chola puta?

—¡Yo no tengo que rendirle cuentas a usted! —gritó el Sr. Humes—. Ya me cansé de la dictadura estudiantil que hay aquí.

—Ah, ya veo, usted quiere poder decirle puta a quien sea y que no le digan nada. Eso se acabó, ése. Ya no vamos a aguantar sus insultos.

—Y yo tampoco voy a soportar esta injuria —contrarió—. Quiero que salga de mi clase. ¡Ya! Si no, vamos a ver al Sr. Madison por este asunto.

—Bueno, pues tendrá que ir a ver al Sr. Madison.

El Sr. Humes salió enojado de la clase. Cuando dio el portazo, los estudiantes del salón y los del pasillo gritaron de júbilo. Pero faltaba mucho para que esto terminara.

El Sr. Madison nos llamó a la oficina a la Cha Cha y a mí.

—Usted no puede andar interrumpiendo clases —dijo—. Esta conducta tiene que parar.

—Nadie tiene derecho a decir lo que el Sr. Humes le dijo a la Cha Cha y salirse con la suya —le dije.

—Pero hay otras formas de resolver esto. Hay vías. Para eso estoy yo. ¿Por qué no me vinieron a ver a mí primero?

—Nosotros vamos a resolver esto por nuestra cuenta. Si no lo hacemos, no podemos controlar el resultado. Nomás no confiamos de la manera en que se resuelven las cosas aquí.

—Pero yo soy la autoridad, no ustedes —dijo el Sr. Madison—. No puedo dejar que los estudiantes interrumpan las clases cuando les dé la gana.

Luego habló la Cha Cha:

—Oiga Sr. Madison, usted olvida que el Sr. Humes me llamó puta. ¿A quién le importa que 'interrumpamos' una clase? ¿Que va a hacer usted acerca del Sr. Humes? Se trata de mi vida aquí y las vidas de otros iguales a mí. ¿Qué va usted a hacer?

Faltaba mucho para que terminara. Otros estudiantes se dieron cuenta de lo que había pasado. Otra vez se desbordó la rabia que traían adentro. Alguien fileró las llantas del carro del Sr. Humes.

Después, un grupo de mexicanos le partió la madre a unos gabachos en el gimnasio. Luego escaló a broncas en la cafetería y en el parqueo. El conflicto de la Cha Cha sirvió de catalizador para La Tradición de ese año.

El Concilio de Estudiantes convocó a una sesión especial. El Daryl, presidente estudiantil, propuso un grupo de "Comunicadores" que consistiría de dirigentes estudiantiles mexicanos y anglos. El Sr. Madison aprobó la sugerencia y nos proveyó un lugar para que el grupo se reuniera. Se hizo una lista de sesenta nombres; yo estaba en la lista.

Los Comunicadores tenían que sofocar cualquier rumor. Parar cualquier bronca. Resolver cualquier desacuerdo. Los Comunicadores traían bandas rojas en el brazo. Nos dejaban faltar a clase y nos permitían andar por los pasillos y hablar con los estudiantes. Los pleitos cesaron a los dos días, mientras los Comunicadores caminaban para arriba y para abajo de la escuela abogando por la calma.

Al tercer día, el grupo de los sesenta se reunió en el auditorio para determinar cómo vérselas con los desmadres. Yo propuse tomar pasos positivos para que la gente pudiera discutir sus problemas, encarar las desigualdades y dejar que los estudiantes manejaran más poder. Eso provocó un debate salvaje. Mientras afinábamos unos puntos, una maestra entró corriendo al auditorio.

—¡Ya empezó otra vez! —gritó, toda despeinada—. ¡Se están peleando en los pasillos!

—Bueno —dijo Daryl—. Todos tenemos que ir a pararlo.

Los Comunicadores emergieron del auditorio y fueron a donde estaba un nudo de estudiantes junto a una escalera. Nos recibieron gritos y alaridos. Vi que un vato, en una furia loca, brincaba desde arriba de la escalera sobre la bola de abajo.

Corrí a la trifulca y traté de separarlos, jalando a un par de estudiantes que estaban en el piso. Pero cuando agarré a un vato, miré para arriba y un bote arrugado de refresco lleno de arena se me estrelló en la boca. El borde puntiagudo y el peso de la arena me estallaron el labio inferior; la sangre corrió en cascada. Otros dejaron de pelear y yo me quedé parado, aturdido. Un estudiante y un maestro me agarraron del brazo y me acompañaron a la oficina de la enfermera.

Cuando llegamos, un número de estudiantes heridos ya estaba ahí sentado. La enfermera me revisó la boca. El bote arrugado me había cortado el labio y me astilló un pedazo del diente. Sugirió que me llevaran a la clínica.

—¿Tú eres de la Keppel, verdad? —dijo la doctora al entrar a la sala de operaciones donde yo estaba acostado apretándome la cara con toallas empapadas.

—Hemos atendido a muchos de ustedes esta semana —dijo la doctora—. Vamos a echar un vistazo.

Me quité las toallas. La doctora estaba seria pero no alarmada.

—No es gran cosa —dijo—. Te vamos a dar unas puntadas y quedarás como nuevo.

Ya me estaba cayendo bien. Preparó la tripa de gato mientras yo me recostaba.

No voy a usar anestesia, declaró. Parece que eres un vato duro. Seguro que aguantas.

Me cayó en los güevos pero no le dije nada. Dejé que me cosiera el labio sin calmante para el dolor; sentí que la aguja entraba y salía de la piel, puntada a puntada. No hice ningún aspaviento ni me quejé. Nomás me agarré fuerte de los lados de la cama para que no me viera la doctora.

Cuando terminó, ella me miró con un destello malicioso.

—Veo que aguantaste —dijo—. Ni un quejido. Bueno vato duro, ya te puedes ir a casa.

Pero no me fui a la casa. Regresé a la escuela vendado con una enorme gasa sobre el labio inferior. Ya para entonces estaban cientos de estudiantes reunidos afuera. Habían improvisado un "walkout" cuando me hirieron. Me acerqué a la bola que clamó al verme. La Esme les hablaba desde arriba de la escalinata del frente. Me le acerqué, la gasa y el dolor no me dejaban sonreír.

—Louie, ¿puedes decir unas palabras? —preguntó la Esme.

Lo hice, despacio pero lo hice.

—Hemos conseguido hacer mucho en esta escuela. Pero siempre surge algo para demostrarnos que todavía nos falta mucho por hacer. Lo único que puedo decirles es que no podemos dejar de luchar hasta que ganemos la batalla.

Los estudiantes estallaron en un frenético aplauso. Adentro de la escuela, tras las puertas, veía que la Sra. Báez se complacía de ver que me hacía valer. Pero el Sr. Madison, que tanto había tratado detener la controversia, se veía cansado.

Luego después, la escuela despidió al Sr. Pérez. El Sr. Pérez dirigía el taller de imprenta. Era la clase más popular entre los chicanos; se hacían muchas reuniones allí. El no sólo auspiciaba el club ToHMAS sino que era el mejor maestro de la escuela. El Sr. Pérez organizaba viajes al centro, a la playa y hasta Beverly Hills; quería que conociéramos mundo, que viéramos cómo vivían los demás y supiéramos por qué no vivíamos igual. Pero a los maestros que ayudaban a los alumnos se les consideraba extremistas.

Un día, el Sr. Pérez recibió un aviso. La escuela alegaba que él era un insubordinado y que no respondía a las necesidades de los estudiantes—exactamente lo opuesto a la verdad.

Entré al Centro del Estudiante Chicano. La cara de la Esme se cubría de dolor; la Amelia lloraba. La Sra. Báez tenía el teléfono en la mano, aunque no estaba hablando.

—Ya chale, ése —dije—. Ya estuvo suave con esta gente. Otro walkout, ése. Vamos a salirnos hasta que traigan de vuelta al Sr. Pérez.

—No, Luis, ahora no —dijo la Sra. Báez, agitando el teléfono hacia mí—. No pueden hacer walkout cada vez que pasa algo que no les guste. La escuela y el Sr. Pérez necesitan resolver esto.

—Esa no es más que una excusa —dijo la Esme—. Hace mucho tiempo que querían quitarse al Sr. Pérez de enfrente. Es el único maestro que quiere arriesgarse, a desafiar el status quo.

—Sí, Sra Báez, yo no me la trago —dije—. Vamos a salirnos.

—Luis, no olvides que eres un Comunicador —dijo la Sra. Báez—. Se supone que tienes que mantener la paz.

—Ya no, ¡renuncio!

Esta vez, trabajé a madres por los pasillos avisándoles que iba a haber un walkout a todos los estudiantes que pude. Esta vez la escuela estaba preparada. Durante un año, más o menos, el Alex, que vivía en Las Lomas, había trabajado con el Sr. Madison para dispersar la tensión. El día del walkout, el Sr. Madison conversó con el Alex. Este se dedicó a andar por la escuela diciéndole a todos que el walkout se había cancelado.

Confundidos, algunos estudiantes fueron conmigo. Empecé a darme cuenta de su plan: el Sr. Madison quería provocar una confrontación entre el Alex y yo—y él le apostaba a su gato, el Alex. Sucedió que la fuerza del walkout se redujo por la táctica de desinformación del Alex. Aún así, el Sr. Madison echó a andar el Plan B.

Yo les había dicho a todos que se reunieran en el patio a la una de la tarde, después del lonche. Pero antes de la hora del lonche, las bocinas anunciaron que: a la una habría una asamblea general especial en el Estadio Azteca.

—Lo están haciendo para parar el walkout —dijo la Esme.

—Ya sé, ya no podemos hacer nada —dije—. Vamos a ver que tiene en mente el Sr. Madison.

Cientos de estudiantes se reunieron en las gradas. Encontré un lugar arriba y me senté, la cara enmascarada de indiferencia.

El Sr. Madison se echó un largo discurso acerca de la cooperación, la armonía y la comprensión; habló de que algunos elementos querían sabotear todo lo que representaba la Mark Keppel High.

Yo estaba allí sentado, sintiendo el flujo y la resaca del poder dentro de mí. Había cancelado el walkout, había tenido que hacerlo. Pero también sabía que todo esto—la asamblea de la escuela, el discurso al cuerpo estudiantil, el papel del Alex— ¡todo era por mí!

Recordé cuando primero entré a la escuela de Watts, cómo

me habían ignorado, me habían empujado a un rincón con los cubitos de madera y me habían tratado como a un paria; cómo en la Garvey me habían corrido de las clases, y luego en la High, me habían hecho salirme y me habían tildado de ¡fracasado!

Ahora ya no podían ignorarme, me tenían que escuchar.

———

—Ya leí todo el trabajo que me diste hace rato, te acuerdas, tus poemas y tus cuentos —dijo la Sra. Báez

—Ah, sí, no sirven, ¿verdad?

—Luis, ¡¡cómo que no sirven?! Son maravillosos. Tenemos que mandarlos a publicar.

—Orale, pero ¿cómo?

—Bueno, el otro día leí un periódico en que anunciaban un Concurso Literario Chicano en Berkeley. Es de la editora Quinto Sol. Vamos a mandar el trabajo. Pero tiene que pasarse en limpio; tu mecanografía es terrible.

—Ya sé, ya sé ... pero ¿quién lo va a hacer?

—Yo encontraré ayuda. Estoy segura de que hay quien esté ansioso de hacer algo. ¿Qué dices?

—Creo que está bien. Digo, vale la pena tratar.

Al mismo tiempo, el California State College de Los Angeles, me ofreció una Beca del Programa de Oportunidad Económica—a pesar de mi récord escolar anterior, de la falta de créditos y otros contratiempos. El Chente, el Sr. Pérez y la Sra Báez, trabajaron en equipo para ayudar a que me aceptaran.

Y un profesor de arte de la Universidad Loyola-Marymount me pidió que pintara un mural para la escuela; me ofreció algo de pago y estudiantes de arte que me ayudaran a trabajar.

La cabeza me daba vueltas de tantas posibilidades.

Pero la patada me llegó cuando la Sra. Báez me devolvió las versiones de mis escritos pasadas a máquina; no podía creer que yo tuviera algo que ver con eso. Las formas de las palabras, el aspecto y los fragmentos de las oraciones y las sílabas me parecían extrañas, como si las hubiera escrito otra mano.

La verdad era que yo no sabía nada de literatura. Me había caído por un abismo entre dos lenguas. El español me lo habían sacado a golpes en mis primeros años de escuela—y no había aprendido inglés muy bien tampoco.

Muchos chicanos se encontraban en el mismo aprieto.

Casi se nos podría decir incomunicables, aunque permanecimos lúcidos; nos sobrepusimos a lo que sentíamos, percibíamos y comprendíamos. A veces reordenamos las palabras, creamos nuevos significados y estructuras—hasta un nuevo vocabulario. Muy seguido nuestra plática cotidiana ardía de poesía.

Nuestros poderes de expresión eran fuertes y vibrantes. Si pudiéramos alimentarlos, si además pudiéramos desarrollar las destrezas de la lengua, podríamos aprender a rajar cualquier barrera de la comunicación. Nos hacen falta victorias en la lengua, construidas sobre una infraestructura de amor propio.

Pero muchas veces ya habíamos perdido desde el principio.

En mi caso, aunque no sabía escribir ni pintar, tenía una gran necesidad de concebir e imaginar, tan amplia y poderosa que tenía qué, aún sabiendo que se podrían burlar de mis trabajos, que los podrían llamar naïve. Sencillamente no podía parar.

Pero tenía que aprender cómo; tenía que creer que podía.

Un día, recibí una llamada telefónica. Era el Dr. Octavio Romano de Quinto Sol. Me habían escogido como uno de los dos ganadores honorarios del concurso. Había mil dólares para los premios. El mío era de doscientos cincuenta dólares, un boleto de avión—mi primero—a Berkeley, y un contrato para la publicación.

Cuando supe la noticia, me sentí lleno de vida, intensamente consciente de mis alrededores. Después de colgar el teléfono, salí a madres de la casa y bailé bajo la lluvia: un vals azteca, un boogie-woogie, un norteño—no importaba, bailé.

Mamá me vio afuera y seguramente pensó que me había vuelto loco. Y estaba loco—como mi Tía Chucha, que seguía creando sin reconocimiento, aunque la hubieran exiliado de la familia; loco como la luna que bailaba jitterbug en la noche, loco como el latido del corazón que seguía bombeando su precioso líquido a pesar de que tantas cosas habían tratado de pararlo.

Había ganado 250 dólares—el dinero más legítimo que jamás hubiera ganado de un chingazo. Bailé por la hermandad, bailé por el fin de la degradación, bailé por la pobre gente que había tratado de hacerla y que la habían aplastado.

Berkeley ... mi propio contrato por un libro ... ¡250 bolas!

━━━━━━━━━

Finalmente me gradué de la High. Qué conquista. No asistí a la ceremonia oficial ni al baile de graduación porque no sentí que tuvieran nada que ver conmigo.

ToHMAS hizo su propia fiesta en donde recibí un certificado de reconocimiento por mis actividades de los dos años anteriores. La Sra. Báez y el Chente estaban presentes, ambos sonrientes, tal vez sintiendo que habían alcanzado algo. Me habían ayudado a realizarme.

A la Esme, la Flora, la Amelia, al Chuy, la Cha Cha y a los otros, les dejé mis mejores deseos para el futuro. Algunos iban a seguir estudiando en la Keppel y planeaban seguir con la lucha que habíamos comenzado. La Delfina estaba allí y yo me acerqué a ella. Iba a ser la Josefina Aztec del año entrante.

—Louie, yo no estaría aquí si no fuera por ti —me dijo.

—Me alegra, pero me agüita que no haya pasado nada entre nosotros.

Nos abrazamos y luego hice la ronda abrazando y dándole la mano a otros estudiantes. Cuando me tocó decir unas palabras, le dije al grupo:

—Creo que cualquiera puede hacer lo que hemos hecho, y mejor. No soy ninguna excepción. Cualquiera de aquí es un líder en potencia.

Me las arreglé para ir a la oficina del Sr. Madison, a recoger mi diploma. El Sr. Madison me lo entregó sin decir una sola palabra y, ambivalente, me dio la mano. Sentí que no me odiaba pero que nunca había conocido a nadie como yo—y sospeché que él se imaginaba que pasaría mucho tiempo sin que se encontrara a otro igual.

Cuando dejé la escuela me llevé muchas cicatrices pero también me llevé victorias: al Sr. Pérez le regresaron su trabajo, la escuela contrató a otro maestro chicano—y al Sr. Humes lo jubilaron antes de que le tocara.

En mi último año, los miembros de ToHMAS asistieron a una Conferencia Americana de Liderazgo con estudiantes de todo el Condado de Los Angeles. El Sal Castro, maestro de la Belmont High, que fue un líder de los Blowouts de 1968 en East L.A., y otros líderes chicanos fueron los oradores principales.

También participamos en las conferencias que se hicieron en todo Los Angeles con jóvenes de otras comunidades: estudiantes judíos del West Side, anglos del Valle de San Fernando, negros del South Central Los Angeles y de Compton, hijos e hijas de obreros de la industria de estibadores, de la refinería y la de embutidos del puerto—muchos de ellos estaban pasando por los mismos aprietos. Les contamos nuestra historia a grupos extasiados y les tocamos una fibra.

Pero lo más importante fue que los estudiantes anglos de la Keppel comenzaron a comprender el significado de la lucha y presionaron sus propias demandas.

Una de ellos, la Maureen Murphy, dirigió una campaña controversial con los temas de unidad y justicia para un puesto escolar.

Después de su victoria me escribió una carta: *"Tú eres una de las tres personas en este mundo a quienes llamo 'una persona real.' Muchas veces, tú me mostraste dónde estaba equivocada y dónde tenía razón, y más, dónde tenía que luchar y qué era lo que tenía que abandonar. Te soy franca ... tengo miedo. Necesito que alguien me ayude. No estoy tan feliz, no creas, gané, pero si el color de mi piel hubiera sido distinto, como el tuyo, hubiera perdido."*

Algunos como la Maureen comprendieron que la causa fundamental de que el nivel de educación de todos los estudiantes se estuviera yendo a pique, de que sus derechos hubieran disminuido, residía en que el sistema educativo tiene dos categorías. Mientras se prive a algunos estudiantes de una educación de calidad, a todos se les privará.

━━━━━━━━

Comencé en Cal State–Los Angeles en el otoño de 1972, con especialidad en Radiodifusión y Estudios Chicanos. Hasta me compré mi primer ranfla, un escarabajo azul VW con rines cromados y ruedas que le salían varias pulgadas por los lados. Un Volkswagen lowrider.

Mientras iba al college tuve que seguir trabajando porque la beca que recibía sólo cubría parte del costo. Trabajé medio tiempo de chofer de bus de escuela, de empleado en una bodega y de camionero de una fábrica de lámparas.

Firmé un contrato con Quinto Sol y trabajé en la publicación del libro, temporalmente titulado *Expresiones del Barrio*.

El Chicharrón siguió visitándome, a veces dejando que Junior jugara en el patio de atrás. Seguí viviendo en el cuarto del garaje para ahorrar dinero. Además, el lugar estaba tan cargado de recuerdos; no quise dejarlo, aún cuando Mamá me ofreció dejarme vivir otra vez en la casa.

Estuve muy activo en MEChA y, con el tiempo, me convertí en el vicepresidente y editor del periódico del club. Establecimos un MEChA Central que entrenaba y organizaba a los estudiantes chicanos de las escuelas de todo el East Side: la Roosevelt, la Garfield, la Lincoln, la Belmont, la Franklin y la Wilson. Fui a esas escuelas a hablar con los chavos y a hacer enlace para el college.

En una de esas excursiones, conocí a la Camila Martínez. Era estudiante de la Garfield, una escuela casi cien por ciento chicana con una de las tasas de deserción más altas en la ciudad. Allí asistí a una reunión de MEChA y me pidieron que hablara. Hablé de la organización, sacando mucho de mi propia experiencia en la Keppel. Pero me distrajo terriblemente una estudiante bonita que estaba frente a mí, como filipina, de pelo rizado y ojos oscuros. Llevaba una falda corta de la que emergían piernas matadoras. No lo sabía entonces pero esta chica sabía lo que quería y me quería a mí.

La Camila fue a todas las reuniones, delicadamente interrumpiendo mi plática con preguntas y comentarios, manteniéndose constantemente ante mi vista. La invité a sesiones de estudio que iniciábamos en varias casas de East L.A. Ella fue, participó, comprendió los conceptos sin problema y cayó muy bien con el discurso. Antes de que me diera cuenta, ya la había invitado a un baile que MEChA preparaba en Cal State. Durante una pieza lenta me dijo que yo le gustaba. Sentí que algo se me prendía en el pecho. Me estaba enamorando de la Camila.

Pero ya estaba viendo a dos chicas que vivían enseguida, atrás del chante de mi carnal el Joe. Ya entonces, el Joe se había casado con una mujer que conoció cuando trabajaba como camionero en una compañía donde ella trabajaba en la línea de montaje. Se llamaba la Elvie. Se cambiaron enseguida y pronto tuvieron a un hijo que le pusieron mi nombre, Louie, y más tarde tuvieron una hija, Tricia.

Las chavas, la Rosie y la Terry, se habían fugado de sus casas y terminaron quedándose con el Joe y la Elvie. No pasó mucho cuando se cambiaron conmigo. A la Terry le gustaba tirarle terrones, a media noche, a la puerta de mi cuarto del garaje. Yo abría la puerta y ella saltaba el cerco y pasaba la noche. Mi madre me preguntó que por qué estaba salpicado de tierra el exterior del cuarto y fingí no saber nada del asunto pero sentí que ella sabía lo que pasaba.

La Rosie comenzó conmigo un poco después, creo que para vengarse de la Terry. Un día, la Rosie fue y tocó a mi puerta.

—¿Quién es?

—Es Rosie, tengo que hablar contigo.

La dejé pasar. La Rosie estaba parada en el umbral con la luz del sol a espaldas y se quitó la blusa. No traía nada debajo.

—Ya sé que esto es muy directo, pero quiero hacer el amor contigo.

También salí con chavas que me presentó la Elvie, incluyendo a su amiga puertorriqueña, la Evelyn. También estaba una mechista de Cal State que me gustaba.

Y allí me tenías, ¡enamorándome de la Camila!

Un día, me dejaron una bomba en el umbral. Una carta. En ella, la Terry me decía que estaba embarazada—¡y que se alegaba de que fuera mío!

Estaba aturdido. Aquí estoy, al borde de cambiar mi vida, en el college, con un libro por aparecer, trabajando durante mi tiempo libre y tal vez hasta conseguiría más murales que pintar. No quería aquella criatura. Pero no supe que hacer. Desgraciadamente, no pensé en hablar con nadie antes de enfrentarme a la Terry.

—Mira, Terry, me gustas mucho. Pero no estoy listo para tener un bebé.

—¿Qué estás diciendo, Louie?

—Me refiero a que me están pasando muchas cosas ahora. Hace un año me la hubiera jugado. Pero no quiero dejar lo que ya empecé. Creo que debes hacerte un aborto.

Terry me miró horrorizada y escapó. Pronto, después de que todo se hubiera desplomado, la Elvie dijo que la Terry había amenazado con suicidarse. De repente, la Rosie se puso de mi lado, causando mayor conflicto. Cuando mi familia se dio cuenta, me enfrenté a presiones divergentes: tendría que hacerme responsable y tener a la criatura. Tendría que responsabilizarme de que la Terri abortara. No sabía qué hacer. Quería salirme de allí. Una noche llamé al Chicharrón y me empedé horrible.

Al día siguiente, la Rosie fue al cuarto agüitada.

—¡La Terry se fue!

—¿Se fue? ¿Pero por qué, qué no va a tener un bebé?

—No sé, Louie, con la Terry es difícil saber qué es y qué no es real. Pero anoche se fue, se llevó todo y no dijo a donde se iba.

—Quieres decir, ¿que a lo mejor la Terry no está embarazada?

—Quiero decir que con ella no se sabe si sólo está jugando contigo para atraparte o si se fue porque no quería perder el bebé.

—En la madre, tenemos que encontrarla ... pero no puedo ir ahora. Tengo que trabajar e ir a la escuela.

Hablé con mi carnal y con su esposa para planear que hacer.

Me ofrecieron buscarla. Mi carnala la Gloria fue con ellos. El fin de semana siguiente, se fueron hasta la frontera con México, siguiendo las pistas que les había dado la Rosie. La familia de la Terry estaba en San Diego y trataron allí. Pero no la encontraron.

Volvieron en dos días.

—Lo siento, Louie, no pudimos encontrarla —dijo el Joe—. Nadie sabe donde está. Puede que esté embarazada o puede que esté viviendo en algún lado sin estarlo o puede que esté muerta.

Más tarde, la Rosie volvió con su familia. Nunca supe a donde se fue la Terry. Nunca supe con seguridad si tuvo una criatura, si es que la tuvo, y si era mía.

La paz entre los barrios nunca se hizo después de las muertes del Santos y del Indio; yo todavía insisto en que los sheriffs habían sido los asesinos. De cualquier forma siguieron las guerras, empeorando en algunos casos, calmándose en otros. En un incidente, un grupo de vatos estaban parados frente a La Casa cuando pasó una ranfla cargada de locos. El Tiburón se bajó con un cuete en la rabadilla.

—Tú y yo, Coyote —gritó.

El Coyote salió a encontrarse con el Tiburón. El Tiburón se estiró para atrás, sacó el cuete y empezó a disparar. Otros vatos que iban con él también abrieron fuego. Los vatos de Sangra se desparramaron. Uno de ellos dio unos pasos, cayó, se levantó y luego cayó otra vez; murió allí en la banqueta.

Temprano de madrugada, unos detectives vestidos de civil entraron a varias casas de los miembros de Lomas. Los arrestaron por el asesinato de David Alcón de dieciséis años. Uno de los detenidos era el Chicharrón.

La jura emitió una orden de arresto contra el Tiburón. No lo encontraron. Durante semanas la jura rastreó Las Lomas, visitaron a su familia, hasta llamaron a las autoridades de México.

Entonces en Las Lomas, en el silencio de la noche, alguien

metió una escopeta por la ventana de una recámara y abrió fuego dándole en la cabeza al carnalito de trece años del Tiburón. Los agujeros de los perdigones y la sangre se desparramaron por la pared opuesta. Sangra se adjudicó el tiroteo. Poco después, el Tiburón se entregó.

Un tribunal encontró al Tiburón culpable de homicidio y lo mandó a San Quintín. Al Chicharrón, que tenía diecisiete años, lo encontraron culpable de complicidad del homicidio y lo sentenciaron a la pinta YTS de Chino. Un par de vatos de Las Lomas recibieron cargos menores relacionados con el asesinato de Alcón.

El Junior ya no fue a jugar al patio de atrás. La Shoshi se hizo cargo de él después de que condenaron al Chicharrón. El Chicharrón se fue a cumplir su condena—yo era el último que quedaba de Los Cuatro.

Empecé a ver más a la Camila. Se mudó con una carnala mayor después de que la echaron de la casa de su madre. Pero cuando la madre se dio cuenta de que yo la veía, comenzó a pasar más tiempo en la casa de la Ferris Avenue, donde vivían la Camila y su carnala Irma. La primera vez que llevé a la Camila al cine, su madre la obligó a llevar a su carnalito menor, armado con un cuchillo de la cocina por si acaso "me salía."

Una vez llegué en una troca de caja corta al frente de la Garfield High, a levantar a la Camila después de escuela. Cuando iba caminando por la vereda que llevaba al edificio principal, los vatos se me hacían a un lado, algunos saludaban con la cabeza mientras Camila me esperaba sonriente en la escalinata de la escuela. Se veía tan bonita con su piel café claro, las piernas bien torneadas, un trasero bien formado y una de las caras más chulas que había visto jamás. Me sentí orgulloso de ser su novio.

Parecía que todo se me daba—con una mujer hermosa a mi lado.

La ruca gritó pero parecía que nadie la oía. Vi que un par de jurados la empujaba contra un carro parqueado en el terreno de un club nocturno de Norwalk. Miré a ver si estaba alguien más alrededor, pero los pocos que allí estaban se voltearon, ignorando los gritos mientras que un jura le atizaba a la ruca en la cara.

—¡Hey, déjela! —grité.

No sabía ni quién era ni que había hecho; pero no podía quedarme allí y ver la golpiza.

—Vete a la chingada, ¡ya! —gritó un chota mientras le jalaba fuerte el brazo a la ruca para ponerle las esposas. Su cara aplastada contra el asfalto, sangrando por la boca.

—¡Pinches cabrones! —dijo.

—Déjela en paz. ¿no ve que la está lastimando?

En eso, un par de juras se me echaron encima. Caí al piso. Los chotas me jalaron los brazos, me levantaron y me tiraron contra uno de sus carros. Sentí los golpes de una macana contra un costado y la espalda. Traté de zafármelos, cuando de repente aparecieron otros ocho juras. Mientras me atizaban, levanté el pie sin darme cuenta y le raspé a uno el pecho.

Los jurados me echaron dentro de una patrulla y a la ruca en la otra. Ya para entonces se había amontonado una multitud pero parecía indefensa mientras que llegaba más juras como hormigas al parqueo del club.

El carro caminó como media hora. Un jura me pegó en el estómago, otro en la cara.

—Quieres decir algo ... Parece que quieres decirnos algo —imploró uno.

No dije nada. Ni siquiera chinga a tu madre. Sentí que se me hinchaba la mejilla. Otro puñetazo me aplastó el ojo, la punta de la macana una costilla. Apreté los dientes, aguantándome el grito, para que no usaran nada que dijera o hiciera para intensificar su ataque.

Los jurados me llevaron a la sección de prisioneros del Hospital del Condado de Los Angeles para que me revisaran las heridas. En pocas horas me dieron de alta y me llevaron a la Cárcel del Condado. Territorio conocido. Ahora ya era adulto y pertenecía allí. Esta vez, me enfrentaba a una larga sentencia de prisión por asaltar a un oficial de la policía.

En el bus a la Cárcel del Condado, una ruca iba sentada, encadenada, con la cabeza baja, en un área enjaulada cerca del chofer. Miró para arriba y me vio.

—Hey tú ... sí tú, ése, ¿cómo te llamas?

—¡No hablen! —gritó un jura que iba sentado cerca con una escopeta en la mano.

En unos minutos alguien me pasó una envoltura de chicle. La agarré aunque tenía los brazos y los pies encadenados. En él estaba escrito el nombre y el número de teléfono de una ruca: Licha.

La Licha Rubalcava y yo comparecimos juntos en las audiencias preliminares. Ella se enfrentaba a cargos de perturbar el orden público y ebriedad. Yo por perturbar el orden público, resistencia al arresto y asalto a un oficial—supuestamente, cuando había golpeado con el pie a uno de los juras. La Licha tenía veintisiete años, era madre de tres niños, su marido estaba torcido en la prisión de Tracy al Norte de California. Vivía en Riverside y trabajaba de mesera en un bar. Aquella noche había estado en Norwalk de parranda con unos amigos.

Nos asignaron a un defensor público porque ninguno de los dos tenía dinero para pagar su propio abogado. El juez y el defensor público trabajaban juntos para determinar si liberarnos bajo reconocimiento propio o forzarnos a pagar fianza. A la Licha y a mí nos negaron la liberación. La Licha terminó en el Instituto Sybil Brand para Mujeres. Yo regresé a la Cárcel del Condado. Antes de separarnos hicimos un pacto:

—El que salga primero, tendrá que ir a ver al otro, ¿está bien? —dijo Licha.

—Conmigo está bien.

A pesar de algunos moretones, un labio hinchado y cortado, la Licha se veía muy chula.

Conseguir que alguien pagara la fianza, se convirtió en una tarea difícil. Mis padres no tenían dinero. Tampoco mi carnal. Llamé al Chente y traté con la gente de Cal State. Eventualmente conseguí bastante dinero para pagarle al fiancero que pedía el 10 por ciento de la suma requerida.

Tan pronto como pude, fui a Sybil Brand, que estaba por el freeway en City Terrace. Me llevaron a un cuarto donde unas gentes desparramadas visitaban a los prisioneros tras gruesas placas de vidrio. Un guardia trajo a la Licha a donde yo estaba. Traía un delantal azul, el pelo desordenado y ojeras bajo los ojos. Perecía perturbada y al principio no me miró. Pero sonreía bonito.

—Estoy tan contenta de verte, ése —dijo.

—Yo también, ¿cómo has estado?

—¡Qué quieres!, estas pinches perras te tratan como mierda aquí. ¡Todo el día te chingan!

—Hey, ¡no te enojes conmigo, mujer!

—Lo siento … tú eres muy dulce.

Miró para abajo, turbada otra vez. Le miré las muñecas y vi una marca roja.

—¿Por qué traes rojo en las muñecas? ¿Qué significa?

—Oh, no es nada —dijo Licha—. No, miento … quiere decir que me quise suicidar. Traté de cortarme las muñecas la otra noche.

—No, Licha, no lo hagas, nos ayudaremos uno al otro. Vas a ver, pronto vas a salir de aquí.

—Estoy tan contenta de que estés aquí, Louie. Deveras te necesito.

No nos conocíamos, pero nuestra experiencia nos acercó muy rápido de a deveras. Hablamos de muchas cosas. Le dije que la ayudaría a conseguir la fianza para que pudiéramos trabajar juntos en nuestro caso.

Me moví a conseguir dinero por todas partes, hasta obtuve adelantos en mi trabajo y usé el dinero de la universidad. Durante las siguientes semanas no asistí a clases. Fallé en la continuación del proyecto del mural de Loyola Marymount y perdí la concesión. Pero nada de eso me importó. Me enfrentaba a un posible futuro en la prisión—¡por algo que no había hecho! Tenía que hacer todo lo posible por evitarlo y no estaba seguro qué resultaría.

Por fin salió la Licha bajo fianza. Tuvimos una audiencia juntos en el juzgado y comencé a recibir ayuda para tratar de ganar el caso.

Me contacté con un juez de San Gabriel que me había ayudado una vez cuando era delincuente juvenil. Se acordó de mí y aunque era como un tiro en la oscuridad, escribió una carta a mi favor. Entonces conseguí cartas de la Sra. Báez, de profesores de Estudios Chicanos de Cal State y de los coordinadores del EOP.

Leí todas las cartas. Decían tantas cosas bonitas de mí, eran esfuerzos sinceros por alejarme de la pinta. Me di cuenta del mucho apoyo que tenía—y me sentí mal por haberle fallado otra vez a toda esa gente, aunque sabía que ahora no había tenido toda la culpa.

Llamé a mi defensor público para decirle lo de las cartas. El no sabía si me ayudarían o no pero trabajaría con ellas. Desafortunadamente, la Licha no pudo conseguir que nadie le escribiera cartas.

Nos llamábamos casi a diario. Hicimos planes para que la visitara en Riverside. Me dio una dirección y traté de encontrar la mejor manera de llegar.

Un sábado por la tarde, me subí a un bus que iba del centro de Los Angeles al desierto. Con todas las paradas, eran como dos horas y media de viaje. Por la tarde, entré muy a tiempo a la estación de autobuses de Riverside, me bajé con una pequeña bolsa en la mano. Había mucha gente a mi alrededor, parecía que algunos no tenían a dónde ir—vagos, desamparados y cansados, hombres y mujeres, sin bañarse y con hambre.

Pasé entre ellos buscando la calle de la Licha. Me perdí varias veces, pedí direcciones, empecé otra vez y luego perdí más tiempo porque me dijeron mal, pero encontré de nuevo el camino cuando ya había oscurecido.

Localicé la calle de la Licha y seguí andando. Era una calle sin banqueta, a los costados había casas pequeñas y bien cuidadas. Este era el barrio Casa Blanca, uno de los énclaves mexicanos más grandes del Sur de California. También sabía que era territorio peligroso así que tenía que sacarle a un encontrón con unos vatos.

Por fin di con la dirección de la Licha. Pero la casa estaba oscura. El corazón se me quiso caer en ese instante. Respiré hondo y luego caminé por el zacate lleno de hierba mala hasta la puerta y toqué. No respondió nadie. Encontré un timbre pero no servía. Toqué otra vez. Aún no respondieron. Me quedé durante cuarenta y cinco minutos, sin creer que Licha no estuviera allí. Nunca apareció.

Seguí caminando. Para entonces ya era tarde y hacía un frío terrible. Era demasiado tarde para tomar un bus y no podía volver a casa. Pero sabía algo de cómo sobrevivir en la calle.

Encontré una iglesia con puertas dobles de madera. Empujé una puerta—estaba abierta; muchas iglesias estaban abiertas toda la noche para rezar. Caminé por un pasillo. Hileras de bancas resplandecían a los lados, frente a mí estaba una inmensa estatua de Jesucristo en la cruz. No había nadie a mi alrededor. Mis pasos resonaron mientras me acercaba a una banca de enfrente. Me senté en lo duro. El frío se hacía más fuerte. Miré alrededor. A la estatua. A las velas encendidas. Al Vía Crucis. Hacía mucho tiempo que no estaba en una iglesia. Aunque, por hacerle caso a mi madre, había recibido todos los sacramentos requeridos, hacía unos años que había dejado la instrucción religiosa, de confesarme y de ir a misa. Un sacerdote una vez me llamó infiel cabeza de hueso y nunca volví.

Me acosté sobre la madera, cerré los ojos y descendí al sueño.

Más malas noticias: la Editorial Quinto Sol estaba enredada en una disputa interna. Uno de sus editores se separó y empezó su propia prensa. Este editor se llevó consigo un número de los autores de Quinto Sol, dividiendo los contratos de los libros. Desgraciadamente, mi libro, que ya estaba muy adelantado en la producción, tuvo que suspenderse. Eventualmente se cayó entre jalón y jalón y Quinto Sol se reorganizó en la Prensa Tonatiuh sin mí.

También supe que los juras que habían gestionado los cargos de asalto iban a estar presentes en la audiencia. El defensor público dijo que no pintaba bien. Si yo me declaraba inocente, me harían un juicio. Pero si un tribunal me condenaba, me darían una sentencia de prisión. El defensor público me hizo una oferta:

—Creo que tienes que negociar un trato.

—Nel, ése, si no hice nada malo. No asalté a nadie, ¡ellos me asaltaron a mí! Y tengo las cicatrices para probarlo.

—Es su palabra contra la tuya. No tienes en que sostenerte. Nadie va a atestiguar por ti, todos tienen miedo. Esto siempre ocurre. Tu única esperanza es negociar un trato.

—No puedo. Por mis principios ...

—Que se chinguen los principios, ¡aquí te juegas el pellejo! Tienes buenas cartas. Son bastante buenas para que el juez considere otro alegato. Pero tienes que cooperar. Tienes que declararte culpable de otra cosa, ¿está bien? Andale Luis, ésta es la única oportunidad que tienes.

—Hazlo, Louie —intercedió la Licha. Agarra el cargo menor.

A pesar de que la Licha me había dejado plantado—dijo que se le había olvidado que yo iba a ir—no me dio excusas ni se disculpó. Sentí que no me debía nada, así que dejé pasar el incidente.

—No sé —dije—. No está bien, van a hacerle lo mismo a otro.

Me volteé; tenía miedo también. Sabía que las probabilidades de que un juez me diera una quebrada si me declaraba inocente eran casi nulas. Pero recordé la golpiza, la manera en que los puños me tranquearon, las burlas, la embestida de las macanas. Simplemente no podía dejar que estos juras se salieran con la suya. Llamé al Chente para ver qué me decía.

El Chente entendió el dilema. Pero también creía que yo tenía que salir de esto lo más rápido y más limpio posible.

—Estás luchando contra algo más poderoso que tu diminuto alegato por la justicia —dijo el Chente—. ¡Ya te llegará el día, llegará nuestro día! Pero ahora no puedes compensar por la Moratoria Chicana, por el Memo Tovar y todos los otros que sufrieron a causa de la sociedad. Es más importante que tú andes por aquí, para hacer la obra negra que se requiere para cambiar todo esto.

La Licha y yo comparecimos juntos en la siguiente audiencia. Ella se veía guapa en un ajustado traje formal, gris y negro. Se había hecho rayos en el pelo, la cara se le había curado; tanta belleza resplandecía otra vez.

—Te ves bonita hoy.

—Ay querido, tú también te ves guapo.

Luego llegó el defensor público.

—El juez está dispuesto a ofrecerte un trato, Luis. El tiene las cartas. Pero me tienes que decir ahora. Esto es. No hay marcha atrás. ¿Qué dices?

—¿Están allí los jurados que me detuvieron?

—Sí, allí están y buscan una matanza. Ya no estés jodiendo con esto. Acepta el trato.

—Está bien, está bien … lo voy a aceptar.

La Licha me echó los brazos al cuello. Sonrió y me besó la mejilla. El defensor público salió para negociar el trato. Por adentro los nervios me saltaban de arriba a abajo. Al mismo tiempo, de alguna forma sentí alivio. Quería salirme de este lío. No tenía alternativa pero nunca olvidaría lo que me habían hecho los chotas—la humillación, el dolor, las indignidades— nunca lo olvidaría.

Nos llamaron al juzgado. A un lado estaban los juras uniformados. El defensor público se dirigió a la corte diciendo que yo aceptaría la culpabilidad por los cargos menores de ebriedad y perturbación del orden. Miré para los juras, les noté un matiz de desilusión.

Al juez no le llevó mucho tiempo. Tenía las cartas sobre su escritorio. Me hizo notar la quebrada que me estaba dando en consideración a mi apoyo y a mis nuevos objetivos. A pesar de que la Licha no obtuvo el mismo apoyo, nos dio quebrada a los dos. Mi sentencia consistía de una multa y varios meses en una Cárcel del Condado.

El defensor público me dio la mano. La Licha me abrazó muy fuerte mientras le corrían las lágrimas por la cara. Ella tenía que cumplir su sentencia en Sybil Brand.

—Tan pronto como salgamos, vamos a juntarnos, ¿de acuerdo?

Licha, siento que haya salido así, pero de todo lo malo, generalmente sale algo bueno.

El día que salí de la Cárcel del Condado, la Licha vino por mí. De nuevo se veía radiante, aunque tenía casi diez años más que yo y era la madre soltera de tres niños.

—¿Te vienes conmigo a Riverside y te quedas unos días?

—No va a ser como la última vez, ¿verdad?

—No, Louie, ya te dije que no había sido culpa mía, ése, tú no olvidas nada, ¿verdad?

—Está bien, vamos a empezar de nuevo, eso es lo que quiero, empezar otra vez nomás.

Para entonces, ya estaba tan alejado de aquello que se me olvidó la Camila, el arte y el libro—había vuelto al camino de la Fraternidad.

Viajamos la larga franja de la Interestatal 60 hasta Riverside. Cuando llegamos a la ciudad, me llevó al bar donde trabajaba para recoger un antiguo cheque que le tenían guardado.

Aunque sólo tenía dieciocho años entré al bar que era un lugar para mayores de veintiuno. Pero nadie me preguntó nada. Además, hacía años que ya parecía mayor de lo que era en realidad. La Licha me llevó para el cuarto de atrás; me quedé cerca de un reloj que marcaba el tiempo de trabajo mientras que ella revolvía un cajón para llevarse el cheque.

—Quédate aquí, lo voy a cobrar.

Cuando regresó, la Licha se paró cerca del reloj y llenó su tarjeta.

—Ya conseguí mi trabajo otra vez, ése, estoy muy contenta.

Mientras ella se volteaba conmigo, la jalé contra mí y nuestros labios se tocaron, un ligero contacto pero movidos por una búsqueda sensual. Nos besamos otra vez, esta vez larga y profundamente, como ambos lo habíamos deseado tanto tiempo ninguno de los dos quería parar.

—Louie—por fin respiró la Licha—. Vámonos a la casa.

Dejé Riverside con las imágenes del fin de semana grabadas en la mente: la leche goteaba de los senos de la Licha mientras sus pezones se fruncían de excitación; los temblores nos estremecían los cuerpos, yo me hacía pan bajo sus dedos. Antes de irme, la Licha entró a la casa y me dio un disco. "Daddy's home," de Shep y los Limelighters.

Pero un mes más tarde traté de negociar una hora para verla nuevamente, me dijo que yo era demasiado joven para ella— que la relación nunca funcionaría. Traté de discutirle. Un día, la Licha me mandó otro disco por correo: "You are still a young man" de Tower of Power. No hubo más argumentos de mi parte.

CAPITULO 10

*"Vislumbro en la distancia ciertos
caminos, claros, silenciosos, en la
mañana cuando han huido los
demonios de la noche: el futuro,
el futuro sin edad, donde siempre
hay tiempo para crear."*
—Maurice Sachs

Solo, en una parada de autobús, en las primeras horas del día, me envolví en el abrigo trinchera largo y negro—que ya no usaba para jambas y jales.

—¡Qué jodida! Hace frío —le tartamudeé a nadie en voz alta. Pasaban rugiendo las trocas y de vez en cuando un lowrider, los dulces sonidos de la salsa irradiaban de las bocinas exteriores; saltaba al ritmo dentro del saco y la brisa me hacía garras las entrañas.

Meditaba en la escritura y el arte, la lucha de clases, la familia y en tentar a una mujer—lo que me importaba entonces.

Dejé de asistir a Cal State después de que salí del tambo; me habían echado muy para atrás. Además, se me había acabado el jando. Ahora trabajaba de tiempo completo en el turno de noche de una fábrica de papel. También me di cuenta que sentarme en una clase no era para mí; me hacía revivir imágenes de lo que había sufrido de chico y algo por dentro se oponía y lo bloqueaba. Prefería hacer mis propias pesquisas, leer todo lo que pudiera cuando fuera necesario.

Los incidentes de violencia continuaron. Una semana antes, un vato de Sangra se pavoneaba por el Mission Boulevard cuando un carro lleno se acercó y alguien abrió fuego; el vato se dejó caer al suelo y se rodó para un lado de un buzón. Pero el carro se dio la vuelta y alguien se bajó con una escopeta y lo reventó otra vez. Le había tirado tan cerca que el cartucho se le había incrustado en el estómago.

Ahora veía estos asuntos con otros ojos. Recuerdo cuando me sucedió por primera vez. El Chente y yo estábamos en su casa, hablando de Las Lomas y de cómo tenía que defenderlas a cualquier precio.

—Eso, exactamente, es lo que los dirigentes de este país quieren que hagan ustedes —dijo el Chente—. En vez de que dirijan su furia a la fuente real del problema.

—Pero si es mi hermandad, hay tanto que hacer aquí.

—Hay mucho que hacer en todas partes. Tienes que ampliar tu experiencia; averiguar lo que pasa en el resto del mundo.

—Entiendo, pero no puedo irme ahora; Lomas es todo, mi familia, mi mundo.

Entonces el Chente me puso un pequeño globo terráqueo en la mano y lo giró una vez.

—Muy bien, Luis, dime: ¿dónde está Las Lomas en este globo?

Miré la esfera que giraba; los colores, los nombres de los lugares, las líneas de las cordilleras, los contornos de las islas y las naciones. Paré el globo y encontré los Estados Unidos, lo volteé poquito para California, luego hacia abajo hasta un punto que decía "Los Angeles". Pero no estaba Lomas. Ni South San Gabriel.

—Ves, Lomas es tan chiquito, desconocido, que ni siquiera se merece un puntito —explicó el Chente—. Los vatos defienden una tierra que ni siquiera les pertenece. Toda la matanza, ¿para qué?

Pensé acerca del globo. El Chente tenía razón. Me esperaba un mundo más grande. Pero también sabía que: ya que uno está en Lomas nunca sale—a menos que esté muerto.

—Chente, te agradezco todo lo que has hecho pero no

puedo irme —dije—. Tengo que hacer la lucha de razonar con los compas, de tratar de parar la matanza a mi manera.

Me pasé unas noches paseándome de arriba a abajo por Las Lomas, hablando con los vatos; me escuchaban y parecía que tal vez, sólo tal vez, lo que les decía les iba a llegar. Cuando eso ocurría quería quedarme. Iban a entenderlo, pensé, si estaban dispuestos a aprender, si tenían los líderes apropiados.

Una noche, en los files, estaba parado contra una pared con una hilera de vatos. Alguien empezó a pasar un Super Kool, un cigarrillo mezclado con "polvo de ángel". Todos los que estaban antes de mí lo inhalaron; pero cuando me llegó yo no quise.

—Orale, ése, un toque nomás —dijo un vato que estaba enfrente.

—Chale, ya no le entro a ese jale.

—A la fregada, agárralo tú pues —le dijo el vato a uno que estaba a un lado de mí. Pero, para nuestra sorpresa, él tampoco quiso. Ni el siguiente vato. Ni el siguiente. ¡Nadie quiso el Super Kool después de que yo lo había rechazado. Tan pronto como uno se fletaba y decía que no, los demás hacían lo mismo.

Llegué a un punto, cuando ya no deseaba la noche interior, la liviandad de dejarse ir, el éxtasis del vacío, en que hasta yo me asusté. Me hacía falta algo más, una disciplina como muralla que resguardara todo lo que valoraba, una coraza contra la arremetida.

Creía que podría ayudar a que los compas se convirtieran en guerreros de una contienda que valiera la pena pelear, estaba convencido de que se desprenderían de las intoxicaciones— hasta de la heroína—si tuvieran algo de mayor significado en sus vidas; si sólo ...

En ese momento, se me acercó un Bel Air 1955. Reconocí el carro. Era del Enano. Miré de cerca a los ocupantes: el Peaches, el Topo, el Enano y el Fuzzy. Los tres traían paliacates azules sobre caras oscuras y fieras. Les sonreí y les hice la señal de Lomas. La bomba se paró frente a mí.

El Topo, quien primero me inició en la hermandad, iba sentado del lado escopeta y llevaba un sombrero de ala angosta en la cabeza. Me miró derecho, devolvió la sonrisa, luego levantó la mano para enseñar una pistola.

La cara se me puso lívida. El tiempo paró unos segundos, unos segundos me corrió la mente tratando de saber qué sucedía. Los pensamientos se pasearon de atrás para adelante, diciéndome que me tirara, que me protegiera y al mismo tiempo negaba todo lo que tenía enfrente.

El Topo apretó el gatillo y una explosión conocida tronó hacia adelante, aguda y furiosa. Caí al instante los chasquidos explotándome en los oídos.

Oí que el carro chirriaba al pelarse mientras me iba gateando a todo lo que daba para atrás de una pared de ladrillo. Volverán, pensé; si saben que estoy vivo ¡volverán!

Me apoyé abatido contra la pared, resollando fuerte y sudando la gota gorda. A través de una ventana pude ver una pintura iluminada de la Virgen de Guadalupe. Alrededor estaban formados unos botes de basura. Un gato callejero salió de la basura—asustado como yo.

Un largo rato no pasó nada. No vino nadie. La bomba no regresó. Estaba solo con un gato sarnoso, una banca llena de balazos y la Madre María sonriendo eternamente.

Me levanté despacio. Ninguna bala me pegó. Los ojos me ardían de furia, de pena. Quise gritar, llorar—no sabía qué quería.

Ahora que me acuerdo me doy cuenta de que si me hubieran querido matar lo habrían hecho. Habían sido disparos de advertencia, como diciendo: *la próxima te mueres.*

Los compas trataron de matarme, los vatos que conocí como carnales, con los que corrí por calles lodosas y junto a quienes dormí en la cárcel, con los que la parrandeé y me junté frente a los jurados y en los files; eran vatos por los que peleé y con quienes compartí el sabor de la carga.

Habría dado la vida por ellos.

Llega el momento en el que uno se enfrenta con los rasgos frescos de un rostro interior; la hora de un renacimiento consciente, cuando se han hecho las cuentas, el tejido en su última puntada, la hora en que el hombre se enfrenta al mundo—vulnerable, sin deber nada—y considera su lugar en él. Yo había llegado a ese momento.

Ahora sí estoy listo para irme, Chente. Aquí ya no hay nada para mí.

El Chente me arregló un escondite en unos proyectos federales de San Pedro. Allí me pasé dos meses tratando de esclarecer los problemas que enfrentaba. En mis ratos libres, jugué al fútbol con otros del lado opuesto del país que también estaban allí, algunos en situaciones similares.

Antes de irme a San Pedro, cerré las puertas de mi cuarto del garaje por última vez; dejé mis libros y mis papeles empacados en cajas y guardé mis pocas pertenencias hasta que pudiera recogerlas. Me despedí de mi madre y de mi padre que se veía viejo y apagado.

—Nunca me gustaron los walkouts, la plática revolucionaria y los libros que lees —dijo Mamá—. Pero defendiste lo que creías, y te respeto por eso.

Aquello significó mucho para mí. Le di un largo y triste abrazo. Mi padre no dijo gran cosa. Me dio un breve y raro abrazo y me estrechó la mano.

—Si necesitas algo—dinero, un lugar dónde vivir—aquí lo tienes.

—Es bueno saberlo, Apá. Gracias.

Aunque a mi padre lo habían encarcelado y acusado falsamente, como a mí, antes de venirse de México para los Estados Unidos, nunca nos contamos nuestras experiencias; él era hombre de pocas palabras y yo me cansé de esperar que me dijera más. Mientras me alejaba de la casa, pasé por Las Lomas, todo estaba extrañamente quieto. Se me hizo raro dejar tal lugar y tal época con tanto silencio.

Visité el Cementerio Resurrección, pasando por los portones grandes y decorados y me estacioné. Caminé por el brillante rocío del zacate y subí las cuestas suaves, salpicadas de lápidas de mármol aquí y allá; flores por todas partes. Un niño pequeño pasó corriendo en un traje arrugado. Cerca, una familia estaba parada alrededor de una tumba recién cubierta.

Ese día no había mucho que ver, comparado con las veces en que los carros se alineaban por millas, serpenteando las curvas de los caminos del cementerio dirigidos a un ataúd que estaba cerca de sillas, coronas y un montículo de tierra colorada.

Recordé a los viejos que venían aquí, los hombres de sombrero de fieltro y bastón; las mujeres de chales negros apretando los rosarios en las manos surcadas de venas. Recuerdo a las madres que tenían que levantar a la fuerza de arriba de los féretros en que se habían tirado queriendo que las enterraran junto con sus hijos o hijas. Recuerdo a los trabajadores con callos en las palmas de las manos y los rostros castigados por el sol, ojos endurecidos, forjados por el calor de las fundiciones y el reflejo del sol—y recuerdo el arroyo que emanaba de aquellos ojos densos, como si sacaran algo crudo y ardiente de cada uno de nosotros.

Recordé a los jóvenes: vatos en camisas de manga larga y pantalones planchados y chavas muy maquilladas, a veces sosteniendo bebés contra el hombro. Los gritos ensordecedores, las mejillas mojadas, el contacto de una mano temblorosa—lo recordé todo.

Me fui antes de que cayeran las lágrimas—con miedo de que nunca pararan.

━━━━━━

En South San Gabriel, como en otros lados, los acontecimientos se estrellaban uno contra otro. Un tribunal encontró al Fred Coates, el chota, el responsable de la muerte del Memo Tovar, inocente de todos los cargos—como había sucedido con casi todos los chotas acusados de haber matado o mutilado a una persona, desarmada, de color. La oficina del sheriff asignó a Coates a otra parte del condado. Pronto oímos reportes que decían que se enfrentaba a una investigación por haber golpeado a un chavo negro.

Ni el Puppet se había escapado de las transiciones. Una pareja de inmigrantes mexicanos lo balaceó cuando los perseguía, después de un argumento sin importancia. Vive, pero más tarde me enteré de que había aceptado a Jesucristo como su salvador personal.

El chicote del PCP—"polvo de ángel"—había comenzado a azotar a casi todas las distintas facetas de la vida del barrio. Vecindarios enteros se transformaron en ciudades fantasmas ya que un mayor número de gente joven le entraba a ese superpoderoso narcótico, fabricado fácilmente en laboratorios instalados en cuartos traseros y de amplia y barata distribución. Aunque el PCP precedió a la epidemia del crack, fue suficiente para transformar en imbéciles a quienes habían sido chavos y chavas llenos de vigor.

El Centro Comunitario La Casa, se transformó en víctima importante del PCP. Una vez visité al Sal Basurto quien me mostró los alrededores y pude ver la ruina: los pedazos de la mesa de billar estaban tirados en el piso del centro juvenil, había colchones rotos donde los fugados de casa se escondían a inhalar, inyectarse o a fumar "polvo de ángel"—toda cosa de valor había desaparecido, como si alrededor del Sal todo lo que había peleado se hubiera hundido bajo el PCP.

En cuestión de uno o dos años, habían encalado los murales que pinté apoyado por del Centro Comunitario Bienvenidos; el backlash contra ellos había sido veloz y extenso. Sólo un mural sobrevivió, el que terminé sobre Historia Chicana para el interior de la Biblioteca Infantil Del Mar. De vez en cuando me metía allí y me sentaba a observar los páneles, sin decir palabra; era uno de los pocos "templos" que quedaban de aquel período tumultuoso.

La crisis continuaba en la Mark Keppel High—incluyendo una confrontación importante el año después de que me gradué. La jura atacó a un grupo de estudiantes que estaban en el zacate—en un determinado momento le rasparon la cara contra el suelo a una chava embarazada y arrancaron de las escaleras a jalones a los estudiantes. Se llevaron a unos veinte chavos a la delegación de policía y los registraron.

Inmediatamente, se convocó a una reunión en la que la jura tuvo que responder a la investigación del incidente. Regresé para asistir y vi a los padres y a las madres—gente que paga impuestos, que obedece las leyes, que vino a este país a trabajar y a mejorar sus vidas—aproximarse a los representantes de la jura como si éstos fueran a sacarles los ojos. La jura se alteró y tuvo que prometer devolverle todos los retratos de consignación a los padres y borrar todo lo malo de los récords de los estudiantes.

También me enteré que la Librería del Movimiento había cerrado cuando encontraron el cuerpo del Al "Pache" Alvarez, con un balazo en la cabeza, en el Garvey Park. Su asesinato nunca se resolvió.

Pero el golpe más duro llegó con el cierre del Centro Comunitario Bienvenidos. De acuerdo con varios que trabajaban allí, una ganga se apoderó de varios centros comunitarios en todo el condado. También parece que iban a tomar el Bienvenidos.

La Sra. Báez, que presidía el comité, pensó que la única forma de mantener el centro fuera de sus manos era desbandar al comité—una especie de "tierra quemada."

Aunque la Cooperativa de Abarrotes continuó un rato por su cuenta, hasta abrió otro local por separado, los programas del Centro: el Centro Juvenil Bob Avila, la escuela para desertores de las escuelas y el centro de cuidado para niños, todos cerraron sus puertas—dejando a Lomas como estaba antes: sin nada.

Además de todo esto, los barrios también cambiaron. Lo que había fraguado sin saber en mis producciones de teatro se hizo realidad cuando los urbanistas junto con los funcionarios del condado y de la ciudad tiraron calles enteras para construir casas nuevas de dos pisos, centros comerciales y condominios caros.

Un año, visité a mi madre y a mi padre que todavía vivían en la casa de San Gabriel. Ya entonces habían estucado la casa, le habían agregado otro baño y una segunda casa llenaba la parte de atrás. Mi antiguo cuarto del garage estaba recién pintado y ahora se utilizaba como cuarto de tiliches.

Mi madre me explicó que muchos asiáticos más se habían cambiado a las áreas recién construidas. Un día, se abrió un centro comercial donde estaba el autocine; Mamá y mi carnala la Ana fueron a ver cómo era. Tan pronto llegaron y caminaron entre la bola se sintieron fuera de lugar. Había cientos de chinos recién llegados al país, hablando sólo en su lengua. Ninguno de los artículos de las tiendas estaba marcado en inglés o en español. A Mamá no le molestaban los chinos—de alguna forma su cultura le recordaba su crianza mexicana indígena—pero estaba claro que en el centro comercial no había lugar para los mexicanos que aún vivían allí. No se veía que quisieran comunicarse, ni habían instituido formas de inclusión—algo que mi familia había experimentado por mucho tiempo.

No tenía nada que ver con que fueran asiáticos. Allí hablaba el dinero. Mucho dinero. Así también, una buena parte de Las Lomas se perdió con los enormes negocios de tierra y el influjo de inversiones durante los setentas y los ochentas. Entre la policía, el dinero de la cuenca del Pacífico y los developers, a Las Lomas no quedaban muchas salidas.

████████

Después de San Pedro, viajé a Chicago con el Chente y algunos otros para asistir a una reunión con gente de todo Estados Unidos, Canadá, México y Puerto Rico.

La mañana que llegamos a la ciudad, la silueta de edificios se elevaba en el horizonte, brillando bajo la luz del sol como una Ciudad Esmeralda de tan mágica y enorme. Pero cuando la cruzábamos, Chicago me pareció sucia y oscura, los edificios de ladrillo estaban negros, cubiertos de hollín, mientras que el humo y el limo de las fábricas de acero, las turbinas y otras industrias destazaban el cielo y polveaban las calles, los callejones y los pasadizos. Esta era una ciudad como ninguna que conocía, otro mundo, y me jalaba como los libros, como el camino al conocimiento y la primavera en ciernes de un mundo nuevo; la ciudad me jaló hacia adentro y aunque pasarían doce años antes que yo terminara allí, nunca me dejó.

Cuando regresé a Los Angeles, me cambié a Boyle Heights y luego a barrios como White Fence, Florence, South Pasa, La Colonia, Watts y Gerahty Loma. Encontré trabajo en fundiciones, refinerías, fábricas de acero y en la construcción, y eso me añadiría otros siete años antes de que me dedicara a disciplinas como el periodismo y la literatura.

Pronto trabajé con dirigentes comunitarios que batallaban contra el terror policíaco, los problemas laborales, por los derechos de los indocumentados, los de los inquilinos y por una buena educación—había madres que recibían asistencia del gobierno, veteranos de guerra, miembros de sindicatos, estudiantes y desempleados—una mezcla de nacionalidades y colores, unidos por una igualdad económica y la causa común de sobrevivir.

Un día, en el Proyecto Aliso Village/Pico Gardens, organizando a algunos de los chavos de la ciudad que más atención necesitaban, le pedí a la Camila Martínez que se casara conmigo.

En el verano de 1974, poco después de cumplir veinte años, la Camila y yo nos casamos en la Iglesia de Guadalupe de la Hazard Avenue: una boda tradicional de East L.A., con una caravana de lowriders, pleitos y vuelo de sillas en la recepción, y los novios que se escaparon en un escarabajo destartalado para irse de luna de miel a un motel de paso chafón que estaba donde se les acabó la gasolina.

Empecé una nueva estación de mi vida. Cuerpo e intelecto se fundieron, ahora añoraba contribuir de lleno, encarnado de una energía consciente, vivir una existencia pausada, dedicada a una humanidad futura que, en plena libertad, pudiera llegar a darse cuenta de sus impulsos creadores, de la totalidad de sus facultades potenciales, sin injusticia, ni coerción, ni hambre, ni explotación.

━━━━━━━

Estoy en un baile de quinceañera de mi prima, una de las hijas del Tío Kiko, en el salón de la American Legion de San Gabriel.

Ya estoy más viejo, casado, tengo un hijo, traigo camisa y pantalones sencillos y el pelo corto, poca retribución para lo que pasé hace poco.

Salgo a tomar un poco de aire fresco. Me apoyo contra un sedán estacionado y miro las estrellas que esta noche parecen extraordinariamente grandes y brillantes. En ese momento, una figura baja se mueve hacia mí, tambaleándose, como rengueando. Trae una gorrita de hélice en la cabeza y una sudadera oscura con capucha.

—Eres Chin ... de Lomas —dice la figura. No le reconozco ni la voz ronca que no pronuncia bien. Ni una punzada de familiaridad.

—Creo que sí, pero hace mucho que nadie me dice así.

—Te vas a morir.

—¿De qué estás hablando?

—Creías que me habías matado, pero no —dijo el vato, despacio, midiendo las palabras—. Agarré todas tus filereadas ... ocho ... aquí.

El vato se levanta la sudadera. Un número de cicatrices horribles le atraviesa el torso. A un costado, trae amarrada una bolsita de plástico que contiene su orina.

—Tú me lo hiciste ... mira bien, ¡Tú lo hiciste!

—Estás mal, Chava, yo no fui.

—Simón, ya sé. Yo sé quién lo hizo ... y vas a pagar.

De los lados salen otros dos vatos, sanos y fuertes, que pintan a calle, aunque mucho más jóvenes que nosotros dos.

—Chava, guáchate —digo—. Supe lo que pasó esa noche. Pero yo no estaba allí. Ya hace tiempo que me estoy saliendo de esa existencia inútil. Ya encontré algo por qué vivir, más grande que tú y yo, más grande que Lomas y Sangra. Tú no me necesitas.

Chava se acerca, el aliento le huele a alcohol. Veo que las lágrimas se le forman en los ojos.

—Lomas me hizo esto, ¡alguien tiene que pagar! —grita quitándose la gorrita para mostrar una cabeza desfigurada con mechones de pelo aquí y allá. Las cicatrices del cuerpo no son nada comparadas con las de la cabeza y las del lado de la cara;

son más grandes, con muescas y membranas amoratadas.

—Mira lo que me hiciste. ¡Alguien tiene que pagar por esto! —repite el Chava. Está tan perturbado que me lo imagino sacando un filero y apuñalándome sólo para aliviar su dolor. Miro a los vatos a mi lado y me parecen demasiado chavos y verdes para actuar. Sigo hablando.

—Hay cosas por qué luchar y por qué morir, pero esto no. Chava, estás vivo. Me agüito por ti, ése, pero estás vivo. No tires el resto de tus días con este odio. ¿Qué es la venganza? ¿Qué vas a sacar con llegarme? Yo soy el menor de tus enemigos. Ya es hora de que sueltes eso, ya es hora de que sigas con tu vida.

El Chava comienza a temblar, a balbucear algo, un sonido gutural le sube de la garganta, un gemido espantoso. Creo que quiere llorar, pero sé muy bien. No sé qué hacer así que lo abrazo. Se zafa, los vatos de un lado están como perdidos, no saben qué hacer ahora, no están preparados para lo que sigue. Jalo al Chava otra vez y lo abrazo. Se desploma, una corriente de rabia fermentada le escurre por cada poro.

—Si yo supiera que mi vida te limpiaría del sufrimiento, de la memoria, me abriría la camisa y te dejaría que me la quitaras. Pero no vas a hacer eso, ya somos muy parecidos, Chava. Déjalo que salga, ése ... déjalo que salga.

Tengo al Chava entre mis brazos como si fuera masa harina, luego la lástima me atropella, ese complicado afecto que corta por claros estados del ser que quisiéramos mejor buscar. Aquí está el amigo, aquí está el enemigo; aquí está la tristeza, aquí está la felicidad; aquí está el bien, aquí está el mal. La lástima emana de todos esos elementos contrarios y fluye a través de mí como un caldillo crudo, mezclando y confundiendo las paradojas, porque ahora, este hombre al que admiré si es que no reverencié, al que temí, si es que no odié, está aquí, hecho un fragmento de la raza, borracho, agonizando, vencido y no puedo seguir odiándolo, no puedo verlo como la manifestación de la locura y del poder que antes poseyó; él es una caricatura, una aparición, pero también es como yo, capaz de sentir tanto dolor bajo un exterior tan fuerte. La lástima nos une de una manera pervertida, transcendiendo nuestro barniz, uniéndonos en nuestra vulnerabilidad, y al mismo tiempo distanciándonos uno del otro. Quiero escaparme del rostro cansado, perplejo y andrajoso del Chava, escaparme de cómo algo antes tan hermoso, a su manera, puede convertirse en algo tan odioso.

Después de un minuto eterno, el Chava me empuja, se restriega la cara con una manga sucia y se da la vuelta. Los vatos cerca de él parece que no saben qué hacer pero lo siguen. Veo al Chava que se aleja rengueando con dos adolescentes confundidos a su lado y, mientras desaparece en el parpadear del neón, siento que el último acorde de la vida loca deja mi cuerpo, la última canción después de la muerte desaparece para siempre de la mente mientras que el Chava se esfuma envuelto en las llamas que se rompen contra el asfalto, arrebatado hacia el negro corazón de la noche.

EPILOGO

"Mátennos pues, que al cabo
ya estamos muertos ..."
—Un joven latino participante de la
revuelta de Los Angeles de 1992.

Este libro es un regalo para mi hijo Ramiro, para todos mis hijos, quienes atravesarán un camino más severo y más incierto que el que yo tuve que tomar. Ahora lo miro, su rostro guapo, sus ojos almendrados y su piel canela y es difícil creer cuántas capas impactadas de dolor y de maltrato esconden esos rasgos. Tiene derecho a estar enojado. Y no sólo él.

Desde Chicago, miramos los incendios que consumieron millas de Los Angeles y algunas otras ciudades norteamericanas a partir del 29 de abril, el día en que un tribunal de Sim Valley, en California, declaró inocentes a cuatro oficiales de la policía por usar fuerza excesiva en la golpiza a Rodney King.

El fuego ha sido un motivo constante para mí. Tenía once años cuando la Rebelión de Watts despedazó mi barrio antiguo. A los dieciséis participé en la Moratoria Chicana Contra la Guerra de Vietnam—el llamado tumulto de East L.A. Más tarde, casi siempre como periodista, vi levantamientos en lugares tan separados entre sí como Juchitán, Oaxaca; Overton en Miami; y la Revolución de los Bulls (cuando los Bulls ganaron su segundo Campeonato del N.B.A. el 14 de junio de 1992).

El corazón del levantamiento de Los Angeles estuvo en la comunidad Afroamericana. Pero pronto involucró a un gran número de latinos (que conforman casi la mitad de la población del South Central) y de blancos—el latino fue el grupo más grande de los dieciocho mil detenidos; por lo menos setecientos de ellos eran blancos. Algunos la llaman la primera revuelta "multiétnica" del país, el eslabón común fue la clase social de los combatientes.

Los Angeles 1992 fue la primera respuesta social a una revolución económica que comenzó años antes: el cambio de una energía productora mecánica a otra basada en la electrónica. En Los Angeles, esto se traducía en decenas de miles de trabajos perdidos en fábricas cuando la Goodyear, la Firestone, la General Motors, la Bethlehem Steel y la American Bridge cerraron para siempre—trabajé en muchas de ellas durante los años setenta. Junto con eso vino la crisis cíclica de mercados saturados y una reducción en la base de consumidores, en que menos gentes producían más (ya que la nueva tecnología podía integrar sólo a unos pocos). La modalidad de la distribución comenzó a desplomarse. Desde carros hasta artículos electrónicos—incluyendo artículos de primera necesidad como alimentos, ropa y vivienda—la mercancía no se vendía mientras que un número más grande de gente tenía que vérselas sin ella.

El deterioro económico que resultó—Los Angeles tiene el segundo lugar de población desposeída en el país—fue la base para el tipo de respuesta que siguió a los veredictos en el caso Rodney King. Agréguese a esto una de las fuerzas policiales más brutales de América y se obtiene un tumulto en ciernes; era sólo cuestión de tiempo.

Los funcionarios de gobierno a nivel local, estatal y federal, comprobaron que no permitirían ningún desafío serio al apuntalamiento económico y político de la pobreza en este país. Despacharon tropas de la Guardia Nacional y del ejército, que voltearon sus armas contra americanos—poco menos de un año después de la sangrienta (para el pueblo iraquí) Guerra del Golfo Pérsico.

La violencia de Los Angeles descubrió un esfuerzo por unificar a las dos gangas más grandes de la ciudad—los Bloods y los Crips. Pronto circuló una "Propuesta de los Bloods/Crips para hacerle cirugía plástica a Los Angeles" que proponía la construcción de parques, centros comunitarios, escuelas y la repavimentación de calles—no sólo la reconstrucción de puestos de tacos, licorerías y negocios de explotación que salpicaban el paisaje del South Central antes del levantamiento (un programa de radio declaró que en un radio de tres millas del South Central, había unas 640 licorerías, pero ¡ningún cine ni un centro comunitario!).

Se reportó una importante disminución de incidentes relacionados con las gangas en la comunidad del South Central. Brotó el grafiti que expresaba sentimientos como "Los mexicanos, los Crips y los Bloods juntos," aunque la policía después borró casi todos los garabatos relacionados con la unión.

En los meses que siguieron al levantamiento, la policía rompió cuantas manifestaciones pudo de "unión" de las gangas, arrestando a los dirigentes de la tregua e inflamando la ira de los residentes de los proyectos en que se efectuaban esas manifestaciones. El Departamento de Policía de Los Angeles declaró a los medios que temía que las gangas se les fueran a voltear, y hasta emboscarlos. Pero no han matado ni han herido de gravedad a ningún policía desde los veredictos de King—ni durante el levantamiento, aun cuando se dieron casos de que la policía le tiró a unas gentes, a algunas por la espalda, durante los disturbios.

Entonces se envió a varias centenas de agentes del FBI para "deshacer las gangas" que estuvieron metidas en la violencia de abril/mayo—fue la investigación más grande de su tipo. A pesar de que seiscientos jóvenes murieron en 1991 a causa de incidentes relacionados con las drogas, el gobierno federal nunca antes se había comprometido a proveer recursos como lo ha hecho desde que los Bloods y los Crips declararon la paz.

Al mismo tiempo, las autoridades de inmigración aterrorizaron a los inmigrantes mexicanos y centroamericanos, colocando a la gran comunidad salvadoreña Pico-Union bajo un virtual estado de sitio (este área fue uno de los más afectado por los incendios).

Esta no es la primera vez que el gobierno federal interviene. Descarriló y, cuando le fue posible, destruyó la unión que surgió de la Rebelión de Watts, de la Moratoria Chicana, de las protestas de Wounded Knee. En los años sesenta y setenta, los Black Panthers, los Brown Berets, el American Indian Movement, los Young Lords, los Weathermen, los grupos de Liberación Puertorriqueña, el Frente de Liberación Chicano—y más recientemente MOVE, la República de Africa Nueva, FALN, el Ejercito de Liberación Negro—todas expresiones organizadas importantes para la justicia y la liberación, se convirtieron en blanco de ataque, se mató o se encarceló a sus dirigentes, se dispersaron sus fuerzas.

Desafiar la forma en que el poder se ejerce en América significa enfrentarse a un reino de terror, parte del cual yo presencié a través de los años; casi nada de ese terror alcanzó a la América "mainstream"—aunque eso está cambiando. Los Angeles contribuyó a llevárselo a sus hogares.

Este es el legado del período que cubre este libro. Esto es lo que han heredado mi hijo Ramiro y sus amigos.

¿Qué hacer con aquéllos que no puede acomodar la sociedad? Hacerlos criminales. Proscribir sus acciones y sus creaciones. Declararlos enemigos, luego hacerles la guerra. Enfatizar las diferencias—el tono de la piel, el acento del habla o la manera de vestirse. Como el chivo expiatorio de la Biblia, echar sobre ellos todos los males de la sociedad, luego "lapidarlos" para absolverlos. Es cómodo. Es lógico.

No funciona.

Las gangas no son poderes extranjeros. Comienzan como grupos sin estructura, nuestros hijos, que desean lo mismo que cualquier persona—respeto. Un afán por pertenecer. Lo mismo que quieren la YMCA, las ligas infantiles o los Escouts. No es más que lo que yo quería cuando era chico.

Las gangas florecen cuando faltan el recreo social, una buena educación y el empleo. Hoy día, mucha gente joven nunca sabrá lo que es trabajar. Pueden satisfacer sus deseos sólo a través de la fuerza colectiva—contra la policía, quien tiene el poder de vida y muerte, contra la pobreza, contra el ocio, contra su impotencia frente a la sociedad.

Cuando no hay soluciones definitivas es fácil echar la culpa. Por ejemplo, los políticos han hecho blanco de la falta de valores familiares.

Pero "la familia" es una farsa entre los desposeídos y los excluidos. A demasiadas familias se les parte violentamente cuando se forza que contribuyan, hasta a los niños, a los escasos recursos. La familia puede existir, en realidad, entre aquéllos que se pueden dar el lujo de tener una familia. Entre un número acrecentado de gente sin hogar, pobre, y entre familias pobres de trabajadores, lo que la gente tiene que hacer para sobrevivir socava la mayoría de las estructuras familiares. En una casa para jóvenes problema del South Side de Chicago, por ejemplo, conocí a un chavo de trece años a quien se le separó de sus padres, cuando la policía lo sorprendió vendiendo chicles en bares y restaurantes, porque no tenía licencia de vendedor ambulante. Recuerdo que cuando yo tenía nueve años, mi madre me puso en la puerta y me dijo: *Ahora vé y trabaja.*

No es posible que la gente sólo consuma en esta sociedad; debe vender algo, incluso su habilidad para trabajar. Si el trabajo decente es inalcanzable, la gente hará otra cosa—como vender sexo y droga.

Yo he hablado con suficientes miembros de gangas y puchadores de bajo nivel para saber que si tuvieran un trabajo productivo que les permitiera vivir, hoy mismo dejarían lo que están haciendo. Sí hay gente que no le importa herir a nadie, pero yo no conozco a nadie que quiera venderle muerte a sus hijos, a sus vecinos o a sus amigos.

Si hubiera una alternativa real, ellos dejarían de hacerlo. Si todos tuviéramos una alternativa, estoy convencido de que nadie elegiría la vida loca, "la nación enloquecida"—de "la ganga y el golpe." Pero esto exige un plan y una acción colectiva.

Hace veinte años, a los dieciocho, me sentía como veterano de guerra, con una especie de síndrome de estrés postraumático. Quería que se acabara el dolor, que el odio que nos consumía se secara al sol. Salí con la ayuda de los que me vieron algún potencial.

¿Y mi hijo? Hace poco que Ramiro subió al estrado en un evento poético de Chicago y leyó un texto conmovedor acerca de que un padrastro que lo había maltratado físicamente cuando era niño. Dejó frío a todo mundo. Después leyó el poema frente a dos mil personas en el Festival de Poesía de Chicago. Su título: "Escaparme."

Hay un pequeño pero intenso fuego que arde dentro de Ramiro. Cumplió diecisiete años en 1992; la ha hecho hasta ahora, pero cada día es un desafío. Ahora le digo: vales fuera de tu trabajo y vales fuera de la chaqueta que te impusieron al nacer. Recurre a tus poderes de expresión.

Ya no corras.

—julio de 1992

Glosario

acrílico: tipo de pintura

acurrucar(se): poner(se) en posición fetal, arrellanar(se)

achiclanar(se): abrazar(se), besar(se), tocar(se) sexualmente

agarrar: tomar, coger, aprehender, entender

agasajar(se): hacer(se) el amor

a güevo: obligatoriamente, a fuerza

agüitarse: ponerse triste o serio

ai: ahí

alalba: cuidado, cuidadoso, despierto

alivianar(se): ayudar(se), curar(se), sentirse mejor

allí mero: en ese lugar

andar motorolo: andar drogado

andar zombie: andar atontado

asiento escopeta: asiento derecho de enfrente

ansina: así

apañar: tomar, coger, aprehender

apechugar: aguantar, soportar

arranar(se): casar(se)

arribera: arriba

atizar(se): golpear(se), pegar(se), abultar(se), drogar(se)

aventarse: arriesgarse, iniciar algo

azorrillar: meterle miedo a alguien, amagar

babysitter: niñera
báiquer: motociclista
barajeár(selas): vér(selas)
basinica: olla para defecar
básquet: básquetbol
beis: béisbol
bicla: bicicleta
birria: cerveza
bloquear: impedir, poner trabas
bomba: carro viejo voluminoso
bondo: material para arreglar carrocería, maquillaje
borlo: fiesta, baile
bote: cárcel
brincar: echarse encima, iniciar un pleito
bronca: pleito
bronquear(se): pelear(se)
buenero/a: bueno/a, de buena calidad, atractivo/a, bien formado/a
buenotas/es: atractivas/os, bien dotadas/os
búngalo: casita
burrito: taco con tortilla de harina de trigo
bus: autobús
buti: muy, mucho/a/os/as

cabrón: difícil, malo
cabulear: alburear, burlarse de, sacar la garra, criticar
cachar: atrapar
cai(me cai): me gusta, te lo juro
cajuela: baúl de carro
cajuelita: guantera de carro
calotes: grandotes, grandes
caldeado/a: enojado/a
camello: trabajo
cantón: casa
cantonear: vivir
capear: entender
carnal/a: hermano/a
carrucha: carro
cash: dinero en efectivo

cincho: es seguro que
clachar: observar, espiar
clicas: grupos
cloch: embrague
colies: pastillas coloradas, droga
compa: amigo, compañero, hombre
cómix: revista de caricaturas
con safos: protegido, inviolable
craquear: quebrar, romper, abrir
crashear: chocar; entrar a un lugar sin ser invitado
cuchilear: azuzar
cuchitril: trochil, chiquero
cuitear: desistir, dejar algo o algún lugar, abandonar
cuete: pistola
cuetazo: balazo
culeado/a: aterrorizado/a
culero: cobarde, malo
culifláis: trasero, culo

chafa/chafón/a: de mala calidad, barato/a
chaineado: boleado, lustroso
chale: no
chance: tal vez
changarro: tienda, negocio
chante: casa
chavo/a: muchacho/a
checar: estudiar, revisar, analizar
chicolillo/a: pequeño/a, chico/a
chido/a: excelente, elegante
chilpayate: niño/a
chingar: fastidiar, matar, descomponer, molestar, romper; en general tiene un sentido negativo y fuerte
chingadazo: golpe
chingón: importante, excelente, fuerte, de buena calidad
chingonote: muy bueno, muy grande, muy importante
chinguero: mucho/s
chink: asiático, chino
chiple: mimado
chisquear(se): descomponer(se), fastidiar(se)

chompa/chompeta: cabeza
chota: policía
chueca: torcida, rota
chutar: disparar

dar atole con el dedo: embaucar
de aquéllas: muy bueno/a, bonito/a, simpático/a
de atolle: algo o alguien que ha trabajado o participado mucho
    y con mucha energía, de respeto
de a devis: en serio
descontarse: largarse, irse, salirse
descontón: pleito, golpe
desmadre: caos
desmadroso: caótico
deveras: en realidad, en serio
diatiro: completamente, totalmente
dip: salsa
dropear: desertar, abandonar, dejar un curso, dejar la escuela
dúplex: casa de dos apartamentos bajo un techo
dúrex: cinta adhesiva transparente

East L.A.: importante barrio chicano de Los Angeles
enchuecar: torcer, romper, fastidiar
encabronado: enojado, excelente
engabachado/a: anglicizado/a, americanizado/a
enrolarse: meterse, matricularse, registrarse
entenisados: enfundados en tenis
escamarse: tener miedo
escante: un pedazo, un momento, un poco
escouts: boy scouts
escuelín: escuela
escuintear: largarse, perderse, irse, desaparecer
espich: discurso
espray: aerosol
esprín: tela de alambre
estilero: muy a la moda, elegante
excitado: entusiasmado

felpar: morir, acabarse
feria: dinero
fierros: centavos
fil: campo
filerear: herir con cuchillo o navaja
filero: cuchillo o navaja
foquiao: desgraciado, fastidiado, jodido
frajo: cigarro
fregazo/fregadazo: golpe
fregar: fastidiar, joder, limpiar
frijolero: despectivo para mexicano
fruncirse: acobardarse
fuchi: expresión de asco
fúchila: interjección de asco
fut: fútbol

gaba: americano blanco
gacho: mal, malo
ganga: pandilla
ganguero/a: pandillero/a
gasofa: gasolina
grafiti: signos y leyendas pintadas en las paredes
grasiento: despectivo para mexicano
green: fieltro verde de mesa de billar
grifa: marihuana
guacha/guáchate: ve, mira
guamasos: golpes
guaino: borrachín
güero/a: rubio/a
güevos(muchos): (con)fuerte, (tener)valentía, coraje
güey: tonto, muchacho, hombre
güiri-güiri: conversación, chisme
güiso/a: novia/a, esposo/a

helodias: cervezas heladas
High: preparatoria, prepa
híjole: caramba, carajo
homeboy: amigo cercano, vecino

ingle: lugar de unión de los muslos por delante

jaina: novia, muchacha
jale: trabajo, proyecto
jambar: robar
jando: dinero
jefito/a: papá, mamá
jonrón: home run
joto: homosexual, maricón
jura: policía
jurado: policía

lado escopeta: lado derecho de enfrente
lambiche: adulador, cobarde
lefio: idiota
lonche: comida de a mediodía, bastimento, emparedado
longo/a: largo/a, tardado/a
lowrider: carro bajado y arreglado para pasear, chofer de dicho carro

llegarle a alguien: acercarse, pegarle o matar a alguien

machín: de buena calidad, fuerte
maderear(se): hacer(se) tonto, no hacer nada, mentir
madrazo: golpe
madrear: golpear
madriza: golpiza severa
maje: tonto
maloso: malo, maligno
marqueta: mercado, tienda de abarrotes
masacrar: matar de forma genocida
mascar totacha: hablar inglés
mayate: negro
mechista: miembro de MEChA
mierda: droga
migra: patrulla fronteriza

mistiar: perderse de algo, faltar, echar de menos
mitin: reunión
morra: muchacha
morralla: monedas sueltas, cambio
mota: marihuana

naiden: nadie
naïve: inocente, tonto
nel: no
ningunear: desacreditar, desconocer, ignorar
noquear: dejar sin sentido

ñáñaras: ansias

oldies: canciones viejas (de los cincuenta en adelante)
ontá: dónde está
oquey, okey: está bien, está bueno
órale: sí, está bien
oranda: ahora anda
outsider: intruso, extraño, que no pertenecen a un grupo o
    sociedad

pa: para
pacá: para acá
paddie: habitante de departamento
padrotear: procurar la prostitución de alguien para lucro per-
    sonal
pal: para el
paliacate: pañuelo campesino, obrero, de color y estampado
pantas: pantalones
paónde: para dónde
pápiro: papel, periódico
parnas: socios, compañeros, amigos
parribera: para arriba
parquear: estacionar
parqueo: estacionamiento

patrás(ir)(dar): regresar, devolver, para atrás
pedo: alboroto, mentira, borracho
pelarse: irse, escaparse, salir corriendo
pendejón: tontolón
peyote: botón de mescalina
picudo: peligroso, estilizado, extremo
pinche: insignificante, malo/a, de mala calidad
pinguas: cápsulas o pastillas de droga
pinta: prisión, grafiti
pistear: tomar, beber, emborracharse
placa: nombre o signo pintados en las paredes para identificar a individuos o grupos
polait: cortés, fino
pool: billar
ponchado/a: bien dado/a, musculoso/a
por angas o por mangas: por una cosa u otra
por detroit: por atrás
profe: profesor, maestro
puchar: empujar, vender droga
puto: homosexual, cobarde
putazo: golpe

quinceañera: fiesta de 15 años para una muchacha
quebrada: ayuda, oportunidad

ranfla: carro, auto
recle: rato
redilas: cerco de la parte trasera de un camión
refín: comida
regrabación: grabación de una melodía vieja con tecnología nueva
resolana: tapanco, tejabán, sombra, toldo
retachar(se): devolver(se)
ring: cuadrilátero, rueda metálica de un carro
rola: canción, melodía
roqueros: músicos que tocan rock
round: contienda
ruca: mujer,vieja, muchacha

run-run: rumor, chisme
rupa: rústico/a
ruquiza: viejos

sacar la vuelta: evadir
secun: secundaria intermedia
seis: seis latas de cerveza
sets: grupos
sheriff: alguacil, policía
shorts: carros cortados y arreglados con amortiguadores
　　hidráulicos que los hacen brincar
simón: sí
sincopar: llevar ritmo
sirol: sí
soleco: solo
spic: despectivo para hispano
surfero: quien se desliza sobre las olas montado en tabla hawa-
　　iana
stoy: estoy
sura: mal, malo,desagradable, ofensa, insulto

tá: está
tábamos: estábamos
taipear: escribir a máquina
tando: sombrero
tás: estás
taclear: tumbar al suelo
tambo: cárcel
taniche: tienda
tantear: calcular, estimar
tapanco: jacal, toldo, sombra
tatú: tatuaje
tecatos: drogadictos
tejabán: sombra, toldo
tianguis: mercado afuera
tijuanera: de Tijuana
tiliches: herramientas o cosas varias
tolido: excusado

toque: fumada, inhalada
tons: entonces
toquey: tocado, drogado
torcida: arresto, cárcel
tórica: plática, conversación
toriquear: platicar
traiba: traía
tráiler: camión de carga pesada
trailero: chofer de camión de carga pesada, camionero
tramos: pantalones
transa: negocio turbio o secreto
troca: camión de carga liviana
troche moche: desordenadamente
tripiar: viajar, sufrir alucinaciones
tronárselas: intoxicarse con droga

vaisa: mano
vandalizar: estropear, desmantelar
vato: muchacho, hombre, compañero
verde: paseo, carro

waguina: camioneta
wino: borrachín
wiso/a: novia/a, esposo/a

yarda: medida, jardín trasero
yesca: marihuana
yonque: deshuesadero de carros

La Vida Loca
Luis J. Rodríguez

1. Luis Rodríguez relata los sucesos que llevaron a su familia de Ciudad Juárez a Los Angeles. ¿Qué creen que los sucesos que rodearon la llegada de su padre a Estados Unidos nos dicen sobre la experiencia del inmigrante? ¿Cómo creen que esta historia puede influir en la percepción que de sí mismos tienen los *locos* y otros jóvenes mexicanos, así como en la manera en que los anglos los perciben?

2. La batalla anual, "la Tradición", parece contribuir a reforzar la identidad de los grupos participantes. ¿Por qué creen que esta tradición podría aumentar la confianza en sí mismos de ambos grupos a pesar de girar en torno a la violencia? ¿Qué gana cada grupo con ello?

3. Luis reflexiona sobre la fuerza de los prejuicios de la siguiente manera: "Si tú venías de Las Lomas, te fichaban desde el comienzo . . . Ya era[s] un rufián. Era más difícil desafiar esta expectativa que aceptarla y caer en la trampa. . . . ¿Por qué no conquistarla?" (pág. 96). ¿Qué ejemplos ofrece el libro de cómo Luis y otros como él "conquistaron" los estereotipos y los prejuicios? ¿Creen que la lógica de Luis sea liberadora o contraproducente? ¿Por qué?

4. *La Vida Loca* ofrece muchos ejemplos de cómo la violencia entre Sangra y Las Lomas se renueva constantemente. ¿Creen que pueda romperse este ciclo de venganza? De ser así, ¿cómo?

5. Discutan la experiencia de Luis la vez que estuvo a punto de morir y su intento de suicidio. ¿De qué manera estuvieron estos dos sucesos relacionados con que se convirtiera en un *loco* de Las Lomas durante ese mismo período?

6. ¿Afectaron los centros comunitarios la vida de las pandillas? De ser así, ¿cómo? Discutan la influencia de los organizadores de centros comunitarios Chente Ramírez y Sal Basuto en la vida de algunos de los pandilleros—¿crees que más centros como éstos podrían aliviar el problema de la violencia de las pandillas? ¿Por qué?

7. ¿Por qué creen que era tan común el consumo de drogas en las comunidades que describe Luis? Comparen los diferentes papeles que desempeñaron las drogas en la vida de los habitantes de estas comunidades.

8. Discutan el papel de las mujeres en la vida de Luis. ¿Cómo las trata él? ¿Qué creen que haya moldeado su actitud hacia las mujeres—los medios de comunicación masiva? También discutan el papel de las mujeres en la comunidad y en la vida familar de Luis.

9. ¿Qué papel jugaron en la vida de Luis los políticos y la política? ¿Creen que las organizaciones políticas fueron más eficaces que los muchos grupos religiosos que también convergieron en el barrio?

10. El poder de expresión desempeña un papel integral en la vida de Luis, tanto en su crecimiento personal como por el hecho de haberse convertido en una voz para una comunidad sin suficiente representación. ¿Hay alguna diferencia entre el arte como expresión de un individuo y el arte como expresión de una cultura? ¿Es uno más valioso que el otro?

Sobre el autor

═══════

Hijo de inmigrantes mexicanos, Luis J. Rodríguez creció en Watts e East Los Angeles. Comenzó a escribir en su temprana adolescencia, llegando a alcanzar reconocimiento nacional como poeta, periodista, narrador, autor de libros para niños y crítico. Hoy trabaja como conciliador entre pandillas a nivel nacional e internacional. Tras vivir 15 años en Chicago, Luis regresó con su familia a Los Angeles, donde ayudó a crear en el noreste del Valle de San Fernando el Tía Chucha's Café y Centro Cultural, una librería e institución multimedia dedicada a las más diversas manifestaciones artísticas.